PRO STEAK

Du même auteur

Hannah Arendt, une introduction,
Paris, Pocket/La Découverte, 2003 ; 2013.

Intellectuels et Juifs en France aujourd'hui. De l'enthousiasme des années 1960 à la déception des années 2000,
Lormont, Le Bord de l'eau, 2014.

Apprendre à philosopher avec la philosophie juive,
Paris, Ellipses, 2019.

Jean-Claude Poizat

PRO STEAK

Le carnivorisme est un humanisme

Albin Michel

Ouvrage paru sous la direction d'Hélène Monsacré

Mise en bouche

Et si les végétariens nous prenaient pour des jambons ?

« Il faut manger pour vivre et non vivre pour manger. » Cette célèbre réplique de Valère, le gendre d'Harpagon, dans la comédie de Molière *L'Avare*, est passée à la postérité. « Est-ce que vous avez envie de faire crever tout le monde ? demandait Valère au cuisinier de son (futur) beau-père, et Monsieur a-t-il invité des gens pour les assassiner à force de mangeaille ? [...] Apprenez, maître Jacques, vous et vos pareils, que c'est un coupe-gorge qu'une table remplie de trop de viandes ; que, pour se montrer ami de ceux que l'on invite, il faut que la frugalité règne dans les repas qu'on donne[1]. »

La sagesse de ces propos est attribuée à un « ancien » dont l'identité n'est pas précisée, Valère affirmant qu'il en a oublié le nom. En fait, il s'agit de Socrate. Une certaine tempérance alimentaire, reflet et conséquence de la modération des désirs, constitue l'un des aspects fondamentaux non seulement de la sagesse socratique, mais aussi de la sagesse gréco-romaine en général. Quant à la consommation excessive de viande, elle a été considérée, à toutes les époques et dans de nombreuses civilisations,

1. Molière, *L'Avare* (1668), acte III, scène 1, Paris, Gallimard, « Bibliothèque de La Pléiade », 1956, p. 374.

comme le symbole par excellence du dérèglement des désirs, de la gourmandise ou de la « gloutonnerie ». Nous aurons l'occasion d'y revenir. Contentons-nous pour le moment de souligner que le propos de Valère s'inscrit dans le cadre d'une comédie et que l'intention de l'auteur, Molière, est avant tout de faire rire son public. Autrement dit, il faut se garder de prendre ces propos à la lettre, mais il convient au contraire de les entendre de manière *ironique*. Loin de faire l'éloge de la frugalité, Molière entend dénoncer la fausseté et l'hypocrisie d'un bourgeois parisien, Harpagon, qui feint d'être sage ou raisonnable pour mieux dissimuler sa secrète passion pour l'argent ou, autrement dit, son « avarice ».

Lorsqu'elle est déplacée hors de son contexte historique d'origine, à savoir l'Antiquité gréco-romaine, et qu'elle est transposée dans le cadre moderne et bourgeois de la « bonne société » parisienne du XVIIe siècle, l'invitation à la frugalité ou à la sobriété doit être considérée comme un leurre ou un mensonge, une mystification grotesque dont il convient de rire. Le comique moliéresque contient ainsi un enseignement que nous pouvons encore méditer aujourd'hui, tant il est vrai que la société parisienne moderne et bourgeoise qu'il dépeint n'a guère changé, au fond, depuis quatre siècles. Que faut-il penser, en effet, de tous ces bourgeois contemporains au portefeuille bien garni qui invitent aujourd'hui le peuple à s'adonner aux joies de la « sobriété heureuse » ? Qu'en est-il de tous ces « écologistes » qui vantent la simplicité de la vie naturelle depuis leurs appartements cossus des beaux quartiers des grandes métropoles urbaines occidentales ? *Quid* de ces privilégiés amoureux de l'oisiveté qui voudraient interdire à des travailleurs aux revenus modestes de se repaître d'un bon bifteck après une journée de labeur, ou bien qui voudraient les priver des joies d'un barbecue entre amis durant le week-end[1] ? À écouter ces gens

1. Les Français ont pu suivre au cours des derniers mois les joutes verbales autour de la consommation de viande entre deux leaders politiques de gauche :

parler, on est saisi d'abord par une saine et irrépressible envie de s'esclaffer, et il ne fait aucun doute que Molière, s'il était en vie aujourd'hui, ne manquerait pas de moquer ces « Tartuffes » et ces « Précieuses ridicules » dans une comédie mise au goût du jour.

L'alimentation, cet acte banal du quotidien auquel on ne prête pas toujours l'attention qu'il mérite, constitue en réalité le moteur principal de nos vies et le cœur de nos pratiques sociales. En elle se mélangent la nature et la culture, les nécessités physiologiques et les contraintes biologiques, d'une part, les habitudes sociales et les représentations culturelles, d'autre part. On ne mange pas seulement pour des raisons vitales, pour répondre aux impératifs du corps, mais aussi pour des raisons socioculturelles et pour satisfaire les besoins de l'esprit. Outre la nécessité quasi animale de se « remplir la panse », l'acte de se nourrir comporte chez les humains une dimension éminemment sociale liée à la *commensalité* du repas. On mange rarement seul, quoique la vie moderne tende vers un certain individualisme du repas, mais généralement à plusieurs autour d'une table commune, que ce soit en famille ou entre amis. L'antique tradition du banquet, le fameux *« symposion »* des Grecs ou le *« convivium »* des Romains, a connu dans le monde occidental une faveur et une postérité qui ne se sont

la députée écologiste (EELV) Sandrine Rousseau et le secrétaire national du Parti communiste Fabien Roussel. Tandis que la première dénonçait l'alimentation carnée, spécialement celle à base de viande rouge, à savoir le steak de bœuf ou l'entrecôte cuite au barbecue, le second lui répondait le 9 janvier 2022 sur la chaîne de télévision France 3 : « Un bon vin, une bonne viande, un bon fromage, pour moi c'est la gastronomie française. » D'où il ressort que le fait de manger de la viande est devenu aujourd'hui en France un sujet politique qui crée des clivages, tant entre la droite et la gauche qu'au sein de la gauche elle-même. Une certaine abstinence alimentaire, visant particulièrement la nourriture carnée, serait censée aller dans le sens du progrès et devrait être imposée à la population, selon la gauche dite « écologiste », tandis que la gauche qui se réclame du communisme tend à considérer que le peuple a le droit de profiter d'une alimentation variée et équilibrée, incluant donc la viande.

jamais démenties jusqu'à nos jours. Or cette tradition alimentaire associe le fait de partager son repas avec des convives, qui sont des amis choisis, à tout un corpus de règles de sociabilité, ainsi qu'à des échanges intellectuels et culturels qui obéissent à des codes ritualisés[1].

Tous les penseurs, les philosophes, les écrivains et les savants, en particulier les médecins, ainsi que les artistes, sans parler des prêtres, se sont intéressés dès l'aube de l'humanité à l'alimentation, cette pratique qui occupe et préoccupe continuellement les omnivores – ou plutôt les *« homnivores »*, comme l'écrit l'anthropologue Claude Fischler[2] – que nous sommes tous, nous autres *sapiens*. C'est précisément parce qu'il peut manger *de tout* que l'être humain est un « animal gastro-nomique » au sens littéral et étymologique du terme : cela signifie qu'il est le seul être vivant qui doit s'imposer à lui-même une règle (*« nomos »* en grec), ou plutôt un ensemble de règles, concernant ses modes d'alimentation, ses manières de se remplir le ventre, la panse ou l'estomac *(« gaster »)*. La nature ne soumet l'humain à aucune loi alimentaire, contrairement aux autres espèces vivantes qui sont assujetties à leurs instincts et aux contraintes biologiques propres à leur espèce, lesquelles leur commandent un certain type d'aliments convenant à leurs besoins physiologiques. Les règles alimentaires que les humains se préscrivent à eux-mêmes dans toutes les sociétés constituent ainsi une coutume, un ensemble d'usages et d'habitudes sociales, c'est-à-dire une « seconde nature », qui vise à pallier l'absence, la perte ou l'oubli de la « nature originelle » – tant

---

1. Dans les *Propos de table* (texte composé entre la fin du Ier et le début du IIe siècle ap. J.-C. Voir *Œuvres morales*, t. IX, 3e partie, texte établi par J. Sirinelli et traduit par Fr. Frazier, Paris, Les Belles Lettres, 1996), le philosophe Plutarque s'efforce de fixer les règles du bon déroulement du banquet traditionnel, notamment les règles visant à entretenir un climat de cordialité *(philophrosynê)* entre les convives.

2. Claude Fischler, *L'Homnivore*, Paris, Odile Jacob, 1990 ; Points, 1993.

et si bien que l'on finit le plus souvent par croire que ces habitudes ou ces usages seraient eux-mêmes « naturels ».

Notre intention n'est pas ici de trancher un débat qui oppose classiquement deux catégories d'intellectuels à propos des règles de l'alimentation humaine, à savoir, d'un côté, ceux que l'on pourrait appeler les « naturalistes » (ou les « matérialistes fonctionnalistes ») et, de l'autre côté, ceux que l'on pourrait appeler les « culturalistes » (ou les « idéalistes structuralistes »). Nous ne choisirons pas notre « camp » entre ceux qui pensent, d'un côté, que l'alimentation humaine serait le reflet des besoins fonctionnels du corps organique et ceux qui pensent, d'un autre côté, que l'alimentation humaine obéirait à des règles socioculturelles indépendantes des contraintes naturelles. Certes, nous pouvons accorder à Claude Lévi-Strauss que le « bon à manger » doit aussi être « bon à penser[1] », cependant nous ne pouvons totalement écarter les facteurs biologiques et physiologiques pour expliquer nos modes d'alimentation. Inversement, nous pouvons admettre dans une certaine mesure que « l'homme est ce qu'il mange », comme l'écrivait le philosophe matérialiste Ludwig Feuerbach[2], mais à condition de reconnaître aussi que notre nature physique n'a rien de figé et qu'elle ne détermine pas absolument notre esprit, nos manières de vivre et de penser, et que nous pouvons imposer en retour des transformations à notre corps par nos choix alimen-

1. « On comprend enfin, écrivait l'anthropologue, que les espèces naturelles ne sont pas choisies parce que "bonnes à manger" mais parce que "bonnes à penser" » (Claude Lévi-Strauss, *Le Totémisme aujourd'hui* [1962], Paris, PUF, « Quadrige », 2021, p. 111-112).

2. Ludwig Feuerbach, *L'homme est ce qu'il mange ou le mystère du sacrifice* (1862), traduit par A.-M. Pin, Paris, Hermann, 2012, p. 101 *sq.* La traduction française du titre ne rend pas compte du jeu de mots en langue allemande : *« der Mensch ist, was er isst »*, le verbe « être » et le verbe « manger » étant homophones en allemand lorsqu'on les conjugue à la troisième personne du singulier du présent de l'indicatif.

taires volontaires et conscients. Autrement dit, aucun régime alimentaire n'est plus ou moins « naturel » qu'un autre – et pas plus le régime végétarien que le régime carnivore. L'humain n'ayant pas de nature définie, son alimentation obéit à des règles complexes et évolutives qui mêlent les facteurs biologiques et physiologiques aux facteurs culturels et sociaux, sans que l'on puisse réduire l'ensemble de ces règles à l'une ou l'autre de ces deux catégories de facteurs. Entre culturalisme total et naturalisme intégral, il doit être possible selon nous de délimiter un domaine intermédiaire de *l'humain* qui ne soit ni livré à l'arbitraire de choix purement conventionnels ni soumis au déterminisme de contraintes purement physiologiques. L'homme en effet n'est ni un pur esprit ni seulement un corps, mais il est constitué de « l'union d'une âme et d'un corps », pour reprendre les mots de Descartes[1], et nous appellerons « humaniste », en un sens large, toute pensée qui tient compte de cette double dimension de la « nature humaine ».

Dans le monde occidental, les normes socioculturelles de l'alimentation se sont référées dès l'Antiquité gréco-romaine à deux disciplines définissant un ensemble de règles de conduite susceptibles de guider les appétits des humains, soit : la *diététique* (du grec *« diaita, diaitês »*, régime de vie), d'une part, et l'art culinaire ou la *cuisine*, d'autre part. La première discipline relève de la médecine ; elle se préoccupe du choix des aliments et de leur préparation en vue de la préservation de la santé du corps. La diététique s'intéresse tout particulièrement à la digestion, à tout ce qui peut se passer à l'intérieur du ventre, de l'estomac et des autres organes qui contribuent au métabolisme alimentaire. La seconde discipline a également pour objet le choix des aliments

1. « Les choses qui appartiennent à l'union de l'âme et du corps ne se connaissent qu'obscurément par l'entendement seul, ni même par l'entendement aidé de l'imagination ; mais elles se connaissent très clairement par les sens » (René Descartes, *Lettre à Élisabeth du 28 juin 1643*, Paris, Gallimard, « Bibliothèque de la Pléiade », 1953, p. 1158).

et leur préparation, mais c'est en vue de procurer un plaisir gustatif au mangeur. L'art culinaire vise à nous apporter non seulement la satisfaction des besoins du corps, mais aussi celle de nos désirs, lesquels outrepassent la nécessité physiologique de se nourrir et impliquent des choix conscients, des préférences et des représentations socioculturelles. Si l'art de cuisiner les aliments affecte prioritairement le goût, au sens premier du terme, donc les organes de la bouche, la langue et le palais, il concerne également le « goût » au sens second et figuré : c'est-à-dire la faculté supérieure de l'esprit qui nous permet de discerner et d'apprécier la qualité des mets préparés.

Or ces deux disciplines censées régler notre alimentation, cuisine et diététique, ne font pas toujours bon ménage et elles peuvent même entrer en conflit. Dans un célèbre passage du dialogue du *Gorgias*, Platon fait dire à Socrate que la cuisine, qui consiste à « savoir comment gratifier et faire plaisir », ne serait pas réellement un art, donc une technique, mais seulement une espèce de « routine » qui s'apparenterait à la « flatterie ». En condamnant la cuisine, Platon affirme qu'elle n'est qu'une « contrefaçon » de la diététique médicale dont elle a « pris le masque[1] ». La diététique antique est principalement liée au nom d'Hippocrate et au corpus hippocratique[2], notamment au traité *Peri diaitês*, dans lequel il ne s'agit pas seulement de fixer des règles alimentaires, mais plus largement d'établir des règles de vie permettant de préserver

1. Platon, *Gorgias*, 462d-465b, in L. Brisson (éd.), *Œuvres complètes*, Paris, Flammarion, 2008, p. 433-435.

2. Hippocrate, médecin grec et fondateur d'une école de médecine (né à Kos en 460 av. J.-C. et mort à Larissa en 370 av. J.-C.). Les principes méthodologiques sur lesquels il basa sa méthode, révolutionnant la médecine, ont exercé une très grande influence en Occident, de l'Antiquité jusqu'à l'époque moderne et contemporaine. Parmi la soixantaine de traités médicaux qui lui est attribuée, on estime qu'une grande partie, « apocryphe », revient à ses disciples, d'où la désignation de « corpus hippocratique » (ou « collection hippocratique »).

l'hygiène et la bonne santé du corps[1]. La diététique est considérée par Hippocrate comme la base de la médecine, celle-ci consistant principalement à connaître la nature du corps, notamment l'équilibre de ses fonctions et de ses humeurs, afin de déterminer le genre de vie et par conséquent aussi le genre d'alimentation qui conviennent pour préserver cet équilibre et pour prévenir les maladies. L'art culinaire occidental, quant à lui, trouverait ses origines en la personne d'Apicius, un riche Romain, cuisinier et gastronome, passionné de bonne chère, qui aurait vécu au Ier siècle de notre ère et auquel est attribuée la rédaction du traité *De re coquinaria* («De l'art culinaire»)[2]. La dualité, tantôt exacerbée et tantôt atténuée, entre diététique et cuisine accompagne toute l'histoire de l'alimentation occidentale et elle permet d'en saisir les ressorts.

Or cette dualité trouve à s'exprimer dans une troisième discipline qui se situe à l'intersection des deux premières et qui s'efforce de les articuler l'une à l'autre dans l'ordre du discours, soit philosophique, soit littéraire: la *gastronomie*. On attribue généralement au poète grec Archestrate (IVe siècle avant notre ère) l'origine de ce mot qui aurait formé le titre de son poème consacré aux plaisirs de la table[3]. Toutefois, le discours gastronomique ne prendra toute sa dimension et toute son importance, comme on le verra, que dans l'Europe moderne et contemporaine, et tout

---

1. Conformément au sens premier du mot grec *«diaitês»* qui désigne un «mode de vie», un *«way of life»* en quelque sorte.

2. Le *De re coquinaria* est en fait une compilation de recettes de cuisine placée sous l'autorité de Marcus Gavius Apicius, un personnage qui semble plus légendaire qu'historique. Cette compilation aurait été composée, selon les historiens, au IVe siècle de notre ère.

3. On sait peu de chose de ce personnage et on ne connaît de son poème que des fragments qui sont notamment cités dans le *Banquet des sages* (ou les *Deipnosophistes*) du grammairien Athénée de Naucratis (écrit à Rome au IIIe siècle de notre ère).

particulièrement en France, où il apparaît étroitement lié à l'affirmation d'un pouvoir politique centralisé et d'une culture lettrée qui lui fait écho. C'est ce que souligne Pascal Ory lorsqu'il écrit : « L'histoire de la gastronomie confirme les traits distinctifs de la nation France : un vieux pays catholique doublé d'un vieux pays laïque, porté par sa tradition des clercs à intellectualiser son unité et sa centralité, mais aussi durablement partagé, dans sa durée comme dans sa société, par la rupture révolutionnaire[1]. »

Une fois transmises aux peuples « barbares » européens durant le Moyen Âge, ces deux disciplines ont été concurrencées, tantôt combattues et tantôt renforcées, par des règles religieuses, de portée à la fois éthique et métaphysique. Il a ainsi fallu attendre les débuts de l'époque moderne européenne, cette période que les historiens ont appelée la Renaissance, pour que les règles antiques du « bien manger » soient pleinement remises au goût du jour et qu'elles puissent progressivement s'émanciper des interdits chrétiens. Dans le monde occidental contemporain et sécularisé, l'alimentation n'est plus soumise, pour la grande majorité des populations, à des interdits d'ordre religieux qui conditionneraient le salut de leur âme dans l'au-delà : ce qui compte avant tout aujourd'hui, c'est la santé et le goût, le bien-être du corps et le bonheur de l'âme, donc l'épanouissement de l'individu.

Il y a bien un *humanisme* du repas occidental moderne, qui contraste avec le carcan religieux des interdits alimentaires en vigueur en Europe durant le Moyen Âge, en ce temps où le Carnaval et le Carême, le Mardi gras et le mercredi des Cendres, et plus largement l'alternance entre le « manger gras » et le « man-

1. Pascal Ory, *Le Discours gastronomique français, des origines à nos jours*, Paris, Gallimard-Julliard, 1998, p. 194. L'historien rappelle que le mot « gastronomie » a été remis à l'honneur et popularisé à l'époque contemporaine par un autre poète, le français Joseph (de) Berchoux (1765-1839), auteur d'un poème didactique intitulé « La gastronomie ou l'homme des champs à table », publié en 1801.

ger maigre», structuraient la vie quotidienne des sociétés européennes chrétiennes. C'est de manière très lente et progressive, tout au long de l'époque moderne et contemporaine, que l'institution sociale des règles alimentaires a été transférée des autorités religieuses aux autorités laïques, non seulement politiques, mais aussi intellectuelles, artistiques, littéraires et scientifiques. Or la libération moderne des appétits a aussi entraîné un développement considérable des plaisirs de la table au détriment des préoccupations proprement diététiques, de sorte qu'une nouvelle notion s'est imposée au point de devenir centrale dans le débat public des Européens à l'époque des Lumières: celle du «goût», laquelle associe la capacité à savoir choisir et apprécier les aliments à une certaine forme d'élévation de l'esprit qui culmine dans la jouissance esthétique et artistique. C'est ce dont témoigne par exemple Voltaire dans son *Dictionnaire philosophique* de 1764, à l'article «Goût»: «Ce sens, ce don de discerner nos aliments, a produit dans toutes les langues connues la métaphore qui exprime, par le mot goût, le sentiment des beautés et des défauts dans tous les arts: c'est un discernement prompt, comme celui de la langue et du palais, et qui prévient comme lui; il est comme lui, sensible et voluptueux à l'égard du bon; il rejette comme lui le mauvais avec soulèvement[1].»

Dans un tel cadre de réflexion sur l'alimentation en général, pourquoi s'intéresser particulièrement à la viande? Parce que celle-ci n'est pas un produit alimentaire comme les autres. Si l'on y regarde bien, elle se présente comme une nourriture singulière, étrange, véritablement à part. Paradoxalement, en effet, bien que cet aliment ne représente qu'une part minoritaire de nos apports nutritifs, il a réussi à occuper symboliquement une place centrale

1. Cité par Jean-Louis Flandrin, «De la diététique à la gastronomie, ou la libération de la gourmandise», in *Id.* et Massimo Montanari (dir.), *Histoire de l'alimentation*, Paris, Fayard, 1996, p. 700.

dans le repas des humains – non seulement celui des Occidentaux qui y attachent une attention toute spéciale, mais aussi celui de nombreuses autres civilisations de par le monde. Second paradoxe : même les civilisations qui ont fait du végétarisme une des conditions et des restrictions principales de leur régime alimentaire, comme la civilisation hindoue notamment, reconnaissent par là le caractère spécial et au fond décisif de la consommation de viande pour les sociétés humaines. En réalité, les interdits d'ordre religieux encadrent et limitent la nourriture carnée de façon extrêmement stricte dans toutes les civilisations humaines, sans exception. Or les interdits religieux confèrent paradoxalement à cette nourriture un sens symbolique extrêmement puissant, et cela bien que la consommation effective de viande demeure somme toute minoritaire dans la plupart des sociétés humaines, par rapport à d'autres aliments comme les céréales notamment. De tous les interdits religieux qui régissent la consommation de viande, celui qui touche le porc, commun aux religions juive et musulmane, est certainement le plus connu du grand public. Quant aux motifs profonds de cet interdit, ils sont aussi mystérieux que disputés par les savants, comme nous le verrons, mais il n'est pas le seul interdit religieux à frapper la viande, loin de là.

La viande est un aliment qui suscite chez l'humain des réactions extrêmement contrastées et ambivalentes. Ainsi que l'écrit Claude Fischler, « l'attitude de l'homme face à la chair animale est contradictoire : tantôt il la recherche avec ardeur, tantôt il se l'interdit avec rigueur ; tantôt elle éveille en lui un appétit irrépressible, tantôt elle suscite sa répugnance et son dégoût[1] ». Cette attitude peut s'expliquer d'abord par des raisons biologiques et organiques : si les protéines animales procurent des avantages nutritifs certains, la viande peut aussi être un puissant vecteur de maladie, d'infection et de contamination – et cet aliment déli-

1. Cl. Fischler, *L'Homnivore*, *op. cit.*, p. 119.

cat pose en particulier de sérieux problèmes de conservation. À cet égard, les préoccupations de santé, dites « diététiques », ont motivé les toutes premières règles de l'art culinaire : la préparation des aliments, et en particulier leur cuisson, ayant en effet pour première fonction de rendre ceux-ci plus faciles à digérer et aussi d'éliminer leur éventuelle toxicité. Mais l'attitude ambivalente des êtres humains à l'égard de la viande peut s'expliquer en outre par des raisons socioculturelles qui sont tributaires de certaines représentations imaginaires et symboliques. D'un côté, en effet, la consommation de chair animale peut symboliser positivement la force et le pouvoir. C'est le cas dans de nombreuses sociétés où la consommation de viande est le privilège des puissants, et en particulier des castes militaires et guerrières, comme les seigneurs du Moyen Âge européen. Cela s'explique, premièrement, en raison du fait que la consommation de viande suppose la mise à mort préalable d'un être vivant (le « meurtre alimentaire ») et, deuxièmement, en raison du « principe d'incorporation », en vertu duquel le mangeur s'attribue symboliquement les qualités de l'être mangé : ainsi l'homme qui mange un bœuf s'attribue-t-il, sur un plan purement imaginaire s'entend, la force de cet animal. Or, d'un autre côté, la consommation de la chair peut avoir une valeur symbolique négative, en évoquant la violence et la cruauté, puisqu'il a fallu faire couler le sang de la bête[1]. Claude Lévi-Strauss a fort bien résumé le dilemme inhérent à la nourriture carnée : « Tuer des êtres vivants pour s'en nourrir pose aux humains, qu'ils en soient conscients ou non, un problème philosophique que toutes les sociétés ont tenté de résoudre[2]. » En somme, on voit que les nécessités biologiques et les représenta-

1. Étymologiquement, le mot français « cruauté » est dérivé du latin *« cruor »* qui désigne le *sang versé*.

2. Claude Lévi-Strauss, « La leçon de sagesse des vaches folles », article paru en 1996, repris dans : *Nous sommes tous des cannibales*, Paris, Le Seuil, 2013, p. 218.

tions culturelles peuvent se conjuguer ou au contraire s'opposer les unes aux autres pour faire de la viande un aliment dont le statut est hautement problématique dans *toutes les sociétés humaines.*

Dans « l'Europe des carnivores », pour reprendre une formule de Fernand Braudel[1], la consommation de viande a toujours été très importante, depuis l'époque antique des Gaulois et des Germains chassant le sanglier dans les forêts du Vieux Continent et vouant un culte au « Grand Porc » pour qu'il se régénère sans fin[2], jusqu'à l'époque moderne et contemporaine durant laquelle la fabrication de produits carnés s'est à la fois industrialisée et démocratisée, c'est-à-dire massifiée, en passant par le Moyen Âge où les interdits religieux ne faisaient que « confirmer indirectement le caractère central du rôle de la viande dans le système alimentaire de l'époque[3] ». L'Église médiévale a ainsi dû composer avec la société laïque et même avec son propre clergé régulier pour faire respecter tant bien que mal ses règles et ses interdits alimentaires : le « manger maigre » devait signifier initialement l'abstention de consommation de viande, mais toutes sortes d'inventions à la fois théologiques et culinaires, notamment de la part des moines, ont peu à peu contourné cette règle, afin que le poisson ou la volaille, le gibier d'eau et des animaux amphibies comme la grenouille ou la tortue, ou même le castor, puissent être considérés, au fil du temps, comme des « viandes de carême[4] ». Par

1. Fernand Braudel, *Civilisation matérielle, économie et capitalisme, XVe-XVIIIe siècles*, tome 1, *Les Structures du quotidien*, Paris, Armand Colin ; rééd. 2022, p. 140.

2. Nous en reparlerons plus loin. Voir *infra*, p. 136.

3. Massimo Montanari, *La Faim et l'Abondance. Histoire de l'alimentation en Europe* (1993), traduit par M. Aymard, Paris, Le Seuil, 1995, p. 109.

4. Cécile Caby, « Abstinence, jeûnes et pitances dans le monachisme médiéval », in Jean Leclant, André Vauchez et Maurice Sartre (dir.), *Pratiques et discours alimentaires en Méditerranée, de l'Antiquité à la Renaissance*, Paris, Académie des Inscriptions et Belles-Lettres, 2008, p. 271-292.

où l'on voit que les tentatives de substituer d'autres aliments à la viande ou bien la recherche de « viandes de substitution » (ou des « ersatz » de viande) sont anciennement attestées, mais qu'elles n'ont contribué le plus souvent qu'à renforcer l'appétit obsessionnel des humains pour cet aliment qu'on cherchait à leur interdire !

Dans la France contemporaine, la viande occupe une place de choix au cœur du « repas gastronomique des Français », qui a fait l'objet en 2010 d'une inscription par l'UNESCO au « Patrimoine culturel immatériel de l'humanité[1] » : ce repas se compose en effet d'une entrée, d'un « plat principal », où la viande constitue le morceau de choix tandis que les légumes et/ou les féculents constituent la « garniture », et enfin du fromage, puis d'un dessert. Dès les années 1950, l'écrivain Roland Barthes avait noté l'importance de la viande, et tout particulièrement de la viande de bœuf présentée sous la forme du « bifteck[2] », dans la « mythologie nationale française ». Il écrivait ainsi : « Comme le vin, le bifteck est, en France, élément de base, nationalisé plus encore que socialisé ; il figure dans tous les décors de la vie alimentaire : plat, bordé de jaune, semelloïde, dans les restaurants bon marché ; épais, juteux, dans les bistrots spécialisés ; cubique, le cœur tout humecté sous une légère croûte carbonisée, dans la haute cuisine ; il participe à tous les rythmes, au confortable repas bourgeois et au casse-croûte

1. Décision du comité intergouvernemental 5.COM 6.14. Voir https://ich.unesco.org/fr/RL/le-repas-gastronomique-des-francais-00437.

2. « Bifteck » est la forme francisée, apparue dès le XIXe siècle dans notre pays, de *« beef steak »*, expression anglaise désignant une « tranche de bœuf ». Le mot « steak » peut désigner toute tranche de viande rouge, mais il s'agit le plus souvent de viande bovine. Le steak dit « de bœuf » consommé en France est le plus souvent, c'est-à-dire à 80 %, de la viande de vache ou de génisse. Si le « steak » peut désigner n'importe quel morceau issu de l'animal, on privilégie le plus souvent les parties arrière des bovins, issues du bas du dos ou de la cuisse, et plus tendres, pour faire des grillades (faux-filet, rumsteak, gîte), tandis que les parties avant, issues de l'épaule notamment, comme le paleron et la macreuse, sont davantage destinées à la cuisson bouillie et à des plats mijotés, comme le pot-au-feu ou le bœuf bourguignon.

bohème du célibataire; c'est la nourriture à la fois expéditive et dense, il accomplit le meilleur rapport possible entre l'économie et l'efficacité, la mythologie et la plasticité de sa consommation[1]. »

L'importance de la viande est également évidente dans la cuisine de la plupart des pays du monde, et elle fait la fierté de leur gastronomie, que ce soit le hamburger aux États-Unis[2], la *« carne asada »* argentine, la *« picanha »* brésilienne, le bœuf *« wagyu »* du Japon, le *« chich kebab »* turc ou le *« döner kebab »* germano-turc, les brochettes d'agneau marinées du Maghreb et du Moyen-Orient, ou encore la côte de bœuf à la florentine, etc. Du reste, les chiffres de la FAO (Organisation des Nations unies pour l'alimentation et l'agriculture) confirment cet engouement mondial pour la viande qui entre progressivement dans le menu de toute société humaine en cours de modernisation, selon le principe connu par les anthropologues, les sociologues et les économistes sous le nom de « transition alimentaire[3] ». Ainsi, entre 1961 et 2021,

1. Roland Barthes, « Le bifteck et les frites », *Mythologies*, Paris, Le Seuil, 1957; rééd. Points, 2014, p. 85.

2. Ce sandwich à la viande de bœuf qui est devenu un emblème de la gastronomie américaine est en réalité originaire d'Allemagne. Il a été introduit aux États-Unis par des immigrés allemands *via* une ligne maritime reliant la ville de Hambourg à New York. Il se compose de deux tranches d'un petit pain rond et doré (*« bun »* en anglais) et d'une galette de steak haché à laquelle on peut ajouter d'autres ingrédients (généralement du ketchup, de la salade, de l'oignon et, éventuellement, du fromage pour faire un *« Cheeseburger »*). Le hamburger, qui est présent désormais sur toutes les tables du monde, est devenu en 2016 le sandwich le plus consommé par les Français, devant le traditionnel jambon-beurre.

3. Principe selon lequel l'élévation du niveau de vie dans une société donnée entraîne une diversification alimentaire incluant plus de produits d'origine animale (viandes et fromages) et une réduction de la part des féculents (céréales, pommes de terre et légumineuses). *Cf.* Jocelyn Raude et Claude Fischler, « "Défendre son bifteck" : le rapport à la viande entre mutation et permanence », in Jean-Pierre Poulain (dir.), *L'Homme, le mangeur et l'animal : qui nourrit l'autre ?*, Paris, Les Cahiers de l'OCHA, n° 12, 2007.

la consommation mondiale de viande a-t-elle été multipliée par cinq, en passant de 71 millions à 339 millions de tonnes, et cette consommation devrait continuer d'augmenter de 15 % d'ici à 2031, mais elle sera plus portée par les pays émergents ou en voie de développement que par les pays anciennement industrialisés[1].

On peut supposer que c'est cette croissance sans précédent de la production et de la consommation de viande à l'échelle mondiale qui explique la montée en puissance des critiques adressées aujourd'hui à cette pratique alimentaire, tout particulièrement dans les sociétés occidentales les plus anciennement industrialisées et urbanisées, c'est-à-dire celles où la production de viande s'est le plus mécanisée et massifiée, tandis que la relation au monde rural, à la nature et aux animaux s'y est le plus distendue ou raréfiée.

L'historien Keith Thomas a précisément documenté le lien existant entre l'émergence de la nouvelle société industrielle en Angleterre, dès la seconde moitié du XVIIIe siècle, et l'apparition précoce, à la même époque et dans ce même pays, d'une « nouvelle sensibilité » à la souffrance animale, qui a inspiré le mouvement du végétarisme éthique : « Le triomphe des attitudes nouvelles est étroitement lié au développement des villes et à l'apparition d'un ordre industriel qui donne aux animaux un rôle de plus en plus marginal dans le processus de production. Cet ordre industriel est d'abord apparu en Angleterre, c'est là par conséquent que l'intérêt pour les animaux s'est le plus largement exprimé[2]. »

---

1. Données de la Food and Agriculture Organization (FAO), l'Organisation des Nations Unies pour l'alimentation et l'agriculture, compilées par le magazine *Le Point*. Article disponible en ligne à l'adresse suivante : https://www.lepoint.fr/economie/quand-la-planete-mange-toujours-plus-de-viande-31-08-2022-2487967_28.php

2. Keith Thomas, *Dans le jardin de la nature, la mutation des sensibilités en Angleterre à l'époque moderne* (1983), traduit par C. Malamoud, Paris, Gallimard, « NRF », 1985, p. 237.

Cette révolution des modes de production a entraîné des mutations socioculturelles dans l'ensemble des pays européens ou, plus largement, occidentaux, Amérique du Nord comprise, qui ont suivi le même chemin que l'Angleterre au cours du XIXe siècle (industrialisation, exode rural, urbanisation). Mais elle a été accompagnée de crises majeures, qui ont gravement affecté le fonctionnement des toutes jeunes sociétés industrielles. Plus précisément, les maladies contagieuses ont affecté durement les élevages et, par conséquent, toute la chaîne de production agro-alimentaire de viande dès les origines de la « zootechnie[1] ». Citons la « fièvre aphteuse » ou la « tuberculose bovine » au XIXe siècle, ou, plus proches de nous, la « crise de la vache folle », la « tremblante du mouton » ou la « grippe aviaire », à la fin du XXe siècle et en ce début de XXIe siècle, ainsi que de nombreuses autres « épizooties » qui ont frappé les élevages. Des scandales de l'industrie agro-alimentaire ont aussi été « révélés » au grand public avec fracas dans les *mass media* ou sur internet, qu'il s'agisse de méthodes d'élevage peu scrupuleuses, de maltraitance animale ou d'un défaut d'hygiène dans la chaîne de production. Tout cela a contribué incontestablement à alimenter la méfiance des populations à l'égard de la production industrielle de viande. Or il convient de se demander si la méfiance a été causée par ces crises ou bien si elle ne leur était pas préexistante, de sorte que l'opinion a pu leur prêter une attention parfois démesurée, et en tout cas disproportionnée au regard des dommages ayant été réellement causés dans la population.

De manière plus générale, n'est-ce pas une certaine perte de confiance dans la science et la technique moderne, et plus par-

1. Ensemble des savoirs scientifiques et techniques appliqués à l'élevage des animaux qui ont permis le développement industriel de la fabrication de produits animaux, et notamment de la viande, dans les sociétés occidentales (en Europe de l'Ouest et en Amérique du Nord) à partir du XIXe siècle.

ticulièrement dans les modes de production de l'industrie agro-alimentaire, perte de confiance alimentée par des discours critiques à l'égard de la modernité, qui nous a rendus collectivement plus sensibles et plus attentifs à ces dysfonctionnements ? Ajoutons à ces facteurs, amplifiés par ce qui ressemble fort à des discours « romantiques » en un sens large, des évolutions sociétales que Claude Fischler a désignées, dès le début des années 1990, par de très éloquents néologismes, tels que : le « brouhaha diététique », la « cacophonie alimentaire », ou bien encore la « gastro-anomie », c'est-à-dire un ensemble de phénomènes socioculturels qui traduiraient une forme de « déculturation » alimentaire touchant les sociétés occidentales contemporaines[1]. Par un paradoxe qui n'est qu'apparent, et par une logique circulaire qui n'a rien de vertueux, l'incertitude et l'anomie alimentaires créeraient un besoin de nouvelles règles, de prescriptions et de proscriptions alimentaires, lesquelles, en retour, du fait de leur prolifération anarchique, ne feraient qu'accentuer l'incertitude et l'anomie de la société, et ainsi de suite.

Toujours est-il qu'un large courant d'opinion s'est répandu dans les sociétés occidentales contemporaines, lequel nourrit la méfiance d'une partie de la population envers l'industrie agro-alimentaire en général, et envers la filière de production de viande plus particulièrement. Bien plus, un véritable « front anti-viande[2] » semble s'être constitué, depuis une bonne décennie, dans les sociétés occidentales industrialisées, principalement en Amérique du Nord et en Europe de l'Ouest. Un certain discours militant contemporain, qui se montre très agressif, tend à jeter le discrédit sur ceux qu'il désigne sous le nom de *« carnistes »*, un

1. Cl. Fischler, *L'Homnivore*, *op. cit.*, p. 202-216.

2. Nous empruntons cette expression à l'ingénieur et économiste René Laporte, *cf.* « Le monde a faim de viande », in *Id.* et Élodie Vieille Blanchard, *Faut-il arrêter de manger de la viande ?*, Paris, Le Muscadier, 2014, p. 30.

terme péjoratif pour désigner les consommateurs de viande et de produits carnés[1].

On assiste depuis quelques années à une véritable offensive médiatico-politique de la part d'une mouvance « végétaro-écolo-gaucho-féministe » qui n'entend pas seulement changer le régime alimentaire des Français et plus largement des Occidentaux (ainsi que du reste de la population mondiale), en leur imposant une réduction voire une suppression totale de la consommation de viande et de produits carnés, mais qui entend en outre changer par ce moyen l'ensemble de leur régime de pensée et de vie. Or cette mouvance ne se contente pas d'agiter des idées, elle donne parfois lieu également à des actions qui peuvent être violentes, notamment contre des entreprises qui se consacrent à l'exploitation animale, que ce soient des entreprises d'élevage, d'expérimentation sur les animaux, des abattoirs, ou bien encore des boucheries[2]. En France, une cellule de la gendarmerie nationale, appelée « Déméter » a spécialement été créée en 2019 afin de protéger les agriculteurs et éleveurs contre les intrusions de ces militants dans leurs exploitations. Aux États-Unis, l'ALF (Animal Liberation Front) est considéré comme une organisation terroriste[3]. Ainsi le militantisme en faveur du végétarisme,

---

1. Voir par exemple l'ouvrage de Melanie Joy, une universitaire et militante végane américaine : *Introduction au carnisme : pourquoi aimer les chiens, manger les cochons et se vêtir de vaches* (2009), traduit par L. Gall, Lausanne, L'Âge d'homme, 2016.

2. Ainsi, entre 2017 et 2019, une vague d'actes de vandalisme contre des commerces spécialisés en boucherie-charcuterie de la part d'activistes animalistes et antispécistes a-t-elle été observée en France, notamment dans la région des Hauts-de-France.

3. Sur ces évolutions récentes qui ont conduit d'un certain radicalisme idéologique à la violence politique, voir : Jean-Baptiste Juillard, « Une violence animaliste peut-elle être légitime ? », in Sylvie Paillat (dir.), *Humanité-animalité, une querelle contemporaine entre spécistes et antispécistes*, Paris, Hermann, 2023, p. 149-172.

ou de l'abstention de consommation de viande, voire l'abstention de toute consommation de produits d'origine animale[1], est-il devenu un combat politique à la fois extrêmement radical et de grande ampleur. Ne serait-ce pas, en réalité, une sorte de « cheval de Troie » visant à un complet renversement des principes et des valeurs à la fois philosophiques, morales, juridiques et politiques qui sont au fondement des sociétés démocratiques occidentales modernes et contemporaines ?

Avant de répondre à cette question, il importe de rappeler quelques définitions. Tout d'abord, nous appelons aujourd'hui *« viande »* la chair des animaux lorsque celle-ci sert de nourriture. Cet usage actuel du mot résulte en réalité d'une spécialisation, car étymologiquement le mot « viande », qui vient du latin *« vivenda »*, désigne tous les aliments en tant qu'ils sont nécessaires à la vie[2]. Est-ce à dire que la viande serait un aliment particulièrement nécessaire à la vie ou « vital » ? Plus précisément, la viande désigne les tissus musculaires de certains animaux tels les mammifères terrestres ou marins, les oiseaux et les reptiles et même certains poissons comme le requin (la chair des autres poissons n'étant pas considérée *stricto sensu* comme de la « viande »). En un sens, plus large, le mot viande peut inclure d'autres produits tirés de l'organisme des animaux et pouvant servir à la consommation, comme les graisses, le sang ou encore les abats (les organes internes tels que le foie, le cœur, les poumons, etc.) et même les os.

---

1. Nous reviendrons ci-après sur la terminologie complexe qui permet de distinguer les différents types de régimes alimentaires au sein de la mouvance ou constellation « végé ».

2. Le philosophe Voltaire relève ce point dans son *Dictionnaire philosophique* (1764) : « Ce mot devrait s'appliquer à tout ce qui se mange ; mais par la bizarrerie de toutes les langues, l'usage a prévalu de refuser cette dénomination au pain, au laitage, au riz, aux légumes, aux fruits, aux poissons, et de ne le donner qu'aux animaux terrestres. »

En France, on distingue traditionnellement : 1°) la viande dite « rouge », celle issue des bovins, des ovins et des équidés ainsi que du canard : sa coloration provient de la myoglobine, une substance protéinée présente dans les muscles et contenant notamment du fer ; c'est en quelque sorte la viande par excellence, celle qui est au sommet de la hiérarchie des viandes ; 2°) la viande dite « blanche », celle du porc, du veau, du lapin et des volailles[1] : sa coloration plus pâle vient d'une plus faible teneur en myoglobine et donc aussi en fer, ce qui fait que cette viande est souvent considérée comme une viande de second rang, après la viande rouge[2] ; 3°) enfin, on parle de viande « noire » pour désigner la chair issue du gibier ou la venaison[3], c'est-à-dire la chair des animaux chassés tels que le cerf, le chevreuil, le sanglier notamment : sa couleur foncée vient du fait que sa teneur en myoglobine, et donc sa teneur en fer, est deux fois supérieure à celle de la viande rouge, or c'est une viande qui est plus rarement consommée du fait qu'elle provient d'animaux sauvages et non de l'élevage.

Partant de cette définition de la viande, nous appellerons « carnivores » les gens qui consomment habituellement la chair des animaux et des produits transformés issus de celle-ci (steaks hachés, pâtés, saucissons, saucisses, boudins, etc.). Rappelons au passage que les humains carnivores sont généralement aussi des

1. En réalité, cette typologie est relativement fluctuante. Ainsi, dans certaines études sur la nutrition, la viande issue du bétail est-elle assimilée à la viande rouge, la viande blanche ne concernant alors que la volaille.

2. Certaines personnes contestent parfois qu'il s'agisse de véritable « viande ». Ainsi m'est-il arrivé à plusieurs reprises d'entendre des gens expliquer très sérieusement qu'ils n'étaient pas vraiment « carnivores », puisqu'ils ne consommaient que de la viande de volaille. L'explication vient sans doute du fait que cette viande ne présentant pas une coloration rouge, laquelle évoque le « sang » (*« cruor »* en latin), l'opinion courante estime qu'il serait moins *cruel* de manger la chair d'un poulet que celle d'un bœuf.

3. Du latin *« venatio »* qui désigne la chasse et/ou le produit de la chasse.

« omnivores », c'est-à-dire qu'ils consomment habituellement aussi bien de la viande et des produits carnés que des végétaux et des produits transformés à base de végétaux – ces derniers produits étant d'ailleurs majoritaires, en termes de ration alimentaire, dans l'alimentation humaine en général. De ce point de vue, on ne confondra pas un humain carnivore avec un animal *carnassier*, comme le loup, le lion, le tigre, ou encore un animal domestique, comme le chat et le chien[1] : ceux-ci ne se nourrissent en effet que de viande, à l'exclusion de tout aliment d'origine végétale. D'autre part, nous éviterons pour notre part d'employer le terme « carniste », dont nous avons déjà signalé qu'il était péjoratif et en usage chez les adversaires de la consommation de viande. Nous pouvons en revanche appeler « carnivoristes » les personnes qui assument et revendiquent pleinement le fait de manger la chair des animaux ainsi que les produits transformés qui en sont issus : l'auteur de ces lignes en fait partie. Il faut faire encore mention ici du « flexitarisme », un type de régime alimentaire qui tend à réduire la consommation habituelle de viande ou à alterner des phases de végétarisme avec des périodes de consommation modérée de produits carnés, de préférence des viandes blanches, et ce pour des raisons diététiques ou environnementales. Toutefois, ce dernier type de régime est souvent considéré comme un sas de transition vers le végétarisme et il est généralement recommandé à ce titre par les militants végétariens qui souhaitent amener progressivement les carnivores à leur mode d'alimentation.

Du côté des adversaires de la consommation de viande et de produits carnés, on trouve aujourd'hui un ensemble de groupes ou de « tribus » dont chacun se distingue par une spécificité.

---

1. Il est vrai que le comportement alimentaire de ces deux espèces domestiques peut être modifié par l'homme. Toutefois, à la différence du chien qui peut compléter son alimentation par des légumes ou des féculents, le chat est un carnivore strict.

Ainsi les *végétariens*, aussi appelés « ovo-lacto-végétariens », sont-ils le groupe le plus couramment représenté chez les adversaires de la consommation de viande. Ces adeptes de la « nourriture de Pythagore » sont simplement ceux qui s'abstiennent volontairement et pour des raisons éthiques[1], notamment par refus d'infliger des souffrances aux animaux, de manger de la viande, au sens que nous avons donné plus haut à ce mot, et qui se contentent de produits végétaux ou d'origine végétale, mais qui s'autorisent à manger des produits animaux tels que des œufs, du lait et des produits laitiers (fromages, yaourts, crèmes, etc.), ainsi que du miel. Les lacto-végétariens, quant à eux, ajoutent un interdit à celui des « simples végétariens : ils s'opposent à la consommation de viande et d'œufs, mais s'autorisent toutefois à consommer du lait et des produits laitiers. Les ovo-végétariens, à l'inverse, s'autorisent à manger des œufs mais s'interdisent le lait et les produits laitiers. Les *végétaliens*, de leur côté, n'ingèrent pas de viande ni aucun produit issu des animaux, tels que les œufs, les produits laitiers ou encore le miel, pour des raisons éthiques, à savoir, principalement, le refus de la souffrance animale. Enfin, les véganes sont ceux qui renoncent non seulement à la consommation de tous les produits issus des animaux déjà cités, tout comme les végétaliens et pour les mêmes raisons, mais qui refusent en outre d'utiliser tous les produits issus de l'exploitation des animaux, comme, par exemple, ceux qui sont utilisés pour la confection de vêtements (le cuir, la laine ou la fourrure), mais aussi les cosmétiques où l'on trouve de la graisse animale. Bien plus, le véganisme est un courant de pensée qui consiste à

1. Il convient en effet de bien distinguer le *végétarisme éthique*, qui relève d'un choix alimentaire conscient et volontaire, au nom de principes liés à ce que l'on appelle aujourd'hui « l'éthique animale », du végétarisme subi et contraint en raison de certains problèmes de santé (végétarisme diététique) ou bien du végétarisme causé par le simple dégoût de la viande (végétarisme gastronomique ou esthétique).

refuser l'utilisation des animaux sous quelque forme que ce soit, ce qui inclut l'exigence de fermer les zoos, les parcs animaliers ou les cirques, de mettre fin aux tests scientifiques et médicaux sur les animaux, ou encore de renoncer à tout dressage animal visant à servir les intérêts humains, tel que l'équitation.

Insistons sur ce point : le véganisme contemporain représente plus qu'un régime alimentaire particulier relevant d'un choix éthique, c'est un véritable courant idéologique, à la fois philosophique et politique – et même, dans une certaine mesure, religieux, comme nous le verrons –, qui revendique lui-même une certaine forme de « radicalité ». De ce point de vue, il importe de bien distinguer le « front anti-viande[1] » contemporain du végétarisme éthique « traditionnel » ou « classique », tel qu'il a été défendu notamment par des grands penseurs de l'Antiquité gréco-romaine comme Pythagore, Plutarque ou encore Porphyre ; en effet, même si les militants anti-viande contemporains se réfèrent souvent à ces penseurs, en réalité ces derniers n'ont aucunement mené le même combat[2].

Pour le dire succinctement ici : alors que les penseurs gréco-romains susnommés défendaient un certain idéal de frugalité réservé à une élite intellectuelle et philosophique, tout en considérant que ce régime ne saurait convenir à tout le monde, et surtout pas aux catégories populaires attachées à des nourritures « substantielles », les militants anti-viande contemporains promeuvent

1. Pour reprendre l'expression du chercheur René Laporte, cité *supra*, p. 24.

2. Respectivement : Pythagore (580-495 av. J.-C.) ; Plutarque (46-125) ; Porphyre de Tyr (234-305). Le penseur et militant animaliste français contemporain Jean-Baptiste Jeangène Vilmer présente ainsi, dans son *Anthologie d'éthique animale* (Paris, PUF, 2011), des extraits de textes tirés des œuvres de ces trois philosophes antiques, comme s'il y avait une continuité et une filiation intellectuelle conduisant de ceux-ci à l'animalisme militant actuel. Nous reviendrons sur la pensée de chacun d'eux, et plus particulièrement sur leur argumentation en faveur du végétarisme ainsi que sur sa portée.

au contraire une idéologie « démocratico-révolutionnaire » qui tend à vouloir imposer un végétarisme à toute la société, un végétarisme obligatoire « pour tous ». S'il est vrai que le végétarisme a toujours constitué en quelque sorte une idéologie « contestataire » et minoritaire au regard de l'ordre établi et des pratiques ayant cours dans la population majoritaire, il apparaît toutefois que cette idéologie n'avait pas pour ambition, chez les penseurs gréco-romains, de renverser l'ordre établi, mais seulement de proposer un contre-modèle de société ou un mode de vie alternatif témoignant d'une forme de « sagesse supérieure » réservée à une élite. À l'inverse, les militants végétariens et animalistes contemporains se conçoivent eux-mêmes comme une minorité radicale et « agissante » à visée démocratique et révolutionnaire, ayant reçu pour mission de transformer la société tout entière et même de changer l'ordre du monde[1].

En outre, ce mouvement végane est aujourd'hui étroitement et couramment associé à un autre courant de pensée appelé « animalisme », lequel vise à faire de la défense des droits des animaux une cause politique globale en remettant en question l'ensemble des institutions sociales, juridiques, économiques et politiques qui sous-tendent et soutiennent les démocraties occidentales contemporaines. Nous sommes bien au-delà de la revendication du végétarisme, ou du refus de manger de la chair animale, même si celui-ci demeure un leitmotiv de ce courant idéologique et, en quelque sorte, sa bannière, mais aussi son alibi ou son camouflage. L'animalisme a aujourd'hui son « manifeste » rédigé par la

1. De même que, dans le marxisme, les militants socialistes sont censés représenter le prolétariat, cette minorité opprimée ayant reçu la mission de transformer radicalement les rapports de production injustes imposés par la société capitaliste majoritaire, dans le « végétaro-animalisme », les militants sont censés représenter les animaux, cette minorité opprimée qui a reçu pour mission de transformer des rapports de production injustes dont l'industrie agro-alimentaire témoigne de façon emblématique.

philosophe et militante végane et animaliste française Corine Pelluchon[1] : il revendique des objectifs politiques clairement définis, il a sa stratégie et ses partisans et militants, c'est-à-dire ses « petits soldats », ainsi que ses sympathisants ou ses « compagnons de route ». De fait, ce mouvement idéologique n'est pas sans rappeler l'idéologie communiste dont il s'inspire en grande partie et dont il se veut une sorte de prolongement par d'autres moyens[2], comme en témoignent par exemple certaines formulations qui semblent « singer » le fameux *Manifeste du parti communiste* de Karl Marx : « Animalistes de tous les pays, de tous les partis et de toutes les confessions, unissez-vous[3]. »

L'animalisme est également très proche – au point de se confondre généralement avec lui – d'un autre courant de pensée, « l'antispécisme », une doctrine qui est née en Angleterre à l'Université d'Oxford en 1970 et qui a pour « pères fondateurs » les philosophes et universitaires Richard Ryder et Peter Singer. L'animalisme ne se borne pas à combattre les mauvais traitements infligés aux animaux et à dénoncer la consommation de viande, mais il a pour but de modifier en profondeur le statut de l'animal dans nos représentations collectives, tant philosophiques et morales, culturelles et sociales, que juridiques et politiques : il s'agit ni plus ni moins, en effet, d'instaurer une égalité en dignité

1. Corine Pelluchon, *Manifeste animaliste, politiser la cause animale*, Paris, Alma, 2017 ; rééd. poche, Payot et Rivages, 2021.

2. Dans un entretien, la philosophe et militante Corine Pelluchon déclare ainsi : « François Furet dit, à la fin de son livre *Le Passé d'une illusion*, qu'après la chute du communisme l'idée d'une autre société était devenue taboue. Je crois qu'aujourd'hui nous sommes arrivés à un moment où il est possible de rouvrir les possibles » (entretien avec Aliocha Wald Lasowski, in A. Wald Lasowski [dir.], *Panorama de la pensée d'aujourd'hui*, Paris, Fayard, 2008 ; rééd. Pocket, 2016, p. 218).

3. C. Pelluchon, *Manifeste animaliste, politiser la cause animale*, *op. cit.*, 2021, p. 154.

et en droits entre l'humain et l'animal. Peter Singer, l'auteur du best-seller *Animal Liberation*, paru en 1975, définit ainsi en effet le spécisme : c'est « un préjugé ou une attitude de parti pris en faveur des intérêts des membres de sa propre espèce et à l'encontre des intérêts des membres des autres espèces[1] ». Selon ses fondateurs, la lutte antispéciste contre le spécisme doit être comprise par analogie avec la lutte antiraciste dirigée contre le racisme : la préférence pour les membres de sa propre espèce paraît aussi injustifiée et injuste que la préférence pour le groupe ethno-racial dont on fait soi-même partie[2]. Les antispécistes revendiquent donc une égalité non de traitement mais de « considération » entre tous les animaux quelle que soit leur espèce. Il va de soi, et c'est une autre difficulté de la doctrine, que cette revendication d'égale considération ne peut être comprise et mise en œuvre que par des humains – car il paraît difficile de faire comprendre à un loup qu'il devra manifester une égale considération aussi bien envers les autres loups en tant que membres de sa propre espèce que, par exemple, envers une brebis ou un agneau.

Last but not least, et pour en finir avec les définitions et les précisions terminologiques, ajoutons enfin que le courant « animaliste », du moins le courant dominant ou *« mainstream[3] »*, se définit lui-même comme « abolitionniste » et qu'il se différencie et s'oppose, à ce titre, au *« welfarisme »*. Le *« welfarisme »* (un mot qui vient de l'anglais *« welfare »*, signifiant « bien-être ») désigne une doctrine, mais aussi plus particulièrement un ensemble de procédés mis en œuvre notamment dans l'élevage et l'industrie

1. Peter Singer, *La Libération animale* (1975), traduit par L. Rousselle, Paris, Payot et Rivages, 2012, p. 73.

2. Bien entendu, cet argument est critiquable sous bien des aspects, comme nous le montrerons.

3. Nous verrons plus loin qu'il existe aussi des branches « dissidentes » mais minoritaires de l'animalisme, qui portent de tout autres revendications et qui, notamment, s'autorisent et autorisent la consommation de viande.

agro-alimentaire qui tend à garantir le bien-être des animaux. L'exigence de « bientraitance » animale a d'abord été inscrite dans une charte édictée en 1992 par le *Farm Animal Welfare Council*, un organe consultatif indépendant créé par le gouvernement britannique en 1979, puis elle a été reprise dans le droit européen. Elle définit « cinq libertés » de base pour les animaux d'élevage : ne pas souffrir de faim ni de soif ; ne pas souffrir de contrainte physique ; ne pas subir de douleurs, blessures ou maladies ; pouvoir exprimer des comportements normaux pour l'espèce ; ne pas subir de peur ni de stress. Or, pour les « abolitionnistes », l'objectif ultime est de mettre un terme définitif à toute espèce d'exploitation animale quelle qu'elle soit. Cela englobe aussi bien la production de viande et de produits carnés que tous les produits issus des animaux, ainsi que la fourniture de services utilisant des animaux. C'est pourquoi le *welfarisme* doit, selon eux, être combattu : parce qu'il consiste à « pactiser avec l'ennemi », c'est-à-dire avec l'humain exploiteur des animaux (en particulier les éleveurs, mais aussi les dresseurs et tous ceux qui font travailler les animaux), en mettant en place des procédés et des moyens sournois pour atténuer ou feindre d'atténuer la souffrance des bêtes.

Comme l'écrit le philosophe Francis Wolff, le *welfarisme* est à l'abolitionnisme « ce qu'un programme social-démocrate est au communisme authentique : une trahison, une collaboration avec l'ennemi[1] ». Le choix du mot « abolitionnisme » n'est pas anodin, puisqu'il fait plus ou moins explicitement référence à l'abolition des privilèges sous la Révolution française, ou bien à l'abolition de l'esclavage dans les sociétés occidentales au XIXe siècle, ou bien encore à l'abolition de la peine de mort en France en 1981 : autrement dit, ce mot s'inscrit dans une tendance historique de

1. Francis Wolff, « L'utopie animaliste », in *Id.*, *Trois utopies contemporaines*, Paris, Fayard, 2017, p. 72.

progrès des droits humains fondamentaux, qu'il s'agit d'étendre désormais aux autres êtres vivants.

Pour les abolitionnistes, le véganisme est la seule pratique alimentaire compatible avec le respect des animaux, à la différence du végétarisme ou du végétalisme qui ne peuvent constituer, selon eux, que des étapes transitoires vers le renoncement total à la consommation et à l'utilisation des animaux.

Ce qui frappe surtout dans ce mouvement que nous appellerons « végétaro-animaliste[1] », c'est que, mettant en avant la question animale, il vise surtout en réalité à transformer l'existence des *humains* – ce pourquoi nous avons parlé précédemment de « cheval de Troie », en faisant allusion à la ruse utilisée par Ulysse pour vaincre les Troyens dans l'*Iliade*. La référence animale a toujours été utilisée, en effet, dans la tradition philosophique et littéraire occidentale comme un subterfuge métaphorique ou allégorique pour parler en réalité de l'être humain. Qu'il nous suffise d'évoquer ici par exemple les *Fables* de Jean de La Fontaine, où la fiction animalière sert à dénoncer les travers de l'humanité en général ou ceux de la société de cour en particulier. Les animalistes eux-mêmes ne s'en cachent d'ailleurs nullement, puisqu'ils déclarent mener un combat idéologique global dans lequel la question animale représenterait un « levier » stratégique. Ainsi la philosophe-militante Corine Pelluchon peut-elle par exemple affirmer : « La question animale est stratégique […]

1. S'il rassemble des gens qui se disent tous « animalistes », certains d'entre eux peuvent être simplement végétariens, comme le journaliste, homme politique et député Aymeric Caron, quand d'autres revendiquent un véganisme de stricte obédience, comme la philosophe Corine Pelluchon. Or, comme nous l'avons déjà indiqué, seul le véganisme est compatible, selon ces militants, avec la défense sincère de la cause animale, de sorte que les « simples » végétariens ou même végétaliens sont fortement incités à évoluer vers un engagement plus radical, sous peine d'être accusés de trahir la cause. Ainsi le radicalisme conduit-il ici, comme toujours, à une logique de surenchère.

pour des raisons politiques, car elle est le levier d'une contestation d'un modèle de développement dont tout le monde s'accorde à reconnaître qu'il ne rend pas grand monde heureux à part certains lobbies, certaines industries[1] […]. » La cause animale peut donc devenir une arme pour renverser le capitalisme[2] !

Aussi radical soit-il, ce mouvement ne promeut cependant pas un changement révolutionnaire, au sens propre du terme. Selon Corine Pelluchon, il ne s'agit pas en effet de renverser les institutions existantes par la violence, mais plutôt de changer les mœurs, de « substituer un *ethos* à un autre[3] ». Ce dernier point nous ramène à la question de la consommation de viande ainsi qu'à la question de l'humain et de l'humanisme. Le courant végétaro-animaliste, qui forme une espèce de nébuleuse intellectuelle puisqu'il est représenté à la fois par des philosophes, des écrivains, des journalistes ou encore des artistes, ceux que l'on appelle généralement des « intellectuels » et qui remplissent la fonction sociale de « leaders d'opinion » ou de « prescripteurs d'opinion », tend à s'en prendre régulièrement à l'humanisme comme à une

---

1. Citation extraite d'un débat diffusé sur France Culture et animé par Adèle Van Reeth à la Sorbonne le 13 janvier 2017, dans le cadre du forum France Culture « Animal ? », entre Corine Pelluchon, Joy Sorman et Alain Prochiantz, ayant pour thème : « L'animal est-il un homme comme les autres ? » (débat diffusé le 19 janvier 2018, à écouter en ligne à l'adresse suivante : https://www.radiofrance.fr/franceculture/podcasts/les-chemins-de-la-philosophie/l-animal-est-il-un-homme-comme-les-autres-3113476).

2. « La transition vers une société juste envers les animaux passe nécessairement par la sortie du capitalisme qui est un système fondé sur l'exploitation de la nature et des autres vivants, sur la domination » (C. Pelluchon, *Manifeste animaliste*, *op. cit.*, p. 44). On notera, sans pouvoir développer car cela nous entraînerait un peu trop loin du sujet, qu'il a existé dans le passé et qu'il existe encore aujourd'hui des systèmes socialistes, donc non capitalistes, d'exploitation de la nature et de domination de l'humain sur l'ensemble des vivants.

3. Corine Pelluchon, *Les Lumières à l'âge du vivant*, Paris, Le Seuil, « Points », p. 315.

idéologie quasiment criminelle – ou du moins complice d'un système criminel d'exploitation de la nature et des animaux. Parmi tous ces penseurs ou intellectuels militants, on ne citera que quelques noms bien connus en France : on trouve des philosophes français et françaises comme Corine Pelluchon, Florence Burgat ou encore Jean-Baptiste Jeangène Vilmer, des chercheurs en sciences sociales, comme la géographe Ophélie Véron, des philosophes anglo-saxons comme Peter Singer ou Richard Ryder, Tom Regan, Gary Francione (souvent cités et commentés par les militants français), des écrivains français comme Jean-Baptiste Del Amo, Martin Page, des journalistes comme Hugo Clément et Aymeric Caron, ou bien Franz-Olivier Giesbert[1]. D'un intellectuel à l'autre, on retrouve fréquemment les mêmes idées et les mêmes arguments, et aussi, parfois, ce que l'on serait tenté d'appeler les mêmes « éléments de langage ». Or ceux-ci reviennent bien souvent à incriminer, au travers du carnivorisme, la tradition de pensée humaniste occidentale – on serait tenté de dire : la pensée des « mâles blancs morts ».

Le courant de pensée « végétaro-animaliste » d'aujourd'hui, celui des années 2010-2020, a certes eu des précurseurs prestigieux dans les années 1980-1990, avec notamment Élisabeth de Fontenay ou Jacques Derrida[2]. Ainsi la première affirmait-elle, dans son maître ouvrage de 1998, *Le Silence des bêtes*, que « ce n'est pas faire preuve de manquement à l'humain que de conduire

---

1. Cette liste est loin d'être exhaustive, elle ne retient que quelques noms qui nous paraissent les plus représentatifs ou les plus en vue, et qui correspondent aussi à nos lectures. Nous reviendrons dans le cadre du présent essai sur la plupart de ces intellectuels, en privilégiant toutefois les philosophes et les essayistes dont la pensée nous paraît la plus structurée et la moins incohérente au regard des normes rationnelles du savoir, mais en laissant délibérément de côté les écrivains dont le travail s'adresse en principe plus à l'imagination qu'à la raison.

2. Il convient cependant de noter qu'aucun de ces deux philosophes n'a renoncé à la consommation de viande.

une critique de la métaphysique humaniste, subjectiviste et prédatrice[1] ». Et elle mettait par conséquent en garde ses lecteurs contre la tentation anthropocentriste propre à l'humanisme occidental qui tendrait à inférioriser les animaux et ainsi à justifier leur exploitation, elle allait même jusqu'à dénoncer les « croisés de l'*humanitas* » et les « anthropomanes »[2]. Derrida, de son côté, interprétait l'ensemble de la pensée humaniste occidentale en tant que *« carno-phallogo-centrisme »* : « Il ne s'agirait pas seulement de rappeler la structure phallogocentrique du concept de sujet, du moins en son schème dominant. Je voudrais un jour démontrer que ce schème implique la virilité carnivore. Je parlerais de carno-phallogocentrisme, si ce n'était là une sorte de tautologie[3]... » Il faut entendre dans ces propos que, selon le théoricien de la « déconstruction », le concept hérité des Grecs qui fonde toute la philosophie occidentale, le *« logos »*, serait nécessairement lié à une idéologie « viriliste », ainsi qu'au fait de manger de la viande ou au carnivorisme : l'ensemble formerait un système de domination dont le philosophe se donne pour tâche de faire la critique afin de nous aider à en sortir.

Un texte de référence est en outre très prisé par les animalistes : l'extrait d'une conférence que Claude Lévi-Strauss consacre en 1962 à Jean-Jacques Rousseau, où l'humanisme occidental moderne est gravement mis en cause, car tenu pour responsable des plus grands malheurs qui ont frappé le monde aux temps modernes et contemporains. « Jamais mieux qu'au terme des quatre derniers siècles de son histoire, déclarait Claude Lévi-

1. Élisabeth de Fontenay, *Le Silence des bêtes*, Paris, Librairie Arthème Fayard, 1998 ; rééd. Points, 2013, p. 13.

2. *Ibid.*, p. 27.

3. Jacques Derrida, « "Il faut bien manger" ou le calcul du sujet », entretien avec Jean-Luc Nancy paru dans *Cahiers Confrontations*, n° 20, hiver 1989 ; texte repris dans *Points de suspension*, Paris, Galilée, 1992, p. 294.

Strauss lors de cette conférence, l'homme occidental ne put-il comprendre qu'en s'arrogeant le droit de séparer radicalement l'humanité de l'animalité, en accordant à l'une tout ce qu'il retirait à l'autre, il ouvrait un cycle maudit, et que la même frontière, constamment reculée, servirait à écarter des hommes d'autres hommes, et à revendiquer, au profit de minorités toujours plus restreintes, le privilège d'un humanisme, corrompu aussitôt né pour avoir emprunté à l'amour-propre son principe et sa notion[1]. » Autrement dit, la séparation instaurée par la pensée humaniste entre l'être humain et l'animal serait à l'origine des plus graves crimes perpétrés par les sociétés occidentales au cours de la modernité : la colonisation, l'esclavage, mais aussi la Shoah.

La mémoire du génocide des Juifs européens commis par les nazis durant la Seconde Guerre mondiale constitue un point de cristallisation important pour l'idéologie animaliste. Nous examinerons cette question de façon plus approfondie dans la suite du présent essai. Bornons-nous à rappeler ici qu'Élisabeth de Fontenay n'a pas de scrupules à cautionner le rapprochement entre l'extermination des Juifs d'Europe et l'abattage des animaux dans l'industrie agro-alimentaire contemporaine, à condition toutefois, précise-t-elle, de ne pas nier la singularité de la Shoah. « Oui les pratiques d'élevage et de mise à mort industrielle des bêtes, écrit-elle, peuvent rappeler les camps de concentration et même d'extermination, mais à une condition : que l'on ait préalablement reconnu un caractère de singularité à la destruction des Juifs d'Europe, ce qui donne pour tâche, ajoute-t-elle, de transformer

1. Claude Lévi-Strauss, « Jean-Jacques Rousseau, fondateur des sciences de l'homme », in *Anthropologie structurale*, II, Paris, Plon, 1973, p. 53. Élisabeth de Fontenay fait référence à ce texte, en affirmant que c'est « le plus mauvais coup qui aura jamais été porté » à « la représentation spéciste de l'humanisme faustien » (*Le Silence des bêtes*, *op. cit.*, p. 57). Corine Pelluchon se réfère au même passage de Claude Lévi-Strauss afin d'y puiser le motif d'une refondation de l'humanisme : voir *Les Lumières à l'âge du vivant*, *op. cit.*, p. 321.

l'expression figée "comme des brebis à l'abattoir" en une métaphore vive[1]. » Bien plus qu'une simple figure de style, le rapprochement entre l'abattage industriel des animaux et la Shoah serait ainsi très significatif selon la philosophe. Le philosophe Patrice Rouget, auteur d'un violent pamphlet anti-humaniste préfacé par Florence Burgat et intitulé *La Violence de l'humanisme, pourquoi nous faut-il persécuter les animaux ?*, développe ce point jusqu'à l'outrance, écrivant qu'« Auschwitz est un point d'orgue, un moment orgastique, une apothéose de l'humanisme métaphysique[2] ».

La philosophe Corine Pelluchon, de son côté, semble plutôt réservée au sujet de ce rapprochement. Reste qu'il faut bien comprendre ce qui se joue dans un tel débat : rien de moins que de comparer les humains carnivores à des nazis, ou d'en faire les complices de crimes comparables à ceux commis par les nazis envers les Juifs ! Nous parlerons quant à nous d'une figure de style, l'hyperbole, qui relève clairement ici de l'abus de langage, et qui s'avère non seulement fallacieuse, mais aussi scandaleuse.

Il est vrai que cette métaphore « court », soit souterrainement soit au grand jour, dans toute une littérature à la fois philosophique et romanesque de l'après-guerre : on la trouve ainsi aussi bien sous la plume de philosophes éminents comme Theodor W. Adorno[3] que d'écrivains mondialement reconnus comme John Maxwell Coetzee[4]. L'intellectuel qui est allé le plus loin dans cette

1. É. de Fontenay, *Le Silence des bêtes*, *op. cit.*, Avant-propos, p. 13.

2. Patrice Rouget, *La Violence de l'humanisme, pourquoi nous faut-il persécuter les animaux ?*, Paris, Calmann-Lévy, 2014, p. 63.

3. « Auschwitz commence lorsque quelqu'un regarde un abattoir et se dit : "Ce ne sont que des animaux" » (Theodor W. Adorno – cité par Christa Blanke, *Das krähte der Hahn : Kirche für Tier? Eine Streitschrift*, Eschbach, Verlag-am-Eschbach, 1995, p. 48 – citation reprise par Jean-Baptiste Jeangène Vilmer dans *Éthique animale*, Paris, PUF, 2008, p. 41).

4. « C'est depuis Chicago que les nazis ont appris à transformer les corps » (John Maxwell Coetzee, *The Lives of Animals*, Princeton, Princeton University

direction est incontestablement l'historien américain Charles Patterson, l'auteur de l'ouvrage *Un éternel Treblinka*: celui-ci y soutient la thèse selon laquelle l'anéantissement des Juifs d'Europe par les nazis trouverait son origine dans l'oppression des êtres vivants qui a commencé dès les débuts de l'histoire humaine avec la domestication des animaux, avec l'invention de l'élevage et de la boucherie[1]. Toute l'histoire de l'humanité depuis les origines ne serait ainsi qu'un *continuum* de l'horreur, de la violence et du crime, qui aurait eu pour point d'aboutissement le « crime contre l'humanité ».

Or l'inspiration du livre de même que son titre lui sont venus de l'écrivain américain, d'origine juive polonaise, Isaac Bashevis Singer, et plus particulièrement d'une nouvelle intitulée « The Letter Writer », dont Patterson cite d'ailleurs dans son propre ouvrage un extrait particulièrement significatif. Il s'agit d'un passage où le personnage principal, Herman Gombiner, réfugié juif habitant à New York dont toute la famille a été massacrée par les nazis, s'adresse à une petite souris vivant dans son appartement, qu'il a décidé de protéger et à laquelle il a donné le nom hébreu Huddah. Alors qu'il croit le petit animal mort, il prononce une sorte d'éloge funèbre : « Tous ces érudits, tous ces philosophes, les dirigeants de la planète, que savent-ils de quelqu'un comme toi ? Ils se sont persuadés que l'homme, espèce pécheresse entre toutes, domine la création. Toutes les autres créatures n'auraient été créées que pour lui procurer de la nourriture, des fourrures, pour être martyrisées, exterminées. Pour ces créatures, tous les humains

Press, 1999, p. 53 : l'auteur sous-entend ici que les nazis ont pris modèle sur les abattoirs de Chicago pour créer les camps d'extermination – citation reprise par J.-B. Jeangène Vilmer dans *Éthique animale*, *op. cit.*, p. 42).

1. Charles Patterson, *Un éternel Treblinka* (2002), traduit par D. Letellier, Paris, Calmann-Lévy, 2008.

sont des nazis ; *pour les animaux, c'est un éternel Treblinka*[1]. » Tout se passe, au fond, comme si le « crime contre l'humanité », commis par les nazis, était en quelque sorte attribué à l'humanité entière, comme si la responsabilité et la culpabilité de ce crime étaient retournées contre l'humanité elle-même.

Certes, on peut comprendre que le caractère particulièrement sordide et atroce des crimes nazis puisse susciter une profonde colère contre l'être humain en tant que tel, et même plus largement contre la Création, ou même contre le Créateur lui-même – de sorte que la doctrine animaliste qui se nourrit en grande partie de cette colère revêt incontestablement une dimension à la fois cosmique et théologique sur laquelle nous aurons à revenir. Toutefois, nous touchons aussi à une limite de cette idéologie qui, sous couvert de défendre les animaux et leurs droits, risque de faire bon marché des droits humains fondamentaux. Il y a en effet une erreur d'analyse et un scandale éthico-politique à comparer les camps d'extermination aux abattoirs de l'industrie agro-alimentaire.

D'une part, cette comparaison tend non seulement à relativiser la Shoah et à nier la singularité de ce crime visant les Juifs, mais, pire encore, elle tend aussi à « flirter » dangereusement avec la propagande idéologique des nazis eux-mêmes, qui avaient animalisé leurs victimes avant de les assassiner cyniquement, comme s'ils n'avaient justement pas été des humains. D'autre part, en établissant trop rapidement, trop facilement et trop légèrement un lien de cause à effet entre l'humanisme occidental et le nazisme, comme si le second devait être nécessairement et inéluctablement le produit du premier, et en considérant que le crime de masse commis par les nazis serait le « fruit » de la modernité

1. Isaac Bashevis Singer, *The Letter Writer, The Seance and Other Stories*, New York (1968) – cité par Ch. Patterson, *Un éternel Treblinka*, *op. cit.*, p. 254. Nous soulignons.

capitaliste[1], l'idéologie « végétaro-animaliste » occulte, fort opportunément pour elle-même, une autre dimension tout à fait déterminante de l'idéologie nazie : à savoir précisément l'hostilité de celle-ci envers l'humanisme occidental, envers l'individualisme bourgeois et la démocratie parlementaire, ainsi que la propagande « romantico-naturaliste » qui exalte les forces vives de la race, de la terre et du sang, laquelle a aussi conduit les nazis à se poser en défenseurs des animaux – et aussi à dénoncer au passage l'abattage rituel juif comme une abomination[2].

Au demeurant, il conviendrait aussi de réexaminer plus attentivement la pensée humaniste au moment historique de sa naissance et de son développement dans l'Europe des XVe et XVIe siècles, et l'on verrait alors qu'elle ne ressemble guère à la caricature grimaçante ou à ce monstre faustien qu'en font trop souvent certains militants animalistes contemporains, ceux qui sont les plus vindicatifs étant aussi, semble-t-il, les moins bien informés. Il faudrait ainsi rappeler à ces derniers que Montaigne entendait avant tout, dans son « Apologie de Raymond Sebond », humilier l'orgueil et la « dénéantise » de l'homme, ainsi que la présomption des philosophes à glorifier la supériorité de notre « nature » sur celle des autres espèces vivantes[3]. Il est, au demeu-

---

1. Il y a là tout compte fait selon nous un véritable sophisme ou bien un paralogisme : en effet, ce n'est pas parce que les nazis ont utilisé des moyens industriels pour commettre leurs crimes que toute production industrielle serait intrinsèquement criminelle et nazie – de même que ce n'est pas parce que tous les humains sont mortels que tous les mortels seraient des humains.

2. Les nazis ont ainsi interdit l'abattage rituel juif en 1933.

3. « Le moyen que je prends pour rabattre cette frénésie et qui me semble le plus propre, c'est de froisser et fouler aux pieds l'orgueil et l'humaine fierté ; leur faire sentir l'inanité, la vanité, la dénéantise de l'homme ; leur arracher des poings les chétives armes de leur raison ; leur faire baisser la tête et mordre la terre sous l'autorité et révérence de la majesté divine » (Michel de Montaigne, *Essais*, 1588, II, 12, « Apologie de Raymond Sebond », Paris, PUF, « Quadrige », 1992, p. 448).

rant, assez étonnant et paradoxal que l'humanisme soit la cible principale et récurrente des « végétaro-animalistes » contemporains, quand on sait que l'un des premiers grands traités de la philosophie antique ayant porté une critique de la consommation de viande, le *De esu carnium* de Plutarque, a été redécouvert et nous a été transmis grâce à la lecture et au commentaire qu'en ont fait les penseurs humanistes du XVIe siècle, aussi bien Érasme que Montaigne, et ce notamment grâce à la traduction de l'humaniste Jacques Amyot[1]. Humanisme et défense des animaux ne s'opposent pas nécessairement, contrairement à ce que voudrait faire croire aujourd'hui une certaine propagande animaliste !

Mais il est sans doute temps d'en venir à ce qui constitue, au fond, notre intuition principale vis-à-vis de ce que nous avons nommé « l'idéologie végétaro-animaliste », à savoir qu'elle ne constitue pas seulement un courant de pensée politique radical à vocation « démocratico-révolutionnaire », mais qu'elle comporte en outre une dimension religieuse – ou du moins pseudo-religieuse. Il nous semble en effet que nous sommes confrontés ici à une sorte de « religion politique » qui est tout à fait comparable à celles qu'avait autrefois analysées et critiquées Raymond Aron. Une telle idéologie ne risque-t-elle pas en effet de devenir le nouvel « opium des intellectuels » que ce dernier dénonçait dans son ouvrage éponyme de 1955 ? « Le prophétisme marxiste, écrivait ainsi Aron, est conforme au schéma typique du prophétisme judéo-chrétien.

---

1. Ce traité de Plutarque constitue l'un des textes les plus anciens et les plus importants qui aient été écrits en faveur de ce que l'on appelle aujourd'hui « l'éthique animale » et du végétarisme, encore que Plutarque ne fût pas lui-même un végétarien, mais plutôt ce que l'on appellerait aujourd'hui un « flexitarien ». Ce traité fait partie des *Œuvres morales* de Plutarque qui ont été traduites par l'humaniste français Jacques Amyot en 1572, le traité ayant été alors traduit sous le titre *S'il est loisible de manger chair* (littéralement, le titre latin signifie : *Traité de la consommation de la chair animale*). On peut le lire aujourd'hui dans l'édition de poche Payot et Rivages de 2002 sous le titre : *Manger la chair ?*.

Tout prophétisme porte condamnation de ce qui est, dessine une image de ce qui doit être ou sera, choisit un individu ou un groupe pour franchir l'espace qui sépare le présent indigne de l'avenir rayonnant[1]. » Comment ne pas reconnaître ici tous les éléments de l'idéologie animaliste, cette nouvelle religion post-judéo-chrétienne du salut de l'humanité par les animaux ? S'il est vrai que le monde entier n'est qu'un « immense abattoir », comme l'écrit Isaac B. Singer[2], alors il importe de susciter l'espérance d'un monde futur et meilleur, enfin débarrassé du malheur, de la cruauté et de la souffrance où baignent toutes les créatures vivantes.

Comme dans la religion chrétienne où la souffrance humaine universelle apparaît comme le vecteur du salut, par l'entremise de la Passion du Christ sur la croix, l'idéologie animaliste retient cette fonction sotériologique qu'elle transfère à l'animal : la victime innocente torturée dans les abattoirs ne doit pas mourir pour rien, mais pour le salut universel de tous les vivants – humains compris. Cependant, il reste aux humains à accueillir cette « bonne nouvelle » ou ce nouvel évangile du salut par les animaux, ce qui suppose de leur part une reconnaissance de leur statut de pécheurs et une repentance sincère pour les crimes dont ils se sont collectivement rendus coupables directement, ou bien dont ils se sont rendus indirectement complices, en consommant la chair des bêtes. Vu sous ce jour, le végétarisme n'est plus une simple option alimentaire ou un « régime » de vie parmi d'autres : il est la seule voie offerte pour le salut universel du genre humain.

Ce n'est donc pas un hasard si l'on trouve sous la plume des militants animalistes un vocabulaire qui fait directement écho à celui qui est utilisé par les grandes religions monothéistes, et en

1. Raymond Aron, *L'Opium des intellectuels*, Paris, Calmann-Lévy, 1955 ; rééd. Hachette, « Pluriel », 2002, p. 276.

2. Isaac Bashevis Singer, *Un jeune homme à la recherche de l'amour* (1978), traduit par M.-P. Bay et J. Robert, Paris, Stock, 1981, p. 40.

particulier les religions juive et chrétienne. Dans son *Manifeste animaliste*, Corine Pelluchon évoque ce moment où elle a été amenée à se convertir à une nouvelle vision du monde : « La première étape, celle qui décide quelqu'un à changer sa vie, est marquée par une expérience douloureuse, une *révélation* qui frappe de stupeur. Il n'y a pas de réveil sans cette blessure[1]. » Pour les animalistes, la cause animale ne saurait être un problème parmi d'autres, une question périphérique : elle est « LA » question centrale de l'existence humaine, entendons par là non seulement celle de leur propre existence, mais aussi celle de l'humanité tout entière. Les animalistes élèvent ainsi leur propre sensibilité à la souffrance des animaux au rang d'une véritable « révélation », au sens fort et proprement religieux du terme : c'est-à-dire une vérité totale qui s'impose d'abord à eux-mêmes, comme une illumination divine, mais qui doit être ensuite prêchée à l'humanité entière. « Il est impossible de prendre la mesure de la souffrance des animaux sans en souffrir, parce que leur vie est un enfer, que cet enfer est l'œuvre de l'espèce humaine, et qu'il montre tout le mal dont nous sommes capables. C'est pourquoi la cause animale devient, pour les personnes qui ouvrent les yeux sur cette violence, la cause principale de leur existence[2]. » Cette expérience de la souffrance animale est ainsi une expérience intérieure qu'il importe d'abord de vivre, car elle se passe de mots et parce qu'elle est au-delà de toute explication rationnelle : elle constitue une expérience hors du commun, proprement mystique.

Une autre philosophe française, également militante animaliste et devenue végane (après avoir été d'abord végétarienne), Florence Burgat, se réfère quant à elle, dans un de ses ouvrages consacré à la critique ou plutôt à la « déconstruction » (à la manière derridienne) de la consommation de viande, aux prophètes de l'An-

---

1. C. Pelluchon, *Manifeste animaliste*, *op. cit.*, p. 23. Souligné par nous.
2. *Ibid.*, p. 30.

cien Testament, en l'occurrence à Isaïe : « Le loup habitera avec l'agneau, la panthère se couchera avec le chevreau [...]. Le lion comme le bœuf mangera de la paille [...]. On ne fera plus de mal ni de violence sur toute ma montagne sainte[1]. » Et la philosophe d'ajouter ce commentaire : « Irénée de Lyon souligne que ces prophéties doivent être lues de manière littérale et non allégorique. [...] Le nouvel esprit de sagesse et de justice qui inclut l'image du loup habitant avec l'agneau et du lion se nourrissant de paille ne laisse pas de doute sur le lien intrinsèque entre le mal et l'alimentation carnée[2]. » Bien que la philosophe française se réfère à Irénée de Lyon, ce Père de l'Église connu pour avoir combattu les hérésies, on ne peut s'empêcher de se demander si l'idéologie animaliste contemporaine n'aurait pas quelque rapport avec cette hérésie des premiers siècles de notre ère précisément combattue et condamnée par l'Église et qu'Irénée a nommée le « gnosticisme[3] ».

Rappelons brièvement sur quel principe repose cette hérésie dite « gnostique », qui s'est développée au IIe siècle de notre ère, en marge de l'Église chrétienne et dans une certaine mesure contre elle, en nous appuyant sur les propos de la philosophe Nathalie Depraz : « Le monde est le résultat d'un piège mis en place par des puissances mauvaises. Le gnostique et lui seul peut se soustraire grâce à l'étincelle de connaissance (*gnosis*, en grec) enfouie au plus profond de lui-même[4]. » Comme les gnostiques, les animalistes contemporains accusent non seulement l'humanité, mais aussi la Création tout entière d'être corrompue, ce en quoi elle ne saurait

1. Isaïe, 11, 6-9 – cité par Florence Burgat dans *L'Humanité carnivore*, Paris, Le Seuil, 2017, p. 328.

2. Fl. Burgat, *L'Humanité carnivore*, *ibid.*

3. Irénée de Lyon, *Contre les hérésies* – cité par David Brakke, *Les Gnostiques*, Paris, Les Belles Lettres, 2019, p. 50.

4. Nathalie Depraz, « Le statut phénoménologique du monde dans la gnose : du dualisme à la non-dualité », in *Laval théologique et philosophique*, vol. 52, n° 3, 1996, p. 625-647.

être considérée comme l'œuvre d'un Dieu sage et bienveillant. Or cette conception est directement contraire à l'enseignement des grandes religions monothéistes, tant du judaïsme que du christianisme en particulier. Corine Pelluchon reproche ainsi au pape François, pourtant lui aussi converti à une vision écologique du monde, et même à une « écologie intégrale », d'être « très prudent quand il s'agit de la condition animale et même des habitudes alimentaires », et elle l'invite à aller plus loin en développant ce qui serait, selon elle, un non-dit de son discours : « Le silence du pape n'est pas total : l'importance de la question animale s'ensuit de son écologie intégrale, mais cet enjeu reste implicite[1]. » Il resterait alors à se demander jusqu'où le chef de l'Église pourrait aller dans son rapprochement avec une idéologie, l'animalisme, qui revêt par bien des aspects les caractères d'une hérésie religieuse post-chrétienne.

En tout état de cause, on est tenté ici de répondre aux idéologues animalistes dans les termes mêmes de Freud répondant aux apologistes de la religion chrétienne : « Le *credo qui absurdum* du Père de l'Église[2] [...] veut dire que les dogmes religieux sont soustraits aux prétentions de la raison, qu'ils sont au-dessus d'elle. On doit éprouver leur vérité intérieurement, on n'a pas besoin de les comprendre. Toutefois ce *credo* n'est intéressant qu'en tant que profession personnelle, comme proclamation d'un pouvoir qui ne lie personne. Veut-on que je sois obligé de croire n'importe quelle absurdité ? Et si tel n'est pas le cas, pourquoi précisément celle-ci ? Il n'y a pas d'instance au-dessus de la raison. Si la vérité des dogmes religieux dépend d'une expérience qui témoigne de cette vérité, que fait-on de tous ceux qui n'ont pas une expérience

---

1. Corine Pelluchon, « Laudato Si' : un texte anthropologique et politique », in *François, le pape vert*, Paris, Temps Présent, 2015, p. 111-113.

2. « Je crois parce que c'est absurde », locution latine attribuée à Tertullien, théologien chrétien des premiers siècles de notre ère.

aussi rare ? On peut exiger de tous les hommes qu'ils fassent usage du don de raison qu'ils possèdent, mais on ne peut pas bâtir une obligation valable pour tous sur un motif qui n'existe que chez un très petit nombre. Si un individu, à partir d'un état d'extase qui l'a profondément remué, est arrivé à la conclusion inébranlable que les dogmes religieux sont d'une vérité réelle, qu'est-ce que cela signifie pour autrui[1] ? »

Autrement dit, de quel droit peut-on prétendre imposer à tout le monde une idéologie, le « végétaro-animalisme », qui repose fondamentalement sur un *credo* de type religieux, et qui, de ce fait, se déclare étrangère à l'argumentation, au débat et à la rationalité – c'est-à-dire aux conditions de possibilité du débat public et de la liberté de penser dans une société démocratique et libérale ? Pire : ne peut-on voir dans cette idéologie un défi lancé aux institutions démocratiques et libérales ? En s'attaquant aux fondements philosophiques et moraux de l'humanisme, l'animalisme ne vise-t-il pas à détruire les libertés individuelles qui sont au fondement de notre pacte social ?

Certes, on doit relativiser et nuancer la menace que représente la « déferlante » végétaro-animaliste – laquelle est surtout une vague médiatique et éditoriale limitée aux sociétés occidentales. Comme nous l'avons déjà rappelé plus haut, la consommation mondiale de viande ne paraît guère menacée à court et même à moyen terme. On rappellera également que les mangeurs de viande représentent, selon une enquête de 2020, 97,8 % de la population française, ce qui ramène la proportion de végétariens dans notre pays à la hauteur plutôt modeste de 1,9 % de la population, quand le pourcentage des végétaliens atteint 0,3 %[2]. On

1. Sigmund Freud, *L'Avenir d'une illusion* (1927), traduit par B. Lortholary, in *Écrits philosophiques et littéraires*, Paris, Le Seuil, 2010, p. 1434.

2. Enquête FranceAgriMer/IFOP, 2020 (www.franagrimer.fr), citée dans Catherine Stern, « Cachez cette bête… », *Sans transition !*, n° 38, *Renouer avec l'animal*, avril-juin 2023, p. 58.

ajoutera néanmoins que, selon la même enquête, les personnes se disant « flexitariennes », celles qui ont réduit leur consommation de viande, représenteraient 24 % de la population, tandis qu'il y aurait 8 % de « flexitariens non étiquetés », c'est-à-dire des personnes qui mangent moins de viande sans en avoir conscience ou sans que cela ne soit un choix délibéré de leur part. L'Allemagne, quant à elle, compterait 10 % de végétariens et 2 % de véganes pour 55 % de flexitariens[1].

Ces chiffres reflètent ainsi la tendance actuelle à une diminution relative de la consommation de viande dans les pays occidentaux, alors que cette consommation a très fortement augmenté au cours des dernières décennies dans l'ensemble du monde et qu'elle continuera d'augmenter dans les prochaines décennies. Loin d'être directement menacée, cette consommation doit donc devenir plus réfléchie et plus qualitative et, en un sens, c'est tout le mérite des végétariens et même des « végétaro-animalistes » que de nous inciter, nous autres carnivores et carnivoristes, à nous questionner sur notre consommation de viande afin de tenter de lui redonner du sens, de la valeur et de la dignité.

En somme, nous souhaitons défendre dans le présent ouvrage ce que nous appellerons un « carnivorisme humaniste », que nous pourrions aussi bien appeler un « humanisme carnivoriste ». Or cela ne signifie nullement pour nous qu'il existerait un lien strictement nécessaire entre l'humanisme et le fait de manger de la viande, pas plus qu'il n'y a de lien nécessaire entre le végétarisme et l'antihumanisme. Ainsi Plutarque, qui a vécu au Ier siècle de notre ère, critiquait-il dans le traité *De esu carnium*, que nous avons déjà évoqué, la consommation de viande au nom de la « *philanthropia* » : un terme grec signifiant littéralement « l'amour de l'humanité », et que l'on pourrait traduire par « humanisme ». À l'inverse, l'animalisme et l'antihumanisme ne se marient pas nécessairement

1. *Ibid.*, p. 59.

avec le refus de consommer de la viande, comme en témoigne l'exemple de l'anthropologue et éthologue français Dominique Lestel, auteur d'une *Apologie du carnivore*[1]. On peut être carnivore et antihumaniste, comme on peut être végétarien (ou flexitarien) et humaniste. En revanche, ceux que nous appelons les « végétaro-animalistes » tiennent aujourd'hui un discours extrêmement offensif et agressif, en voulant accréditer la thèse selon laquelle les mangeurs de viande seraient soit des criminels, soit les complices d'un crime, et du pire crime qui soit, puisqu'il s'agit d'un crime de masse apparenté au « crime des crimes », le « crime contre l'humanité », comme nous l'avons indiqué plus haut[2]. Cela nous semble inacceptable et intolérable. Cette forme de chantage, qui se présente faussement sous des dehors bienveillants, vise à imposer à tous un certain type de régime alimentaire, le régime végétarien, voire sa version radicale et superlative : le véganisme, comme le seul possible et le seul souhaitable, c'est-à-dire à la fois comme une contrainte imposée par les circonstances historiques et comme un devoir moral, voire spirituel et métaphysique ou pseudo-religieux, qui s'imposerait à l'humanité tout entière.

Dans la préface de son livre *No steak*, Aymeric Caron, journaliste et homme politique[3], militant animaliste et végétarien, prétend qu'il n'a pas pour but de « stigmatiser qui que ce soit » et qu'il « ne considère pas ceux qui mangent actuellement des animaux comme des monstres ou des êtres insensibles »[4].

---

1. Dominique Lestel, *Apologie du carnivore*, Paris, Fayard, 2011. Nous reviendrons sur cet ouvrage, sur les thèses qu'y défend son auteur, lequel se définit lui-même comme animaliste et carnivore, et sur ce que cela implique pour notre propos. *Cf. infra*, p. 288 *sq*.

2. Voir *supra*, p. 39-43.

3. Il est devenu en 2022 le premier député animaliste et antispéciste de l'histoire de la Ve République.

4. Aymeric Caron, *No steak, la prochaine phase de notre évolution*, Paris, Fayard, 2013 ; rééd. J'ai lu, 2018, p. 11.

Pourtant, deux pages plus loin, dans la même préface, le prophète cathodique du végétarisme *urbi et orbi* se trahit lui-même, puisqu'il considère que le fait de manger de la viande appartient à « l'une des phases barbares » de l'histoire de l'humanité[1]. Pour cet apôtre du « nouvel évangile » animaliste, comme pour Corine Pelluchon et bien d'autres militants radicaux de la cause animale, il ne fait aucun doute que l'abolition de la consommation de viande va dans le « sens de l'histoire », c'est-à-dire constitue un but vers lequel tend nécessairement toute l'histoire humaine, qu'elle représente l'idéal de la « fin de l'histoire ».

Or c'est cette manière de considérer l'ensemble de l'histoire humaine, comme si nous étions tous assis dans une sorte de train lancé à grande vitesse et dont la destination serait connue et déterminée d'avance par une poignée d'intellectuels, qui constitue une forme de barbarie : car c'est une pensée proprement *totalitaire*. Comme l'écrivait Albert Camus en 1951 dans *L'Homme révolté* : « La fin de l'histoire n'est pas une valeur d'exemple et de perfectionnement. Elle est un principe d'arbitraire et de terreur[2]. » À un Aymeric Caron osant déclarer que les mangeurs de viande seraient des « barbares », on se doit de répondre par la voix de Montaigne et par celle de Lévi-Strauss (deux auteurs que le journaliste-député aime pourtant à citer, mais apparemment sans vraiment les comprendre) : « chacun appelle barbarie ce qui n'est pas de son usage[3] » ; « le barbare c'est d'abord celui qui croit à la barbarie[4] ».

---

1. *Ibid.*, p. 13.
2. Albert Camus, *L'Homme révolté*, Paris, Gallimard, 1951 ; rééd. « Folio essais », 1985, p. 282.
3. M. de Montaigne, *Essais*, 1580, I, XXXI, « Des cannibales », édition citée, p. 205.
4. Claude Lévi-Strauss, *Race et Histoire* (1952), chap. 3, « L'ethnocentrisme », Paris, Gallimard, « Folio essais », 1987, p. 22.

Dans un tel contexte, il est aujourd'hui plus que jamais nécessaire de défendre et de promouvoir la consommation de viande, non parce qu'elle serait absolument bonne en elle-même, mais parce qu'elle représente un moindre mal au regard de ce que nous proposent aujourd'hui ses adversaires. En effet, le carnivorisme raisonnable et raisonné est devenu désormais l'emblème de la fière résistance d'un style de vie humaniste, de bon aloi, tempérant, modéré, tolérant et respectueux, non seulement des humains, mais aussi des animaux. Car il va de soi que le carnivorisme est un *welfarisme*, au sens que nous avons donné à ce mot précédemment. Il ne sera nullement question dans ce livre, en effet, de manifester une quelconque complaisance ou indulgence à l'égard de la cruauté envers les animaux. Tout doit être fait pour réduire progressivement et limiter le plus possible la souffrance animale, or cette exigence n'implique pas que l'on doive renoncer totalement, ni aujourd'hui ni demain, à l'élevage et à la nourriture carnée. L'idéal de l'élimination totale de la souffrance pour les êtres vivants, aussi bien pour les humains que pour les animaux, revêt un caractère heuristique : il peut et doit certes guider et orienter notre action, mais il ne saurait être question de prétendre le réaliser immédiatement en ce monde-ci *(« hic et nunc »)*, sauf à accorder foi à une chimère. La croyance selon laquelle le bien ne saurait procéder que du bien, ou selon laquelle le mal ne pourrait engendrer que du mal est contraire en effet à l'expérience que chacun peut faire de ce monde, comme elle est contraire au témoignage de toute l'histoire humaine. Ainsi, il arrive très souvent qu'il soit nécessaire de faire du mal pour produire du bien : comme de tuer certains êtres vivants pour assurer le bien-être de certains autres, de détruire certaines espèces animales invasives pour protéger d'autres espèces ou bien la santé et le bien-être des humains. Tout jardinier qui souhaite cultiver des légumes sait qu'il devra combattre des animaux parasites qui risquent de s'en prendre à ses récoltes.

Or le carnivorisme que nous défendons doit désormais faire face à une offensive idéologique qui s'est parée des faux atours de la prétendue « bienveillance » envers tous les animaux (jusqu'aux moustiques !), mais qui risque de se muer en une nouvelle forme de la barbarie totalitaire, de la malveillance et de la maltraitance envers les humains comme envers les animaux ou, autrement dit, de l'antihumanisme dogmatique, exagéré, intolérant et tyrannique. Et ce n'est pas le moindre des paradoxes de l'idéologie animaliste et « abolitionniste », en effet, que celle-ci s'oppose résolument au *welfarisme* en reprochant à celui-ci de vouloir *atténuer la souffrance des animaux*. L'idéologie animaliste est en effet « jusqu'au-boutiste » : sa logique est celle du tout ou rien. Pour elle, tout compromis est une compromission, tout progrès social n'est qu'une trahison au regard de l'idéal à atteindre. Car les « abolitionnistes » voudraient atteindre leur idéal de justice absolue pour tous les êtres vivants d'un seul coup, immédiatement, absolument et définitivement. Il s'agit pour eux de mettre un terme une bonne fois pour toutes, partout et pour toujours, à la souffrance animale et, par là même, croient-ils (c'est là le cœur du dogme animaliste), d'en finir avec toute cruauté comme avec toute souffrance sur la terre, tout malheur et tout mal dans la Création. Mais il est hélas à craindre que ce violent désir d'abolir toute souffrance sur terre n'engendre en réalité de très grandes souffrances. Le désir de sauter directement dans l'ère du Bien absolu correspond en effet à une pensée utopique. Et celle-ci peut s'avérer très dangereuse, dès lors qu'elle quitte le domaine de l'imaginaire, de la création littéraire et artistique pour devenir un projet ou un programme politique concret. Les mangeurs de viande humanistes, quant à eux, n'espèrent nullement une telle *apocalypse* censée instaurer d'un coup d'un seul le règne absolu de la justice sur toute la terre, mais ils aspirent seulement à vivre heureux en faisant le moins de mal qu'il est possible ici-bas.

Paradoxalement, les animalistes prétendent vouloir « réconcilier l'humain avec l'animal et avec la nature[1] », mais leur projet consiste en réalité à séparer radicalement l'humain de l'animal et de l'animalité, à détruire la coopération plurimillénaire qui s'est instaurée entre l'homme et les bêtes par le biais de la domestication, de l'élevage, du dressage, de l'équitation, ou encore de la chasse, du cirque, de la corrida, etc. Le programme animaliste, s'il était appliqué de manière rigoureuse et conséquente, ne pourrait avoir d'autre effet que d'entraîner la disparition de très nombreuses espèces animales, non seulement celles qui vivent au contact de l'homme et à ses côtés[2], mais aussi celles qui vivent dans ses dépendances ou à ses dépens. Les prétendus défenseurs des animaux veulent en réalité appliquer à ceux-ci des normes éthiques qui caractérisent le monde humain : cela s'appelle l'anthropomorphisme.

Derrière la prétendue compassion envers la souffrance animale, il y a une conception métaphysique qui consiste à refuser la séparation de l'humanité et de l'animalité. Mais c'est pour mieux soumettre les animaux aux normes du monde humain. Il va de soi que, pour pouvoir consommer la chair des animaux sans en éprouver de la gêne ni aucun scrupule de conscience, il faut avoir préalablement adopté et intériorisé la thèse d'une séparation radicale entre l'humanité et l'animalité, en vertu du principe selon lequel : « On ne mange pas ses semblables[3]. » Or il semble non seulement

1. C'est notamment le sous-titre du livre d'Aymeric Caron, *Antispéciste*, paru aux Éditions Don Quichotte en 2016.

2. Les propriétaires de chiens et de chats devraient ainsi renoncer à leur animal de compagnie préféré.

3. Le cannibalisme (ou l'allélophagie) constitue un interdit fondamental dans la culture occidentale gréco-romaine et judéo-chrétienne. On retrouve en effet cet interdit dans de nombreux mythes grecs, où cette pratique est présentée comme une monstruosité ou une forme de bestialité (comme en témoigne par exemple le mythe orphique du démembrement et de la dévoration de Dionysos

que les animalistes contemporains refusent de faire cette distinction, mais aussi qu'ils ne soient pas toujours en mesure de la faire. Plus qu'un choix éthique de leur part, on peut se demander s'il ne s'agit pas, chez certains d'entre eux du moins, d'un trouble de l'identité ou d'une sorte de confusion psychique et affective. Ainsi, bon nombre de mes congénères me semblent-ils aujourd'hui un peu trop « sensibles » à la ressemblance entre eux-mêmes et leurs « compagnons à quatre pattes ». Ces êtres de chair et de sang leur paraissent tellement proches qu'ils se sentent incapables de les traiter autrement que comme des membres de leur famille. Les animaux familiers sont bien souvent devenus, dans de nombreux foyers français contemporains, des animaux « familiaux[1] ».

Pour ma part, je ne partage nullement cette façon de voir ni ce sentiment pour les animaux. Je peux certes éprouver de l'affection pour mon propre chat domestique, que j'ai toujours traité avec beaucoup d'égards et qui atteint aujourd'hui un âge vénérable, et j'éprouve même de la sympathie envers les animaux en général (tout particulièrement envers les mammifères à fourrure, mais moins envers les reptiles ou bien les poissons à écailles, je l'avoue), néanmoins, il ne me viendrait jamais à l'esprit de considérer un animal quel qu'il soit comme mon « semblable » ou

---

par les Titans), ainsi que dans la Bible (dans le Deutéronome, par exemple, le cannibalisme est présenté comme la conséquence d'une malédiction divine). En revanche, cette pratique a pu être observée dans des sociétés tribales extra-européennes, notamment amérindiennes, où elle s'inscrit dans un rituel et traduit certaines croyances religieuses. Michel de Montaigne et Claude Lévi-Strauss, notamment, ont pris la défense des peuples cannibales d'Amérique, en dénonçant l'ethnocentrisme des Européens en vertu duquel ces derniers jugeaient les mœurs alimentaires de ces peuples d'après leurs propres normes culturelles et religieuses.

1. Jean-Pierre Digard observait dès 1990, dans son ouvrage *L'Homme et les animaux domestiques* (Paris, Fayard, 1990 ; rééd. 2009), le développement d'un « phénomène animal de compagnie » dans la société française, les animaux familiers tendant ainsi à intégrer la famille.

comme mon *égal en droit*. Il me semble en effet que le respect de l'animal ne consiste pas à nier sa différence, en projetant sur lui mes propres préoccupations, mes sympathies ou mes antipathies, ni mes propres normes ou mes « valeurs » éthiques, mais qu'il consiste tout au contraire à reconnaître l'animal dans son *altérité* et son *animalité*. Certains animaux sont nos compagnons de vie, d'autres sont utilisés pour satisfaire les besoins de l'homme, enfin certains sont chassés et d'autres encore sont éliminés car ils sont jugés nuisibles : tous ne sont certainement pas logés à la même enseigne. Or on peut les respecter tous, en gardant à l'esprit la place que chacun occupe en ce monde où il revient à l'humanité, et à elle seule, de veiller à la meilleure façon de faire coexister tous les êtres vivants sur la terre. Je soutiens en effet que l'on peut aimer les animaux et désirer manger certains d'entre eux !

Nous commencerons l'exposé qui va suivre par une présentation historique retraçant les principales époques de l'histoire occidentale, et en particulier leurs modèles alimentaires (et aussi en ouvrant quelques perspectives sur d'autres civilisations, notamment au regard des différentes religions et de leurs règles alimentaires), afin de montrer comment la consommation de viande a pu jouer un rôle déterminant pour chacune d'elles. Nous exposerons ensuite les principales raisons pour lesquelles la consommation de viande a pu devenir un véritable problème de société, à la fois matériel et moral, dans le monde occidental moderne et contemporain. Puis nous étudierons les principaux arguments développés par les « végétaro-animalistes » contemporains à seule fin de discréditer et de délégitimer la consommation de viande, et nous en montrerons également à la fois les outrances, les limites et les contradictions. Enfin, nous terminerons par une présentation de ce qui constitue le « carnivorisme humaniste » conforme à nos vœux. Pour conclure, nous évoquerons les perspectives qui s'offrent aujourd'hui et s'offriront encore demain aux amateurs de viande.

I.

ENTRÉES TRADITIONNELLES :
les sources historiques du carnivorisme

Élodie Vieille Blanchard, alors présidente de l'Association végétarienne de France (et devenue végane « par un choix qui s'est imposé progressivement »), écrivait dans une publication en 2014 : « En ce qui me concerne, je me soucie fort peu de savoir que les hommes et les femmes préhistoriques mangeaient de la viande[1]. » Par définition, le militant d'une cause quelle qu'elle soit regarde vers l'avenir, et, s'il se tourne vers le passé, c'est uniquement pour y chercher ce qui lui permet de confirmer ses vues présentes et son programme d'action future. En réalité, l'examen des faits passés n'intéresse guère les militants puisqu'ils n'aspirent qu'à s'éloigner du « vieux monde » afin d'en créer un nouveau plus conforme à leurs vœux, à leurs convictions et à leurs idéaux. Les militants n'ont qu'une connaissance très sommaire et très stéréotypée du monde d'hier qui doit nécessairement correspondre à l'idée péjorative qu'ils en ont, faute de quoi le projet de « changer le monde » perdrait à leurs yeux tout sens et tout intérêt. Bref, il s'agit pour eux de « faire table rase du passé », selon la formule consacrée

1. R. Laporte et É. Vieille Blanchard, *Faut-il arrêter de manger de la viande ?*, *op. cit.*, p. 118.

– ou, autrement dit, tout militant pourrait souscrire à la célèbre formule du député et président de l'Assemblée constituante, Rabaut de Saint-Étienne : « L'histoire n'est pas notre code[1]. »

Toutefois, il est permis de s'interroger sur une volonté de changement qui ne prendrait nullement appui sur la connaissance du passé, c'est-à-dire la connaissance du monde tel qu'il s'est fait au cours du temps pour se transmettre jusqu'à ceux qui, précisément, désirent le changer. Comment pourrait-on se projeter vers un avenir supposé meilleur sans rien savoir du passé prétendument mauvais ? Comment peut-on prétendre améliorer le sort de l'humanité sans avoir rien appris des hommes, de leurs actions et de leurs œuvres au cours du temps ? N'importe-t-il pas d'examiner de quoi est faite l'humanité, de découvrir comment nous sommes devenus ce que nous sommes aujourd'hui, afin de mieux réfléchir aux prochaines étapes de notre devenir ? Si le militant se détourne de la connaissance du passé, c'est peut-être parce qu'il craint de faire des découvertes qui risqueraient de contredire et contrarier ses croyances. Quel intérêt y aurait-il pour lui à s'attarder sur l'étude de faits passés qui seraient susceptibles de remettre en cause sa vision stéréotypée ou sa « grille de lecture » ? C'est une chose de porter un jugement moral sur le passé, et c'en est une autre de l'examiner de manière impartiale, objective et attentive. N'est-ce pas précisément, du reste, le rôle de la connaissance historique que de nous permettre d'opposer l'étude des événements tels qu'ils se sont effectivement déroulés aux fausses croyances, aux « grands récits » et aux mythes ? Mais qu'importe à des militants qui se soucient moins de savoir que de pouvoir, moins de connaissance que d'action !

On peut comprendre qu'une militante végétarienne – et *a fortiori* une végane – ne serait pas très heureuse de découvrir la place décisive de la consommation de viande dans l'histoire humaine,

1. Jean-Paul Rabaut de Saint-Étienne, *Considérations sur les intérêts du Tiers-État*, s. l., 1788.

et ce dès les origines de notre espèce, ou même avant chez les premiers hominidés. La science historique nous enseigne pourtant bien qu'à l'époque de nos ancêtres « chasseurs-cueilleurs » l'apport de l'alimentation carnée a joué un rôle très important dans la survie et le développement des premières sociétés humaines. Et, si la viande a généralement représenté une part relativement minoritaire de la ration alimentaire des humains – sauf dans les régions arctiques où le gibier constitue encore aujourd'hui l'essentiel de la nourriture pour les peuples autochtones –, il n'en demeure pas moins vrai que cet aliment joue un rôle symbolique central dans de nombreuses civilisations.

La très forte progression de la consommation de viande en Europe comme dans le reste du monde au cours du XXe siècle, qui se confirmera durant le XXIe, est le résultat de la « modernisation », c'est-à-dire de l'industrialisation et de l'urbanisation des sociétés. Toutefois, cette évolution récente dans l'histoire de l'humanité ne doit pas occulter le fait que la consommation de viande est une pratique alimentaire très ancienne et largement répandue dans les sociétés humaines. Autrement dit, le carnivorisme contemporain n'est pas un « hapax », un cas isolé ni une déviance, et encore moins une « pathologie de la civilisation » à laquelle il conviendrait d'opposer une norme alimentaire végétarienne supposée plus saine et plus naturelle.

Redisons-le : aucun régime alimentaire, quel qu'il soit, ne saurait être considéré comme « naturel » chez les humains ! C'est pourtant cette légende qu'un certain discours idéologique « végétarianiste » tend à imposer aujourd'hui dans le débat public. Examiner l'histoire de la consommation de viande, comme nous souhaitons le faire dans cette première partie, doit ainsi nous aider non seulement à y voir plus clair, mais également à remettre en cause des fausses croyances ou des mythes relevant d'un militantisme qui n'avance pas toujours à visage découvert mais qui se pare quelquefois des faux atours du « savoir » ou de la « science ».

1.

La roche de Solutré et autres scènes de chasse du Paléolithique

Comme on peut s'en douter, la chasse n'a pas bonne réputation chez les militants végétaro-animalistes. Aussi ces derniers s'emploient-ils généralement à en minimiser le rôle et l'importance dans l'histoire humaine. La chasse représente pourtant un enjeu majeur aux temps dits « préhistoriques », et plus particulièrement à cet âge, contemporain de l'époque géologique du Pléistocène, appelé Paléolithique (en raison de l'usage de la technique de la pierre taillée) : celui-ci représente en effet 98 % de la Préhistoire, alors que les humains étaient tous des « chasseurs-cueilleurs » nomades[1]. La philosophe et militante animaliste française Florence Burgat s'appuie ainsi sur les travaux et publications

1. Le Paléolithique commence avec l'apparition des premiers outils de pierre il y a 3,3 millions d'années en Afrique et il s'achève il y a environ 12 000 ans, avec la fin de la dernière période glaciaire qui ouvre la période du Mésolithique, laquelle est marquée par les premières tendances à la sédentarisation et constitue elle-même une période de transition vers le Néolithique – c'est-à-dire vers un nouveau système de production et d'exploitation des ressources naturelles fondé sur l'agriculture et l'élevage.

du savant américain Jared Diamond[1] pour mettre en cause la thèse selon laquelle la chasse aurait joué un rôle déterminant dans le développement des facultés humaines ou, autrement dit, ce que l'on appelle l'hominisation : « Je doute, écrit Diamond, que la chasse ait été comme on le pense généralement l'aiguillon du développement spectaculaire tant du cerveau de l'homme que de la société[2]. »

L'étude scientifique de l'histoire ainsi que de la Préhistoire n'échappe pas aux modes intellectuelles ni à l'influence des courants idéologiques et politiques dominants, comme le remarque la préhistorienne et archéologue française Catherine Perlès. Cette dernière affirme, en effet, que, si les chercheurs, notamment anglo-saxons, ont eu initialement tendance à survaloriser l'importance de la chasse dans la vie des premiers hommes, et même des hominidés qui les ont précédés, des chercheurs venus plus tardivement ont eu un peu trop tendance, à l'inverse, à en sous-estimer le rôle dans les premières sociétés humaines. Schématiquement, en effet, on peut dire qu'une première tendance de la recherche sur la Préhistoire, au cours des années 1960-1970, avait mis en avant la thèse de « l'homme-chasseur », tandis qu'une seconde tendance de la recherche est venue, à partir des années 1980, contrebalancer la première en défendant la *« scavenging hypothesis »* : l'hypothèse de « l'homme-charognard[3] ».

« De nos jours encore, écrit C. Perlès, la viande, et surtout la viande sauvage, produit de la chasse, revêt une importance sym-

1. Savant et universitaire américain né en 1937, géographe, historien, physiologiste et biologiste évolutionniste, Jared Diamond a notamment mis en évidence les origines animales des principales aptitudes humaines (arts, langage, agriculture, etc.) dans son ouvrage *Le Troisième Chimpanzé : essai sur l'évolution et l'avenir de l'animal humain* (1992), traduit par M. Blanc, Paris, Gallimard, 2000.

2. *Ibid.*, p. 56 – cité par Fl. Burgat, *L'Humanité carnivore*, *op. cit.*, p. 38 *sq.*

3. *Cf.* Lewis Binford, *Bones. Ancient Men and Modern Myth*, Londres, Academic Press, 1981.

bolique sans rapport avec sa place dans l'alimentation. C'est sans doute ce qui explique le rôle déterminant qui a, traditionnellement, été accordé à l'apparition de la chasse dans les théories sur l'hominisation, de l'Antiquité à nos jours ; et c'est sans doute aussi ce qui explique les excès actuels dans la réfutation de ces théories, renvoyant les premiers hominidés au rang de tristes charognards. [...] En réalité, si la qualité des observations depuis dix ans n'est pas à remettre en cause, qu'il s'agisse du comportement des carnivores ou de l'étude approfondie des restes archéologiques, les interprétations proposées restent, à mes yeux, entachées d'erreurs méthodologiques et tout aussi fortement marquées par l'idéologie dominante que les précédentes[1]. »

Les défenseurs de la thèse de « l'homme-chasseur », notamment les organisateurs (Richard B. Lee et Irven Devore) et les intervenants du colloque international qui s'est tenu à Chicago en 1966 sous le titre *Man the Hunter*, auraient ainsi, selon l'analyse qu'en fait Fl. Burgat, visiblement inspirée par Diamond, cédé à une certaine fascination pour la violence et le sang. Celle-ci serait à son tour le terreau fertile d'où a pu surgir une idéologie viriliste expliquant l'hypertrophie de la chasse dans les théories sur l'hominisation – et cela au détriment d'autres explications et de la réalité des pratiques, laquelle montre notamment une prédominance des produits végétaux dans la ration alimentaire des hommes et des hominidés préhistoriques.

L'anthropologue américain Robert Ardrey, auteur notamment du livre *The Hunting Hypothesis*[2], s'inscrirait lui aussi dans cette mouvance idéologique qui associe le développement de l'intelligence et des différentes aptitudes proprement humaines (habileté

1. Catherine Perlès, « Les stratégies alimentaires dans les temps préhistoriques », in J.-L. Flandrin et M. Montanari (dir.), *Histoire de l'alimentation*, *op. cit.*, p. 31-33.

2. Robert Ardrey, *Et la chasse créa l'homme. Une conclusion personnelle sur la nature évolutive de l'homme* (1976), traduit par D. Meunier, Paris, Stock, 1977.

technique et coopération sociale notamment) avec la violence et le « comportement du tueur[1] ». « Pourquoi faire aussi peu de cas du charognage ? » se demande Florence Burgat[2]. Or on pourrait aussi bien se demander, à l'inverse : pourquoi faire un aussi grand cas du charognage ? N'est-ce pas pour inspirer le dégoût de la chair animale issue d'une bête déjà morte et dont le corps est sans doute en état de putréfaction ? Et n'est-ce pas en outre pour humilier « l'homme-chasseur », pour rabaisser les mérites de l'être humain supposé – selon les promoteurs du « scénario » adverse – prouver sa valeur, son intelligence et son courage notamment, par cette pratique ? Au lieu de l'audace et de la ruse qui sont les qualités traditionnellement reconnues au « noble » chasseur, l'homme-charognard ferait seulement preuve d'un « triste » opportunisme récupérateur, d'une forme de lâcheté et aussi d'une faiblesse coupable consistant à voler les proies dûment tuées et durement gagnées par d'autres prédateurs, des hyènes ou des léopards[3].

Florence Burgat note qu'une autre spécialiste de la Préhistoire, Marylène Patou-Mathis, reconnaît bel et bien la réalité du charognage qu'elle élève au rang de « pratique universelle » chez les hominidés attestée depuis deux millions d'années, mais la militante animaliste se demande pourquoi la préhistorienne ne lui accorde pas plus d'importance[4]. De fait, il n'en est rien : car la pré-

1. *Id.*, *African génies* (1961) – cité par J. Diamond, *Le Troisième Chimpanzé*, *op. cit.*, p. 54. Diamond ironise sur ce « bel exemple de la prose ampoulée que dicte cette vision du monde phallocentrique » *(ibid.)*.

2. Fl. Burgat, *L'Humanité carnivore*, *op. cit.*, p. 65.

3. Il est à remarquer que cet argument des animalistes, qui sont généralement (sauf de rares exceptions) hostiles à la chasse, comme c'est le cas de Fl. Burgat, revient paradoxalement et implicitement à reconnaître la valeur supérieure de cette pratique, la chasse, dans la mesure où elle requiert certaines qualités morales et intellectuelles, par rapport au simple de fait de « récupérer » de la viande issue d'animaux tués par d'autres – ou bien d'animaux morts naturellement ou de maladies.

4. Fl. Burgat, *L'Humanité carnivore*, *op. cit.*, p. 66.

historienne accorde au contraire une grande valeur au charognage! Ainsi la militante animaliste omet-elle de préciser que M. Patou-Mathis, qui est favorable à la chasse comme à la consommation de viande, n'oppose nullement le charognage à la chasse. Bien au contraire, la préhistorienne souligne leur coexistence et leur complémentarité, tout en valorisant ce qu'elle appelle le « charognage actif » consistant à dérober des proies fraîchement chassées à d'autres prédateurs, ce qui ne suppose pas moins que la chasse des qualités « nobles » comme la ruse ou l'audace.

« Bien que le fait de se nourrir de charognes semble plus fréquent chez les prédécesseurs de l'homme moderne, écrit-elle, notamment pour la récupération de viande de très grosses espèces, ce comportement n'est jamais un indice de culture peu évoluée. En effet, cette activité, rare chez les grands singes, nécessite d'importantes capacités physiques et cognitives et des outils. [...] Par les qualités qu'il requiert, le charognage a probablement joué un rôle important dans l'évolution humaine[1]. »

Bien loin d'utiliser l'argument du charognage pour dévaloriser la chasse, la préhistorienne montre au contraire que ces deux pratiques complémentaires ont contribué à l'hominisation, c'est-à-dire au développement des capacités spécifiquement humaines, en différenciant nettement l'humain des autres espèces animales biologiquement les plus proches de lui, à savoir les primates. Et ainsi, ces deux pratiques, le charognage et la chasse, ayant conduit à une consommation de viande accrue, celle-ci aurait donc bel et bien joué un rôle déterminant dans l'histoire de notre espèce.

En ce qui concerne, par ailleurs, la contre-théorie de la « femme-cueilleuse » *(« Woman the gatherer »)* mise en avant par

1. Marylène Patou-Mathis, *Mangeurs de viande de la Préhistoire à nos jours*, Paris, Perrin, 2009; rééd. « Tempus », 2017, p. 56-57.

certaines théoriciennes féministes dans les années 1970-1980[1], dont Fl. Burgat affirme qu'elle aurait infligé « quelques solides coups » à la thèse masculiniste de l'hominisation par la chasse[2], force est de constater qu'elle n'a pas vraiment entraîné une révolution dans la compréhension de la Préhistoire par les scientifiques. D'une part, comme le remarquent les préhistoriennes C. Perlès et M. Patou-Mathis, les végétaux laissent peu de traces, et on retrouve ainsi peu de vestiges archéologiques attestant l'importance de cette consommation – dont on sait par ailleurs qu'elle constituait pourtant l'apport calorique essentiel des hommes et des femmes de la Préhistoire, et ce notamment grâce à des analyses chimiques de leurs os[3].

D'autre part, et surtout, la consommation de viande a revêtu une *importance symbolique majeure* dans les sociétés préhistoriques, en raison précisément de la mise en œuvre d'une organisation sociale complexe lors de la chasse et du partage des proies, ainsi qu'en raison de l'invention de techniques et d'outils sophistiqués permettant l'abattage puis le dépeçage des animaux – lesquels outils constituent en outre aujourd'hui des vestiges matériels tangibles. En définitive, les travaux actuels des historiens et des historiennes tendent à confirmer l'importance de la consommation de viande dans les sociétés humaines de la Préhistoire, et ce non pour des raisons matérielles, puisque l'apport alimentaire principal était d'origine végétale, mais bien pour des raisons symboliques, parce que la consommation de viande présuppose une organisation sociale complexe (liée à la chasse comme au charognage) et un progrès techno-scientifique (la fabrication d'outils de plus en

1. Les anthropologues américaines Sally Slocum, Adrienne Zihlmann et Nancy M. Tanner notamment.

2. Fl. Burgat, *L'Humanité carnivore*, *op. cit.*, p. 62.

3. L'analyse du rapport entre le strontium et le calcium dans les os permet ainsi de déterminer la part végétale et animale des apports alimentaires.

plus élaborés) : or ce sont là les deux facteurs principaux et décisifs de l'évolution humaine.

Catherine Perlès a distingué plusieurs étapes du développement de l'humanité en lien avec la chasse et la consommation de viande au cours de la période paléolithique[1]. Tout d'abord, durant une période comprise entre 2,3 et 1,5 million d'années, les premiers hominidés *(Homo habilis)* furent bien des chasseurs et des « charognards actifs » et non de faibles, lâches et passifs « récupérateurs » de charognes – comme nous l'avons rappelé. Puis, *Homo erectus* ayant succédé à *Homo habilis* il y a environ 1,5 million d'années, il apparaît que la chasse aux grands animaux (rhinocéros, éléphants) s'est progressivement intensifiée, notamment dans les régions tempérées d'Europe : c'est alors le temps de la « chasse de rencontre », dans laquelle de petits groupes de chasseurs s'attaquaient à des gibiers variés au gré de leurs déplacements. L'usage régulier du feu pour cuire les viandes a commencé il y a 500 000 ans, entraînant une mutation profonde de l'alimentation humaine, tant du point de vue des préparations culinaires que des pratiques sociales – en favorisant notamment le « commensalisme », c'est-à-dire le fait de prendre des repas en commun.

Dès le Paléolithique moyen (entre -200 000 et -40 000 ans) se met ensuite en place la technique dite de « chasse spécialisée », qui se généralisera au Paléolithique supérieur (entre -40 000 et -10 000 ans), cette dernière période correspondant aussi à l'expansion de l'homme moderne *(Homo sapiens)* sur l'ensemble de la planète. Or cette technique de chasse, qui consiste à traquer de grands troupeaux d'animaux (rennes, chevaux, bisons, aurochs ou encore mammouths), requiert la collaboration simultanée d'un grand nombre d'individus ; elle nécessite une longue phase

1. Nous suivons ici le découpage chronologique proposé par la préhistorienne dans son article déjà cité : « Les stratégies alimentaires dans les temps préhistoriques », in *Histoire de l'alimentation*, *op. cit.*, p. 29-46.

préalable de préparation, de même qu'elle contraint à mettre en œuvre des techniques de conservation à long terme des grosses quantités de viande accumulées. L'une des techniques de chasse alors privilégiées consistait à rabattre les troupeaux d'animaux dans un cul-de-sac où était commise une véritable hécatombe. L'un des sites de chasse et d'abattage d'animaux sauvages les plus célèbres datant de cette période est sans aucun doute celui de la roche de Solutré, au lieu-dit du Crot du Charnier[1] : les nombreux chevaux qui y ont été massacrés ont été acculés à son pied[2]. Cette chasse était favorisée par le climat sec et froid qui régnait à la fin du Paléolithique, lequel permettait en outre la conservation des viandes dans des grandes fosses souterraines gelées. La période du Paléolithique supérieur correspond, en somme, à un véritable âge d'or des chasseurs-cueilleurs et à l'apogée de la consommation de viande chez les humains au cours de la période préhistorique.

À la période suivante, en revanche, au Mésolithique, qui commence par la fonte des glaciers vers -8 000, c'est-à-dire à la fin de l'âge glaciaire du Pléistocène et au début de l'ère géologique de l'Holocène, les grands animaux vivant en troupeaux refluent vers les zones arctiques, tandis que la steppe gelée laisse la place aux forêts et à une nouvelle faune forestière plus petite : cerfs, sangliers, chevreuils, petits mammifères. Les hommes sont alors contraints de chasser un gibier plus modeste en taille et aussi de diversifier leur alimentation, en se nourrissant de fruits et de légumineuses, ou bien parfois, comme sur les zones côtières méditerranéennes, de petits mollusques. S'il est d'usage aujourd'hui, à la suite

1. Ce « *killing site* », comme disent les archéologues, se situe au sud du département français actuel de la Saône-et-Loire, dans la région Bourgogne-Franche-Comté.

2. Selon l'interprétation de la « chasse à l'abîme », ils auraient été précipités dans le vide depuis le haut du rocher. Il s'agit cependant d'une légende, saisissante mais non conforme à la réalité historique, qui s'est propagée à la suite de la publication du roman d'Adrien Arcelin : *Solutré ou les chasseurs de rennes de la France centrale : histoire préhistorique* (Paris, Librairie Hachette, 1872).

notamment de la publication de l'ouvrage de Marshall Sahlins, *Âge de pierre, âge d'abondance*[1], de considérer que l'âge paléolithique fut un âge de prospérité alimentaire, grâce notamment à l'abondance du grand gibier, le Mésolithique apparaît en revanche comme une période de relative régression des apports nutritifs.

Cette période constitue en réalité une étape qui prépare l'avènement de la nouvelle économie agro-pastorale dite « néolithique », qui s'est diffusée de façon très progressive et inégale selon les territoires, les populations septentrionales de l'Europe ayant conservé plus longtemps que celles du sud des habitudes alimentaires ancestrales fondées sur la chasse et la cueillette. Reste alors à se demander, s'il est vrai que le modèle productif et alimentaire du Paléolithique fondé sur la chasse et la cueillette correspondait à une période faste, pourquoi les hommes se sont progressivement convertis à une économie fondée sur l'élevage et l'agriculture – laquelle offre certes des avantages mais présente également de nombreux inconvénients. Or il conviendra aussi de s'interroger sur les conséquences que cette mutation a pu avoir sur leur consommation de viande.

1. Marshall Sahlins, *Âge de pierre, âge d'abondance, l'économie des sociétés primitives* (1972), traduit par T. Jolas, Paris, Gallimard, 1976.

2.

Le culte du taureau aux origines du régime néolithique

L'expression « révolution néolithique » a été inventée et popularisée par l'archéologue et historien australien Vere Gordon Childe[1], lequel s'est lui-même inspiré de la conception progressiste de l'histoire de Friedrich Engels. « Les Aryens et les Sémites, écrivait ce dernier, avec leurs troupeaux, avaient acquis une propriété qui ne demandait qu'une surveillance et les soins les plus élémentaires pour se reproduire en nombre toujours croissant et pour fournir la nourriture la plus abondante en lait et en viande. Tous les moyens antérieurs pour se procurer des aliments passèrent à l'arrière-plan ; la chasse cessant d'être une nécessité devint un luxe[2]. » Le schéma de pensée sous-jacent à la théorie de la « révolution néolithique » renvoie aux idées progressistes et socialistes, et il repose notamment sur le postulat selon lequel les conditions de

1. Vere Gordon Childe (1892-1957) est un archéologue et historien d'origine australienne dont les convictions progressistes, socialistes et marxistes ainsi que son engagement antifasciste ont fortement orienté ses recherches sur l'histoire et surtout la Préhistoire.

2. Friedrich Engels, *L'Origine de la famille, de la propriété privée et de l'État* (1884) – extrait cité par J.-P. Digard, in *L'Homme et les animaux domestiques*, *op. cit.*, p. 60.

vie matérielles, notamment les modes de production alimentaire, détermineraient la formation des institutions sociales, politiques et culturelles.

Selon le schéma historique proposé par V. G. Childe[1], l'humanité serait ainsi passée de l'état « sauvage », correspondant au mode de production et de consommation des chasseurs-cueilleurs du Paléolithique (l'homme moderne étant apparu sur terre il y a environ 200 000 ans), à un état social supérieur appelé par lui « barbare », correspondant au mode de production et de consommation agro-pastoral du Néolithique, lequel serait apparu il y a environ 8 000 ans au Proche-Orient avant de se diffuser à partir de ce centre vers le reste du monde, et notamment en Europe. Or la période dite du « Néolithique », ou le « nouvel âge de pierre », ainsi nommée par Childe, ne correspond pas exactement selon lui à une période historique *stricto sensu*, mais plutôt à un *mode de production alimentaire* qui a pu perdurer dans certaines régions du monde et certains peuples jusqu'à nos jours (Childe cite en exemple les peuples maoris de Nouvelle-Zélande qui en était restée à ce stade de développement en 1880[2]). Toutefois, en ce qui concerne le Proche-Orient, le Néolithique peut être considéré à son tour comme une période de transition vers un état social supérieur et proprement « civilisé » qui correspondrait quant à lui, toujours selon Childe, d'abord à « l'âge du bronze » (entre -3000 et -1200), puis à « l'âge du fer » (à partir de -1200).

Retenons pour notre part que, selon V. G. Childe, dans le premier état de l'humanité correspondant au Paléolithique, les apports alimentaires des sociétés auraient été incertains et précaires, car ils dépendaient des aléas naturels, de la disponibilité des

1. Nous suivons ici la présentation synthétique qu'il en a donnée dans *Le Mouvement de l'histoire* (1947), traduit par A. Mansat et J. Barthalan, Paris, Arthaud, 1961.

2. *Ibid.*, p. 28.

produits naturels et du gibier, tandis que, dans le second état correspondant au Néolithique, les sociétés humaines auraient réussi à sécuriser leurs apports alimentaires grâce à une production économique maîtrisée et aussi grâce au stockage de nourriture. Cette mutation du mode de production économique et alimentaire aurait ensuite entraîné progressivement le développement des échanges, donc de l'activité économique et de la richesse globale de la société, ainsi que la sédentarisation, le développement des villes et donc celui de la « civilité » ou de l'« urbanité », des arts, des idéologies politiques et religieuses et des savoirs. Dans ce tableau historique d'ensemble que décrit la « révolution néolithique », la domestication des plantes et des animaux aurait joué un rôle décisif, selon un enchaînement causal et nécessaire qui se serait produit comme suit : la chasse aurait évolué vers l'élevage, lequel aurait ensuite entraîné le développement de l'agriculture.

Or, en réalité, cet enchaînement causal, ainsi plus généralement que le « grand récit » à la fois progressiste, déterministe et productiviste proposé par Childe et résumé dans l'idée de « révolution néolithique », a été remis en cause par les recherches plus récentes. En rappelant l'importance des travaux sur ce sujet du géographe allemand du XIXe siècle Eduard Hahn, l'anthropologue français Jean-Pierre Digard explique que, loin d'être la conséquence de l'élevage, l'agriculture en serait plutôt la cause, et il inverse ainsi la séquence historique en proposant le schéma suivant : chasse > agriculture > élevage[1]. Bien plus, il apparaît que le pastoralisme a pu, dans certaines régions du monde, se détacher de l'agriculture et se développer séparément, donnant ainsi naissance à des peuples de pasteurs (ou éleveurs) nomades. De manière plus générale, l'idée défendue par V. G. Childe selon laquelle l'agro-pastoralisme se serait diffusé à partir d'un centre unique moyen-oriental a été réfutée par la recherche : plusieurs

1. J.-P. Digard, *L'Homme et les animaux domestiques*, *op. cit.*, p. 60-61.

foyers de développement simultanés de la domestication des plantes et des animaux ont en effet été découverts dans différentes régions du monde, en Grèce, au Pakistan, en Asie, en Afrique, en Amérique ou encore en Australie.

L'anthropologue français Alain Testart a, quant à lui, remis en cause l'opposition classique et tranchée entre, d'un côté, les sociétés de chasseurs-cueilleurs et, de l'autre côté, les sociétés agro-pastorales, en soulignant que le véritable critère de démarcation serait celui qui sépare les sociétés adoptant le stockage alimentaire de celles qui n'y recourent pas, cette pratique étant considérée alors comme le véritable moteur historique d'une dynamique de « progrès », c'est-à-dire en fait d'appropriation des ressources naturelles, engendrant elle-même à la fois l'accumulation des richesses et le creusement des inégalités sociales[1]. En somme, loin d'être un phénomène uniforme et univoque, limité dans le temps et localisé dans l'espace, la « révolution néolithique[2] » serait en réalité un processus complexe et diversifié qui se serait étalé sur le temps long et diffusé simultanément à partir de plusieurs régions du monde.

Mais le point qui intéresse le plus les chercheurs contemporains, et qui doit nous intéresser à présent, concernant le passage d'une économie de chasse-cueillette à une économie agro-pastorale est moins la question du « comment ? » que celle du « pourquoi ? ». Comme nous l'avons déjà indiqué au chapitre précédent, la recherche scientifique a fait justice de la fausse croyance selon laquelle l'âge paléolithique aurait été un âge de misère et donc de pénurie alimentaire.

---

1. Alain Testart, *Les Chasseurs-cueilleurs ou l'origine des inégalités sociales*, Paris, Société d'ethnographie, 1982.

2. S'ils contestent aujourd'hui la pertinence de cette expression, la plupart des chercheurs travaillant sur la période s'accordent toutefois pour la conserver en raison de sa commodité et de sa notoriété.

En remettant en cause le schéma historique à la fois progressiste, déterministe et productiviste de Fr. Engels et V. G. Childe, l'anthropologue américain Marshall Sahlins[1] a montré que les sociétés du Paléolithique ont pu connaître une prospérité relative, fondée certes moins sur l'abondance des richesses proprement dite que sur l'absence de propriété et sur le manque d'intérêt des nomades pour l'accumulation de biens matériels et de richesses. Autrement dit, les chasseurs-cueilleurs auraient connu une forme d'« économie ascétique[2] » leur permettant pour ainsi dire de « se contenter de peu » – et ce, semble-t-il, à l'opposé des sociétés agro-pastorales où le productivisme ne crée pas nécessairement du contentement pour tous. Surtout, il apparaît que les sociétés humaines qui sont passées au mode de production agro-pastoral ou néolithique ont pu connaître des difficultés alimentaires, notamment des carences nutritives (manque d'acides aminés) et même des disettes, dues notamment au caractère céréalier prédominant de la production et de la consommation alimentaires.

Enfin, les recherches préhistoriques révèlent que les peuples chasseurs consacraient bien moins de temps à la production alimentaire que les peuples d'agriculteurs ou d'éleveurs : ils travaillaient moins et jouissaient par conséquent de plus de temps libre et de loisir. Il paraît difficile de ne pas faire le lien entre ces analyses, issues de la recherche contemporaine sur la fin de la Préhistoire et les débuts de l'histoire humaine, et la description idéalisée des peuples « sauvages » par Jean-Jacques Rousseau dans son *Second discours sur l'inégalité* de 1755. En tout état de cause, il n'est plus certain ni admis par tous les chercheurs actuels que la « révolution néolithique » aurait représenté un « progrès » pour

1. Anthropologue américain (1930-2021), spécialiste de l'économie des sociétés primitives et préhistoriques.

2. M. Sahlins, *Âge de pierre, âge d'abondance*, *op. cit.*, p. 92.

l'humanité. Ou plutôt, c'est la vision « progressiste » de l'histoire qui est remise en question aujourd'hui par un certain nombre de chercheurs et de penseurs, de même que le productivisme économique reposant sur le modèle agro-pastoral.

Des analyses précédentes il ressort surtout que les raisons du passage d'une économie paléolithique à une économie néolithique seraient à rechercher, en définitive, moins du côté de l'économie et des conditions matérielles d'existence des sociétés que du côté de l'idéologie et des représentations mentales ou symboliques. Comme l'écrit Catherine Perlès : « L'importance des aspects économiques et alimentaires comme moteurs de la révolution néolithique est loin d'être acquise[1]. » Autrement dit, la question de savoir pourquoi les hommes se sont mis à domestiquer et élever des animaux pour ensuite les tuer et les manger trouverait sa réponse, à l'origine, dans des motivations d'ordre rituel et religieux plutôt qu'économique ou alimentaire. Le préhistorien Jacques Cauvin, en particulier, a défendu la thèse selon laquelle le développement d'une économie agro-pastorale résulterait d'une « mutation idéologique », c'est-à-dire de l'invention d'une vision « verticale » du monde qui tend à légitimer la domination de l'humain sur la nature et les animaux, par opposition à la vision animiste ou chamanique, en quelque sorte « horizontale », développée par les peuples de chasseurs nomades, lesquels se considèrent eux-mêmes comme faisant partie intégrante de la nature et voient les animaux comme leurs semblables et leurs égaux. L'élevage et l'abattage des animaux seraient ainsi rendus possibles par une conception selon laquelle l'homme serait un être transcendant par rapport à la nature environnante, et cette transcendance de l'humain renverrait elle-même à la transcendance du divin dont l'homme serait le témoin ou le représentant sur la terre.

1. Catherine Perlès, « Pourquoi le Néolithique ? », in *L'Homme, le mangeur, l'animal, qui nourrit l'autre ?*, *op. cit.*, p. 25.

Les recherches menées par J. Cauvin tendent ainsi à confirmer que, dans le Proche-Orient précéramique[1], le culte du taureau a précédé son élevage, comme l'attestent notamment de nombreuses représentations sculptées de cet animal en majesté et faisant l'objet d'une adoration de la part d'hommes en position de prière (les « orants »). « Que l'image du taureau sauvage signifie une force brute, instinctive et violente, écrit le préhistorien, l'idée nous est spontanée et elle est sans doute universelle. [...] Ce que l'imaginaire embrasse dans la catégorie du "viril", force génésique ou combative, cesse d'être vécu dans la spontanéité de l'instinct puisque n'est vraiment homme, précisément, que celui qui domine l'instinct et que, dans leur commune impétuosité, le héros est tout autre chose que la brute. Il se pourrait que cette "dialectique" de la virilité en tant qu'assurance conquérante ait émergé dans la conscience méditerranéenne autour de 8 000 ans avant J.-C. et que là réside précisément, au niveau des images mythiques prédominantes et en deçà des manifestations les plus visibles [...] le véritable dynamisme de la culture PPNB[2]. »

Autrement dit, l'émergence du système de production et de consommation alimentaire du Néolithique, fondé notamment sur l'élevage et l'abattage des animaux, n'aurait été rendue possible que par l'apparition préalable d'une « vision du monde » de nature religieuse et rituelle qui situe l'homme en surplomb ou « au-dessus » des autres créatures vivantes et plus généralement de la nature. Les humains auraient commencé à domestiquer et dominer les bœufs – ou plus exactement les *aurochs* qui sont les

---

1. C'est-à-dire dans la première phase du Néolithique qui s'étend de 8 700 à 7 000 ans avant notre ère et qui précède l'invention des premières poteries en céramique.

2. Jacques Cauvin, *Naissance des divinités, naissance de l'agriculture*, Paris, CNRS Éditions, 2013 ; rééd. 2019, « Biblis », p. 218-220. PPNB signifie ici : « *Pre Pottery Neolithic B* », soit la « civilisation précéramique » du Proche-Orient au Néolithique.

ancêtres sauvages, aujourd'hui disparus, de nos bœufs domestiques –, notamment pour des raisons rituelles et religieuses, avant même de penser à consommer leur chair. Ainsi une nouvelle conception métaphysique qui inscrit l'humain en rupture avec la nature et les animaux a-t-elle rendu possible le carnivorisme. De fait, c'est cette conception qui tendra à s'imposer par la suite durant l'Antiquité, et notamment dans le modèle alimentaire gréco-romain antique et classique dont nous allons bientôt parler. Il s'avère ainsi que l'importance majeure de la viande dans les sociétés humaines des débuts de notre histoire repose moins sur des motifs matériels ou alimentaires que sur des motifs symboliques et culturels ou, plus précisément, religieux.

3.

La ruse de Prométhée : le sacrifice animal au cœur du modèle alimentaire gréco-romain antique

Le sacrifice animal est une pratique largement attestée dans tout le monde antique, et qui n'est pas spécifique au monde grec et romain. On la retrouve aussi bien chez les Égyptiens et les Phéniciens que chez les Babyloniens ou les Perses. Une peinture sur argile trouvée dans la chapelle funéraire d'Iti et Néférou en Haute-Égypte, et datant d'environ 2 000 ans avant notre ère, représente un bœuf ligoté et se faisant égorger par deux officiants[1]. Un passage de l'historien grec Hérodote montre que cette pratique du sacrifice était bien présente en Égypte au ve siècle avant notre ère, mais qu'elle y était strictement encadrée par des règles religieuses – comme ce fut le cas dans toutes les civilisations antiques ayant ce rituel en partage, quoique ces règles fussent distinctes selon les civilisations : « Dans toute l'Égypte, les bovidés mâles et les veaux reconnus purs sont offerts en sacrifice ; mais on ne doit pas sacrifier les vaches qui sont consacrées à Isis[2]. »

1. Image reproduite dans la revue *L'Histoire*, dossier : « Manger de la viande », n° 466, décembre 2019, p. 29.

2. Hérodote, *L'Enquête*, II, 41, Paris, Gallimard, « Bibliothèque de la Pléiade », 1964, p. 158.

La Bible juive (ou Torah) évoque également la pratique habituelle des sacrifices animaux dans l'Israël antique : « Quand l'un de vous présentera une offrande à Yahvé, vous pourrez faire cette offrande en bétail, gros ou petit[1]. » En ce qui concerne l'origine de ces sacrifices rituels d'animaux, elle est obscure et incertaine. Le savant suisse Karl Meuli[2] a toutefois établi un lien entre le sacrifice animal et la pratique de la chasse au Paléolithique, en soulignant notamment l'importance de ce qu'il a nommé la « comédie de l'innocence » *(« Unschuldskomödie »)*, soit : la mise en scène ritualisée par laquelle les hommes s'efforcent d'effacer toute culpabilité devant le « meurtre alimentaire[3] ». Or cette forme spécifique de ritualisation serait commune aux sacrificateurs antiques et aux chasseurs paléolithiques. De nombreux anthropologues et ethnologues signalent ainsi que, chez les peuples chasseurs « indigènes », vivant encore selon le mode de production-consommation paléolithique, il est d'usage de demander l'assentiment ou l'autorisation de la victime animale avant de la tuer[4].

Si l'on en croit Platon, notamment son récit mythique concernant l'Atlantide dans le *Critias*, les civilisations grecques de l'époque archaïque[5] auraient pratiqué des chasses au taureau

1. Lévitique, I, 1, *Bible de Jérusalem*, Paris, Éditions du Cerf, 1998, p. 147.

2. Karl Meuli, ethnologue et philologue suisse de langue allemande (1891-1968).

3. *Id.*, *Griechische Opferbräuche*, Bâle, Schwabe, 1946.

4. Il en serait ainsi par exemple chez les chasseurs esquimaux, comme l'indique l'anthropologue Annie Hubert : « Le chasseur esquimau s'excuse auprès de la proie lorsqu'il va l'abattre, il lui dit qu'il ne lui veut aucun mal » (citée par Jean-Pierre Poulain, « Penser et manger la chair », in *L'Homme, le mangeur, l'animal, qui nourrit l'autre ?*, *op. cit.*, p. 313).

5. L'époque archaïque grecque correspond à la période de formation des premières cités, laquelle est datée par les historiens entre 780 et 480 avant notre ère environ. Platon situe son récit de l'Atlantide bien en amont, dans un passé mythique qui remonterait à 9 000 ans avant notre ère, ce qui est une invraisemblance historique.

dans l'enceinte des temples dédiés aux dieux: « Des taureaux étaient libérés dans l'enceinte du sanctuaire de Poséidon; les dix rois y étaient seuls, et priaient le dieu de capturer la victime qui lui serait agréable; sans armes de fer, avec des pieux et des lacs, ils se mettaient en chasse. Celui des taureaux qu'ils avaient capturé, ils le conduisaient à la colonne et l'égorgeaient à son sommet contre l'inscription. [...] Quand donc, après avoir sacrifié selon leurs lois, ils consacraient tous les membres du taureau, ils remplissaient de vin trempé un cratère, et lançaient un caillot de sang sur chacun d'eux. Le reste était porté au feu et la colonne était purifiée[1]. »

Nous retrouvons, exprimée ici sous la forme d'un récit mythique[2], l'idée, déjà évoquée précédemment au sujet des travaux du préhistorien Jacques Cauvin, selon laquelle le taureau sauvage, qui était à la fois l'objet d'un culte et la proie des chasseurs de la fin du Paléolithique et des débuts du Néolithique, pourrait bien avoir inspiré aux hommes le rituel du sacrifice. La ritualisation de la mort animale serait ainsi liée à l'affirmation de la supériorité de l'homme sur la bête, ou autrement dit à l'idée religieuse selon laquelle l'humain posséderait en lui une part de « surnature » qui le relierait à la transcendance du divin. « Il n'est donc pas étonnant, écrit Cauvin, que de Çatal Hüyük à l'Ibérie en passant par la Crète minoenne, la confrontation entre l'homme et le taureau se soit déroulée comme un acte grave et rituel, dont l'habit de lumière du matador actuel conserve des traces encore vivantes[3]. »

S'il s'inscrit dans un contexte historique global, celui des sociétés humaines antiques qui sont toutes issues de la « révolution

1. Platon, *Critias*, 119d-120b, in *Les Mythes de Platon*, Anthologie de J.-Fr. Pradeau, Paris, Flammarion, « GF », 2004, p. 118-119.

2. C'est-à-dire d'une pure fiction, qui est l'œuvre propre de l'imagination de Platon et qui ne se réfère à aucun mythe grec traditionnel antérieur.

3. J. Cauvin, *Naissance des divinités, naissance de l'agriculture*, *op. cit.*, p. 218.

néolithique », le sacrifice animal des Grecs n'en possède pas moins certaines spécificités qui le distinguent des autres et sur lesquelles nous nous concentrerons dans ce chapitre.

Avant de décrire les caractères du rite sacrificiel des Grecs, il convient de relever un paradoxe. Il peut sembler surprenant au premier abord, en effet, d'insister sur l'importance de la consommation de chair animale dans la civilisation antique grecque, laquelle se caractérise avant tout par la prépondérance de produits végétaux dans son régime alimentaire, à savoir principalement : le blé, le vin et l'huile d'olive – des produits alimentaires qui forment la « triade méditerranéenne » typique des peuples du sud de l'Europe[1]. Bien plus, à l'époque classique, les céréales représentent 80 % de l'apport calorique total des Grecs, et les citadins qui sont les principaux consommateurs de la viande animale issue des sacrifices n'en mangent que 1 à 2 kilogrammes par an[2]. Après tout, même le légendaire poète Homère, qui décrit pourtant avec force détails les nombreux sacrifices animaux auxquels se livrent les Achéens tout au long de leur périple en Méditerranée, que ce soit l'expédition militaire vers Troie ou bien la circumnavigation d'Ulysse et de ses compagnons, n'en décrit pas moins les humains comme des « mangeurs de pain » – et non comme des « mangeurs de viande »[3].

---

1. *Cf.* M. Montanari, *La Faim et l'abondance. Histoire de l'alimentation en Europe*, *op. cit.*, p. 19.

2. Selon des estimations avancées par Massimo Montanari dans son article « Systèmes alimentaires et modèles de civilisation », in *Histoire de l'alimentation*, *op. cit.*, p. 109 (d'après les calculs de l'historien américain, spécialiste du monde antique, M. H. Jameson).

3. Ainsi, par exemple, au chant IX de l'*Odyssée*, le cyclope Polyphème est décrit de la façon suivante : « Ah ! Le monstre étonnant ! Il n'avait rien d'un bon mangeur de pain, d'un homme » (traduction de V. Bérard, in Hélène Monsacré (dir.), *Tout Homère*, Paris, Albin Michel-Les Belles Lettres, 2019, p. 679). Au contraire, le géant se nourrit de chair crue et dévore notamment les compagnons d'Ulysse, ce qui ne fait que confirmer son caractère bestial et monstrueux.

Or, s'il est vrai que le système de production néolithique ou agro-pastoral se caractérise par la prépondérance quantitative de la production et de la consommation de produits végétaux, et notamment céréaliers, il n'en demeure pas moins qu'il attribue une valeur déterminante à la viande sur un plan *symbolique*, et ce précisément par la pratique du sacrifice animal rituel. C'est là un point extrêmement important : dans le monde grec, comme ensuite dans le monde romain, la consommation de viande n'est considérée comme permise et admise socialement et culturellement, en effet, que si elle est issue du sacrifice rituel préalable – et c'est précisément le déclin de ce modèle alimentaire classique dans le Bas-Empire romain qui entraînera une progressive « libération » de la consommation de viande par rapport au rituel du sacrifice, et donc aussi une augmentation significative de cette consommation détachée du rituel. Autrement dit, si le sacrifice animal des Grecs et des Romains confère une grande importance symbolique à la consommation de viande, il encadre et limite aussi cette pratique en la rendant exceptionnelle, puisqu'elle y est liée aux grandes cérémonies solennelles qui scandent la vie à la fois sociale, politique et religieuse des peuples grecs et romains de l'Antiquité. C'est sans doute la raison pour laquelle Élisabeth de Fontenay a pu parler de « l'âge d'or des sacrifices antiques[1] » : entendons par là un âge où les animaux pouvaient encore jouir d'une certaine considération de la part de la société des hommes, par opposition aux traitements dégradants que notre société industrielle moderne et contemporaine infligerait aux bêtes.

Comme l'a montré l'école d'anthropologie historique de Jean-Pierre Vernant et Marcel Detienne[2], le sacrifice rituel de l'animal

1. É. de Fontenay, *Le Silence des bêtes*, *op. cit.*, p. 277.

2. Aussi appelée « École de Paris ». Jean-Pierre Vernant est un philosophe et anthropologue français, né en 1914 et mort en 2007, spécialiste de la Grèce

et la consommation de viande paraissent indissociables dans le modèle alimentaire classique grec. « Dans un rituel où les gestes de la cuisine ne font que prolonger ceux de l'égorgement et de la découpe, écrit ainsi M. Detienne, le sacrificateur est en même temps boucher et cuisinier. [...] Les diverses opérations du sacrifice sont assurées par un personnage, le *mageiros*, le boucher-cuisinier-sacrificateur, dont le nom fonctionnel dénonce l'interférence entre l'abattage des victimes, le commerce de la viande et la préparation des nourritures carnées[1]. »

Detienne examine également le mot *« thusia »* (soit le sacrifice rituel en grec, du verbe *« thuein »*, « sacrifier » ou « faire une offrande ») qui, s'il désigne « l'ensemble de la cérémonie sacrificielle », « n'a jamais cessé de retenir le souvenir d'offrandes brûlées, de fumée odorante » et « s'applique tout ensemble au rite d'immolation de la bête et au festin de viande qui le suit ; il se trouve associé à des termes signifiant régaler, faire bonne chère »[2]. Autant dire que le goût de la viande cuite, soit rôtie à la broche, soit bouillie au chaudron, explique l'intérêt des Grecs pour le sacrifice rituel, au moins autant que la piété religieuse ou la crainte des dieux.

Quant au déroulement du sacrifice grec, il suit un ordre réglé par la tradition et assez immuable, avec quelques variations en

antique ; il a été directeur d'études à l'EPHE et professeur au Collège de France. Marcel Detienne est un anthropologue et helléniste belge, né en 1935 et mort en 2019 ; il a été également directeur d'études à l'EPHE.

1. Marcel Detienne, « Pratiques culinaires et esprits de sacrifice », in *Id.*, *La Cuisine du sacrifice en Grèce ancienne*, Paris, Gallimard, 1979.

2. *Ibid.*, p. 45. L'étymologie du mot *« thusia »* indiquerait un lien avec le thym, *« thymos »* en grec, car cette plante aromatique aurait fourni la substance des premiers sacrifices grecs ; or elle a aussi été utilisée lors des sacrifices animaux, la fumée de cet aromate qui s'élève vers le ciel étant supposée établir un lien entre les hommes et les dieux (selon une interprétation du même Marcel Detienne, d'après Théophraste, dans *Les Jardins d'Adonis*, Paris, Gallimard, 1972 ; rééd. « Folio histoire », 2007, p. 60-62).

fonction du lieu et du type de célébration. Nous suivrons ici la description précise qu'en donne Walter Burkert dans son livre *Homo necans*[1]. Tout d'abord, il se forme une procession, *«pompè»*, dont les participants entonnent des chants. L'animal sacrificiel qui est conduit parmi ces officiants est paré d'ornements; s'il s'agit d'un bœuf, il a généralement les cornes recouvertes d'or et il est ceint de bandelettes. La procession se dirige vers un autel de pierre qui constitue la pierre sacrificielle et au sommet duquel brûle un feu: l'animal doit s'y laisser conduire docilement. De l'encens est brûlé pour parfumer l'autel et lui conférer une atmosphère à la fois solennelle et surnaturelle. Une jeune fille vierge porte un panier au-devant de la procession: celui-ci est rempli de grains d'orge sous lesquels se cache un couteau. D'autre part, une cruche d'eau a été disposée près de l'autel: l'animal est aspergé de cette eau, et le mouvement de tête qu'il effectue alors est interprété comme une forme d'acquiescement au sacrifice dont il doit être l'objet. Puis les participants à la cérémonie jettent des grains d'orge sur l'animal sacrificiel, ainsi que sur l'autel et sur le sol qui l'entoure. Le sacrificateur, ou le *«hiereus»*, se saisit discrètement du couteau et coupe quelques poils sur le front de la bête avant de jeter ceux-ci dans le feu.

Dès lors, l'animal est offert au coup mortel du sacrificateur. Les femmes présentes poussent des hurlements aigus étouffant les râles de la victime. Le sang de la victime doit tomber sur l'autel ou bien dans la fosse sacrificielle, et non pas sur le sol. Ensuite, l'animal est dépecé et éviscéré. Le cœur est déposé sur l'autel. Après que le foie a été examiné par un prêtre, les organes internes

1. Walter Burkert (1931-2015), historien allemand, spécialiste de l'histoire des religions et de la mythologie, il a notamment publié des ouvrages sur la religion grecque antique et sur les cultes à mystère, dont *Homo necans, rites sacrificiels et mythes de la Grèce ancienne*, traduit par H. Feydy, Paris, Les Belles Lettres, 2005.

(les «*splanchna*») sont rapidement cuits à la broche au-dessus du feu. Quant aux os de l'animal, ils sont consacrés, c'est-à-dire qu'ils ne peuvent être mangés mais sont réservés aux dieux: les os, principalement ceux de la cuisse et de la hanche, sont ainsi placés sur l'autel puis recouverts de morceaux de chair et enfin brûlés. «Le dieu "pour lequel" tombent les victimes est-il autre chose qu'un alibi facile pour faire bombance?» se demande l'historien W. Burkert, une fois arrivé au terme de sa description[1]. De fait, il semble que, dans cette cérémonie, les humains, sous couvert de faire une offrande aux dieux, se réservent pour eux-mêmes les meilleurs morceaux de viande, lesquels sont grillés ou bouillis, et ne laissent aux dieux que les os et la graisse. Or, en réalité, l'analyse du rite sacrificiel des Grecs montre que sa signification est extrêmement ambivalente.

Jean-Pierre Vernant a particulièrement souligné ce caractère ambivalent, en s'appuyant notamment sur l'interprétation de l'épisode mythique du partage de la viande par Prométhée à Mékonè, dans le récit qu'en donne Hésiode (*Théogonie*, v. 535-560). Dans ce passage décisif de son récit, le poète grec raconte comment le fils du Titan Japet a procédé à la mise à mort puis à la découpe d'un bœuf, à la demande de Zeus. Par ce partage symbolique, il s'agit en effet de déterminer la part qui revient respectivement aux dieux et aux hommes. Mékonè était à l'origine une plaine fertile, proche de Corinthe, où les dieux et les hommes pouvaient vivre ensemble en harmonie. Cette plaine représente ainsi un *âge d'or*, aussi appelé «le temps de Cronos», où les dieux et les hommes pouvaient être des *commensaux*: ils pouvaient partager la même table et partager les mêmes nourritures, sans que les hommes eussent besoin pour cela de travailler, et sans qu'ils connussent la souffrance ou la mort. Or, après la guerre des dieux, Zeus qui a mené les Olympiens à la victoire sur les

1. *Ibid.*, p. 23.

Titans entend procéder à un partage qui assigne à chaque catégorie d'êtres vivants sa juste place dans l'univers : aux dieux les cieux et le Mont Olympe, aux humains la surface de la terre. C'est ici qu'intervient le partage de Prométhée le rusé ou le « roublard », comme dit Jean-Pierre Vernant[1]. D'un côté, celui-ci constitue un paquet contenant les os blancs de la bête qu'il recouvre d'une couche de graisse appétissante, de l'autre côté il constitue un paquet contenant les chairs comestibles mais enfermées dans une panse *(« gastêr »)* visqueuse et d'apparence repoussante. Présentant les deux parts au dieu des dieux, Prométhée demande à Zeus de choisir. Celui-ci a compris la ruse, mais fait semblant de jouer le jeu et choisit la part la plus belle en apparence. Or, ayant défait le paquet, il se met en colère contre Prométhée. « C'est depuis ce temps-là que sur terre, conclut Hésiode, les tribus d'hommes font brûler les os blancs sur l'autel qui sent bon pour ceux qui ne meurent pas[2]. »

Dans le sacrifice rituel des Grecs, les dieux reçoivent en effet la part des os enduits de graisse, lesquels sont brûlés afin que leur fumée s'élève vers le ciel. Les humains, quant à eux, s'attribuent la part comestible des chairs animales pour la consommer cuite, soit rôtie, soit bouillie, mais jamais crue[3]. S'il peut sembler à première

1. Jean-Pierre Vernant, *L'Univers, les dieux, les hommes* (1999), in *Id.*, *Œuvres, religions, rationalités, politique*, Paris, Le Seuil, 2007, p. 49. Rappelons que le nom de Prométhée signifie en grec : « celui qui comprend en avance ».

2. Hésiode, *Théogonie*, traduit par J.-L. Backès, Paris, Gallimard, « Folio classique », 2001, p. 66.

3. Cuire un aliment consiste à soumettre celui-ci à l'action de la chaleur. On distingue classiquement en cuisine deux modes fondamentaux de cuisson : l'un par la chaleur sèche (action de rôtir ou griller), et l'autre par la chaleur humide (action de bouillir). Le fumage est un troisième mode de préparation des aliments qui consiste à les exposer à la fumée, soit à chaud soit à froid. Rappelons que, selon le modèle du « triangle culinaire » proposé par l'anthropologue Claude Lévi-Strauss (*Cf. L'Origine des manières de table*, *Mythologiques 3*, Paris, Plon, 1968, p. 406), la viande bouillie se situerait du côté de la culture, tandis que la viande

vue que Prométhée ait réussi à duper Zeus, il s'avère en définitive que la meilleure part n'est pas celle que l'on croit. Ce partage de la viande est bien un jeu de dupes, or c'est Zeus qui remporte la partie finale. En effet, les dieux étant immortels et possédant une vitalité permanente sans avoir besoin pour cela de produire ni de consommer des aliments, ils n'ont pas besoin de cette nourriture substantielle qu'est la viande, mais ils peuvent se contenter de cette forme supérieure et immatérielle d'« aliment » qu'est la fumée appétissante des viandes rôties, associée au fumet délicieux des aromates.

À l'inverse, les humains qui ont besoin de reconstituer sans cesse leur vitalité et leur « force de travail », car ils sont en permanence exposés à la souffrance du manque, doivent pour cela se nourrir de la chair d'animaux morts. En d'autres termes : la consommation de viande traduit la « chute » de l'humanité après la fin de l'âge d'or ; elle marque la vie terrestre du sceau de la mort, tant celle qui est infligée aux animaux que celle que subissent les humains – par opposition à l'immortalité divine. Dans l'*Odyssée*, il apparaît ainsi qu'Ulysse et ses compagnons sont sans cesse tenaillés par la faim, ce qui pousse l'ingénieux héros à cette exclamation : « Mais laissez que je soupe, en dépit de ma peine ! Est-il rien de plus chien que ce ventre odieux ? Toujours il nous excite et

---

rôtie aurait une affinité avec la viande crue (elle n'est pas cuite en profondeur) et se situerait, pour cette raison, du côté de la nature – ou d'une certaine « sauvagerie ». Dans les mythes grecs, la consommation de chair crue est toujours présentée comme un signe de barbarie. Dans la *République*, Platon fait dire à Socrate que les viandes grillées ou rôties à la broche directement sur le feu, lors des rites sacrificiels, que consomment les soldats en campagne des récits homériques sont « les plus faciles à apprêter », en suggérant par là que cette nourriture propre aux militaires serait fruste, voire proche d'une certaine sauvagerie, mais qu'elle leur serait imposée par la nécessité et l'impossibilité de transporter avec soi « un attirail de cuisine » (Livre III, 404c, traduit par G. Leroux, in L. Brisson (éd.), *Œuvres complètes*, *op. cit.*, p. 1566).

toujours nous oblige à ne pas l'oublier, même au plus fort de nos chagrins, de nos angoisses[1] ! »

La consommation de viande s'inscrit en outre dans un ordre cosmologique et métaphysique qui assigne à tous les êtres vivants une place définie selon une hiérarchie tripartite : en haut se trouve le domaine des dieux, en bas se trouve le domaine des bêtes[2], et dans une zone intermédiaire entre le monde d'en bas et le monde d'en haut se trouve le domaine des humains – ces êtres mi-divins mi-animaux qui regardent vers le ciel mais ont les pieds rivés sur la terre. Si manger de la viande peut être un plaisir, c'est aussi une sorte de consolation pour la perte du bonheur parfait et originel dont les humains ont la nostalgie.

« De même que la proximité ancienne s'exprimait mythiquement par l'image d'une communauté de convives banquetant de compagnie, écrit J.-P. Vernant, la séparation présente se traduit par le contraste de deux modes d'alimentation – l'opposition des régimes venant s'inscrire au cœur même du rituel qui cherche cependant à établir entre les deux races disjointes une sorte de contact et de communication, qui tend, autant que faire se peut, de jeter un pont de la terre vers le ciel[3]. »

1. *Odyssée*, chant VII, v. 215-218, in *Tout Homère*, *op. cit.*, p. 658.

2. À l'exception bien entendu des oiseaux, ces animaux auxquels le poète grec Aristophane a consacré une pièce comique éponyme dans laquelle il met en cause le sacrifice animal rituel traditionnel de ses compatriotes, en évoquant une « cité des nuages » (ou « Coucouville-les-nuées ») qui serait fondée par ces animaux capables de voler dans le ciel et qui conduirait à priver les dieux de la fumée des sacrifices (en faisant en quelque sorte un « blocus », c'est-à-dire en barrant la communication entre le monde d'en bas et le monde d'en haut, le monde humain et le monde divin).

3. Jean-Pierre Vernant, « À la table des hommes – mythe de fondation du sacrifice chez Hésiode », in *Id.* et Marcel Detienne (dir.), *La Cuisine du sacrifice en pays grec*, Paris, Gallimard, « NRF », 1979, p. 42-43.

Le récit du partage de la viande de bœuf à Mékonè constitue ainsi un mythe étiologique qui rend compte de l'institution du sacrifice animal en Grèce ancienne[1]. Or, outre la fondation religieuse d'un partage «vertical» de justice entre le domaine des dieux et le domaine des humains, en une institution qui à la fois sépare et relie le monde d'en haut et celui d'en bas, et assure ainsi la cohésion de l'ensemble de l'univers, le sacrifice est aussi un rituel social et politique qui instaure un partage «horizontal» de justice entre les hommes. Car le sacrifice est suivi du banquet, le fameux *«symposion»*, rendu célèbre notamment par le dialogue éponyme de Platon[2]. Ce rituel social strictement réservé aux hommes (les femmes, les enfants et les esclaves en sont généralement tenus à l'écart) se déroule en réalité en deux parties: la première où l'on mange, c'est-à-dire le repas *(«deîpnon»)*; la seconde, le *«symposion»* proprement dit, où l'on fait des libations[3] et où l'on boit du vin (toujours mélangé avec de l'eau) en l'honneur des dieux, notamment de Dionysos, tout en devisant allongé sur des banquettes, éventuellement en écoutant de la musique ou en assistant à des spectacles de danse donnés par des «courtisanes[4]». Dans le dialogue du *Phèdre*, Platon affirme par la voix de Socrate que le philosophe doit s'inspirer du «boucher-sacrificateur» (le *«mageiros»*) qui sait pratiquer l'art de la découpe de la viande avec justesse, et donc avec justice, en procédant «par espèces suivant les articulations naturelles, en tâchant de ne casser

1. *Ibid.*, p. 60.

2. L'institution sociale du banquet a donné naissance, dans l'Antiquité gréco-romaine, à toute une tradition littéraire et philosophique, du *Banquet* de Platon et Xénophon aux *Propos de table* ou au *Banquet des sept sages* de Plutarque, ou bien encore aux *Deipnosophistes* d'Athénée de Naucratis.

3. Acte rituel consistant à verser du vin sur le sol ou bien sur l'autel sacrificiel.

4. Les «hétaïres» sont des prostituées de haut rang, ayant reçu une éducation et une formation musicales et chorégraphiques.

aucune partie[1] ». Le partage de la viande et l'attribution des parts à la suite du sacrifice animal sont, par excellence, un exercice de justice sociale et politique.

Selon J.-P. Vernant et M. Detienne, ces pratiques alimentaires constitueraient le centre symbolique de l'institution de la *polis* grecque antique. Detienne précise que deux systèmes de répartition peuvent coexister : d'une part, un système aristocratique, qui distribue les parts de façon inégale en vertu du privilège des puissants, les prêtres ou les premiers magistrats de la Cité, lesquels reçoivent les morceaux de choix du corps de l'animal, la cuisse, les hanches, l'épaule ou la langue ; d'autre part, un système égalitaire ou démocratique (strictement « isonomique ») qui consiste à distribuer des morceaux de poids égal, selon un tirage au sort. Or les deux systèmes de répartition peuvent coexister et se combiner, selon les occasions et le lieu du banquet, celui-ci étant souvent organisé par la Cité elle-même (ou bien plus tard, quand les moyens vinrent à manquer, par de généreux donateurs, les « évergètes ») afin de célébrer de grands événements présents ou passés, de sorte que ce rituel alimentaire apparaît comme un mode privilégié d'expression et de légitimation symboliques des rapports sociaux au sein de la Cité[2].

Si le sacrifice antique et les banquets qui s'ensuivent donnent lieu à des moments de joie festive et gourmande où les chairs animales rôties et bouillies tiennent un rôle essentiel, la consommation de viande n'en est pas moins strictement limitée et encadrée en Grèce ancienne par toute une série de règles d'ordre à la fois religieux et politique. Il convient de le répéter, car c'est un point absolument fondamental : le sacrifice délimite alors le domaine de

1. Platon, *Phèdre*, 265e, in *Œuvres complètes*, *op. cit.*, p. 1282.

2. M. Detienne, « Pratiques culinaires et esprit de sacrifice », in *La Cuisine du sacrifice en pays grec*, *op. cit.*, p. 23-24.

la viande mangeable, « l'alimentation carnée coïncide absolument avec la pratique sacrificielle[1] », comme le souligne Detienne.

Pour illustrer l'importance des lois alimentaires grecques qui régissent la consommation de la viande, nous pouvons évoquer ici le fameux épisode des « vaches du Soleil » au chant XII de l'*Odyssée*. Contre l'avis d'Ulysse, mis en garde par Circé et Tirésias, son équipage exige en effet de faire une escale sur l'île du Soleil afin d'y chercher de quoi se nourrir, après les dures épreuves de Charybde et Scylla. Or sur cette île vit un troupeau de vaches appartenant au dieu Hélios : ces animaux extraordinaires sont interdits aux humains, tant à la consommation qu'à l'utilisation pour le travail[2]. N'étant pas sauvages sans être à proprement parler domestiques, ils sont donc aussi impropres au sacrifice. Une fois de plus tenaillés par la faim, et n'en pouvant plus de se priver de nourriture, les compagnons d'Ulysse, sur le conseil malavisé d'Euryloque, vont toutefois braver l'interdit en s'attaquant à ces animaux afin de s'en repaître. Mal leur en prend, car, dès lors qu'ils ne respectent aucune des obligations rituelles, n'ayant ni céréales pour accomplir les invocations rituelles aux dieux ni vin pour faire les libations, et qu'ils confondent le rituel civilisé du sacrifice avec la pratique sauvage de la chasse, les compagnons d'Ulysse manquent à tous les devoirs de l'« honnête homme », tels que les conçoit la coutume grecque. Leur punition pour ce forfait gravissime sera précédée d'un avertissement envoyé par les Olympiens : « Les vaches n'étaient plus, témoigne Ulysse, et voici que les dieux nous envoyaient leurs signes : les dépouilles marchaient, les chairs cuites et crues meuglaient autour des broches,

1. *Ibid.*, p. 10.

2. Ces animaux sont traités en quelque sorte conformément au souhait des véganes et des animalistes d'aujourd'hui : ils paissent tranquillement en menant une existence qui n'a d'autre fin qu'elle-même, sans être des « moyens » au service du bien-être des humains.

on aurait dit la voix des bêtes elles-mêmes[1].» Finalement les auteurs de ce crime mourront sans sépulture, engloutis par la mer.

On mesure grâce à cet épisode la signification véritable du sacrifice rituel en tant que marqueur de la civilisation aux yeux des Grecs. En réalité, le plus grave crime des compagnons d'Ulysse est moins ici d'avoir transgressé un interdit, touchant la consommation d'animaux réservés, que d'avoir introduit une véritable confusion dans l'ordre à la fois social, politique et même cosmo-théologique de la justice. Car ils ont bouleversé les catégories qui ordonnent la vie grecque, en confondant les animaux sauvages et les animaux domestiques, en mélangeant la chasse et le sacrifice, ou en mêlant le vivant et le mort ou bien encore le cuit et le cru. «Interdites aux hommes, écrit Vernant, les vaches du Soleil, même cuites étaient encore crues, même massacrées encore vivantes, et leur abattage suivant le rite sacrificiel était comme une chasse à des bêtes sauvages[2].»

La «décivilisation», ou la régression à l'état de «barbarie», correspond à la confusion des ordres qui assignent en principe leur place à chaque catégorie d'êtres dans l'univers, en particulier: les dieux, les humains et les animaux. En vérité, la délimitation socioculturelle du domaine du mangeable est toujours hautement problématique, donc fluctuante et contestable, et la régression à la «barbarie» menace en permanence l'état «civilisé» – et l'on pourrait même aller jusqu'à dire que cette régression est la *hantise* permanente des humains dits «civilisés». Un tel découpage

1. *Odyssée*, chant XII, v. 393-396, in *Tout Homère*, *op. cit.*, p. 728.

2. J.-P. Vernant, «Manger au pays du Soleil», in *La Cuisine du sacrifice en pays grec*, *op. cit.*, p. 246. Nous retrouvons ici une référence implicite au «triangle culinaire» de Claude Lévi-Strauss déjà évoqué précédemment: la confusion du cru et du cuit signifie symboliquement l'indistinction de la nature et de la culture, donc un état de «barbarie» qui s'oppose à l'état «civilisé» tel que les Grecs le conçoivent selon leurs traditions culturelles, à la fois sociales, politiques et métaphysico-religieuses.

alimentaire (au double sens, propre et figuré, de cette expression) traduit, certes, une vision du monde particulière, propre à une société donnée[1]. Mais elle exprime aussi, plus profondément, les désirs et les angoisses intimes de l'être humain universel, comme en témoignent les visions d'horreur homériques du chant XII de l'*Odyssée* que nous venons d'évoquer : ces vaches ressuscitées après avoir été massacrées de façon inappropriée par les compagnons d'Ulysse, et ainsi transformées en « mortes-vivantes » ou en « zombies » effrayantes qui reviennent hanter les mangeurs de viande.

Continuons notre examen de la culture alimentaire en Grèce ancienne, en faisant à présent une petite inspection de la légende du végétarisme de Pythagore[2]. Les végétariens, végétaliens, véganes et autres animalistes *« cruelty-free »* contemporains se réfèrent presque toujours dans leurs discours, de façon quasi rituelle, au philosophe et mathématicien grec antique comme au premier de leurs « maîtres à penser » et « maîtres à manger ». « Il fut le premier végétarien de la pensée occidentale[3] », affirme ainsi doctement et non sans admiration le végétarien et animaliste

---

1. « L'espace du mangeable, écrit Jean-Pierre Poulain, est déterminé par la conception que la société se fait de la place de l'homme dans la nature et dans l'échelle du vivant » (« Penser et manger la chair », art. cit., p. 306).

2. Pythagore, philosophe et mathématicien grec (580-495 av. notre ère), est notamment célèbre pour avoir fondé une école à Crotone en Grande-Grèce (au sud de l'actuelle région italienne de Calabre), sorte de confrérie (« hétairie ») ou société secrète et aristocratique très hiérarchisée, dans laquelle était dispensé un enseignement à la fois philosophique, scientifique et religieux à des adeptes classés en fonction de leur degré d'initiation, depuis les simples « profanes » jusqu'aux « ésotériques ». La vie selon les règles de cette confrérie incluait un régime alimentaire strict, lequel impliquait un végétarisme sélectif qui a fait l'objet de nombreuses spéculations et disputes savantes. Il semble ainsi que la consommation de la chair de certains animaux eût été autorisée sous certaines conditions ; en revanche le régime alimentaire pythagoricien interdisait strictement la consommation des fèves (*cf.* M. Detienne, *Les Jardins d'Adonis*, *op. cit.*, p. 77 *sq.*).

3. A. Caron, *No steak*, *op. cit.*, p. 342.

contemporain Aymeric Caron. Les végétaro-animalistes d'aujourd'hui aiment notamment se référer au mythe grec antique de l'« âge d'or », tel qu'Ovide en rend compte dans ses *Métamorphoses* en donnant la parole à Pythagore : « Cet âge antique, auquel nous avons donné le nom d'âge d'or, faisait ses délices des fruits des arbres, des plantes que nourrit le sol, et l'homme ne souillait pas sa bouche de sang[1]. » Les adversaires actuels de la consommation de viande voudraient en effet imposer dans le débat public contemporain l'idée selon laquelle la seule délimitation possible du domaine du mangeable passerait par la séparation stricte entre la viande et les produits carnés issus de l'élevage, d'une part, et les végétaux et autres produits issus de l'agriculture, d'autre part. Ces derniers seraient, par conséquent, les seuls légitimes ou « autorisés[2] ». Or, en se référant à Pythagore comme au précurseur de leur propre idéologie, les militants du « front anti-viande » contemporain imposent une distorsion de sens à la doctrine et aux pratiques des pythagoriciens historiques. Autrement dit, il semble que la réalité soit un peu plus complexe que ce que ce discours simpliste voudrait nous faire croire.

En effet, si l'on en croit le témoignage d'Aristoxène de Tarente, un philosophe et musicologue grec (IVe siècle avant notre ère), qui a été formé à l'école pythagoricienne et qui est notamment l'au-

---

1. Ovide, *Métamorphoses*, XV, v. 96-98 (paroles de Pythagore), traduit par J. Chamonard, Paris, Flammarion, « GF », 1966, p. 374. Aymeric Caron, par exemple, cite longuement ce passage dans une note du chapitre consacré à Pythagore, dans son livre *No steak* (*op. cit.*, p. 373-374), mais en omettant opportunément de citer les passages où Pythagore admet la possibilité et le droit de manger de la chair de certains animaux « fautifs » comme le porc ou la chèvre. La militante végane Ophélie Véron fait de même dans son livre *Planète végane* (Paris, Marabout, 2017) en précisant tout de même que « les biographes de Pythagore ne sont pas tou.te.s *(sic)* d'accord sur son végétarisme » (*ibid.*, p. 27) Nous examinons ci-après cette question du « végétarisme sélectif » de Pythagore.

2. Autorisés par qui et au nom de quoi ? De quel droit ?

teur d'une *Vie pythagoricienne*, il semblerait que certains adeptes de la secte eussent consommé certaines viandes, certes sous des conditions très précises et strictement autorisées par des raisons philosophico-religieuses issues des spéculations du maître de Samos. D'après M. Detienne, le philosophe-musicologue présentait le repas des pythagoriciens de la façon suivante : « Au menu du repas principal, le *deîpnon*, à côté du vin, du pain d'orge, *mâza*, du pain de blé, *artos*, d'un assaisonnement, *opson*, des légumes cuits et des légumes crus, Aristoxène fait figurer des viandes d'animaux qualifiés de *thusima*, c'est-à-dire aptes à être sacrifiés et propres à la consommation[1]. » N'est-ce pas là un premier « accroc » sérieux au mythe du strict végétarisme pythagoricien ? Par ailleurs, dans ses *Métamorphoses*, Ovide prête à Pythagore des propos selon lesquels la consommation du porc et de la chèvre serait autorisée, car ces animaux seraient fautifs d'avoir consommé le fruit des récoltes, respectivement des céréales et de la vigne, autrement dit ils seraient coupables d'avoir offensé l'un Déméter et l'autre Dionysos : « Ils furent tous deux victimes de leur propre faute[2]. »

En revanche, toujours d'après les propos prêtés par Ovide au fondateur de la secte pythagoricienne, le mouton et le bœuf seraient des animaux interdits à la consommation, car utiles à l'homme pour l'aider à satisfaire d'autres besoins, respectivement en fournissant de la laine et en tirant le soc de la charrue lors du labour[3]. C'est de là que provient notamment l'interdit pythagoricien de la consommation du « bœuf laboureur » : celui-ci, parce qu'il rend un fier service à l'agriculteur, lequel cultive les céréales, ces éminents produits de la terre qui sont au cœur de

1. M. Detienne, *Les Jardins d'Adonis*, *op. cit.*, p. 65.

2. Ovide, *Métamorphoses*, XV, v. 115, *op. cit.*, p. 374.

3. D'où il ressort que Pythagore n'était nullement un précurseur du véganisme contemporain, lequel refuse toute utilisation des animaux quelle qu'elle soit.

la civilisation grecque et qui contribuent à sa gloire, devrait en réalité être considéré comme un membre à part entière de la civilisation, et il devrait même être assimilé de ce fait à l'humanité. « Quand vous vous mettrez sous la dent les membres de bœufs égorgés, sachez et comprenez, clame le Pythagore d'Ovide, que vous mangez vos laboureurs[1]. » Enfin, que dire de la gloutonnerie et des exploits carnivores légendaires de Milon de Crotone, cet athlète prestigieux issu d'une grande famille de la ville, devenu gendre de Pythagore et l'un des membres éminents de la secte ? « À Olympie où par six fois il avait triomphé aux jeux, écrit Detienne, il avait chargé sur ses épaules un taureau de quatre ans, avait fait le tour du stade, sacrifié l'animal et, sans le secours d'aucun convive, l'avait dévoré jusqu'à la dernière bouchée[2]. » En définitive, Pythagore et ses disciples professent un découpage alimentaire, si l'on peut dire[3], qui ne recouvre pas exactement les mêmes règles que le découpage alimentaire grec classique, mais ils en partagent l'idée que la consommation de viande est possible et même légitime, à condition d'être encadrée et limitée selon des règles qui tracent une frontière entre l'état de « civilisation » et l'état de « barbarie ».

De ces analyses, il ressort que, si la pensée pythagoricienne constitue, il est vrai, une doctrine « contestataire » à l'égard des normes culturelles et alimentaires de la société grecque traditionnelle et majoritaire, elle n'en partage pas moins avec celle-ci les mêmes conceptions et convictions fondamentales quant à l'ordre du monde ou la justice « cosmique », et aussi, par consé-

1. Ovide, *Métamorphoses*, XV, v. 141-142, *op. cit.*, p. 375.

2. M. Detienne, *Les Jardins d'Adonis*, *op. cit.*, p. 66.

3. Le mot grec « *deîpnon* », désignant le repas principal des Grecs qui était pris au coucher du soleil (il correspondrait ainsi à notre dîner), est de même racine que le latin « *daps* » (banquet), et ces deux mots viendraient d'une racine indo-européenne commune, « *da* », désignant l'action de déchirer, séparer ou encore diviser.

quent, quant au juste rapport que l'être humain doit avoir avec la nature et avec les animaux. Au fond, ces grands esprits si profondément grecs que furent Hésiode et Pythagore partagent une même conception tant de l'âge d'or perdu que de la « chute » qui a suivi, laquelle a entraîné les vivants terrestres, c'est-à-dire aussi bien les humains que les animaux par opposition aux dieux, vers la malédiction d'une vie « ici-bas » où il faut naître, travailler (que l'on soit un paysan ou un bœuf), manger (des céréales et de la viande) et boire (principalement du vin coupé d'eau), se reproduire (donc prendre femme, pour le meilleur et pour le pire[1]), souffrir et finalement mourir pour laisser place à d'autres vivants qui tous reproduiront à leur tour et indéfiniment le même cycle. Comme l'écrit encore Marcel Detienne : « Toutes ces traditions renvoient à une même représentation de la société : un état où l'homme se sent solidaire des plantes qui croissent et des animaux qui grandissent, un Âge d'or où la terre produit d'elle-même les plus beaux fruits, où hommes et bêtes vivent ensemble dans la justice réciproque[2]. »

Toutefois, s'il est vrai que les mangeurs de viande qui s'inscrivent dans la tradition hésiodique partagent au fond la même nostalgie pour « l'âge d'or » que les pythagoriciens, ils n'aspirent cependant pas à y retourner parce qu'ils savent que c'est impossible et parce qu'ils ne partagent pas la croyance selon laquelle la vie dans l'au-delà permettrait de rejoindre cet état de perfection originaire[3] – un état idéalisé de bonheur parfait où les humains ne connaîtraient plus ni la souffrance, ni le travail, ni la maladie,

1. Hésiode présente une image peu flatteuse des femmes qui ne seraient apparues selon lui que dans le monde d'après la « chute », hors de l'âge d'or.

2. M. Detienne, *Les Jardins d'Adonis*, *op. cit.*, p. 82.

3. Le pythagorisme, aussi bien du point de vue de la doctrine que du régime de vie et du régime alimentaire qu'il professe, est en effet indissociable de la croyance métaphysico-religieuse en la réincarnation cyclique des âmes ou « métempsycose ».

ni la mort, ni non plus la tentation de la voracité alimentaire ou de la lubricité sexuelle, mais vivraient en harmonie avec les dieux dont ils partageraient la table. En somme, le citoyen grec antique ordinaire, lequel est aussi *per definitionem* un mangeur de viande régulier, est un individu qui a conscience de ses propres limites, « humaines trop humaines », mais qui choisit d'acquiescer à sa condition actuelle et au monde prométhéen où il est condamné à vivre, et qui prend donc place à la table de ses concitoyens avec lesquels il a conscience de former une seule et même « cité » ou « patrie ». « Il s'agit, écrit Vernant, de donner aux citoyens le sentiment qu'ils sont en quelque façon des frères. Rien n'est susceptible de fortifier davantage cette conviction que la consommation d'une nourriture cuite sur le même foyer et partagée sur la même table : le repas est une communion qui réalise entre convives une identité d'êtres, une sorte de consanguinité[1]. » Au contraire, les adeptes de la secte pythagoricienne regardent vers un autre monde qu'ils situent dans un au-delà métaphysique et religieux, lequel s'inscrit en rupture avec la religion civique du reste de leurs concitoyens ou compatriotes.

Allons plus loin dans l'analyse. Les règles alimentaires des Grecs anciens, aussi bien celles du pythagorisme que celles qui sont issues de la tradition hésiodique, reposent toutes au fond sur l'idée selon laquelle la proximité de l'animal avec l'homme, et tout particulièrement les services rendus par certaines bêtes aux humains, rendent la consommation de celles-ci hautement problématique, et donc très réglementée et potentiellement interdite. Or c'est précisément la fonction du sacrifice que de soustraire l'animal, qui est généralement choisi parmi les animaux domestiques et utiles à l'homme (comme le bœuf notamment), à l'ordre prosaïque, ordinaire et utilitaire de la production et des échanges

1. Jean-Pierre Vernant, *Les Origines de la pensée grecque*, Paris, PUF, 1962 ; rééd. « Quadrige », 2000, p. 75.

économiques pour en faire un être proprement « extraordinaire » que le rituel de la mise à mort magnifie en l'élevant paradoxalement au rang de créature sacrée, quasi divine. C'est là, du moins, une interprétation du sacrifice qui tend à en découvrir un sens profond, loin d'y voir un simple alibi de la « gloutonnerie » alimentaire comme l'affirment habituellement les adversaires contemporains de la consommation de viande[1].

L'écrivain et philosophe Georges Bataille[2] écrit en ce sens : « La puissance qu'a la mort en général éclaire le sens du sacrifice, qui opère comme la mort, en ce qu'il restitue une valeur perdue par le moyen d'un abandon de cette valeur. [...] Sacrifier n'est pas tuer, mais abandonner et donner. La mise à mort n'est qu'une exposition d'un sens profond. [...] Le sacrifice est l'antithèse de la production, faite en vue de l'avenir, c'est la consumation qui n'a d'intérêt que pour l'instant même. C'est en ce sens qu'il est don et abandon. [...] C'est ce que signifie " sacrifier à la divinité". [...] Dans le sacrifice, l'offrande est dérobée à toute utilité[3]. »

---

1. Ainsi Florence Burgat conclut-elle le long chapitre 4, intitulé « Le génie du sacrifice », de son gros ouvrage consacré à la consommation de viande, *L'Humanité carnivore*, par cette citation du philosophe Porphyre de Tyr : « En vérité nous massacrons et mettons en pièces [les animaux] sous la caution du culte divin. [...] La jouissance est l'unique mobile de notre obstination à pratiquer de tels sacrifices » (Porphyre, *De l'abstinence*, tome 2, L. II, § 25 – cité par Fl. Burgat, *L'Humanité carnivore*, *op. cit.*, p. 256). Cette thèse matérialiste et réductionniste n'est-elle pas un peu courte ? Ne fait-elle pas un peu trop « bon marché » des très nombreuses analyses par lesquelles de grands esprits ont tenté de découvrir la signification symbolique du sacrifice grec antique, qu'elle soit sociale, culturelle, politique ou bien encore métaphysique et religieuse ?

2. Écrivain, philosophe et essayiste français (1897-1962). Sa pensée originale puise à différentes sources, dont la philosophie de Hegel (par l'entremise d'Alexandre Kojève), le marxisme, la psychanalyse freudienne ou encore l'anthropologie de Marcel Mauss.

3. Georges Bataille, *Théorie de la religion*, Paris, Gallimard, 1974 ; rééd. in *Œuvres complètes*, Paris, Gallimard, « NRF », 1976, p. 310-311.

Il convient ici de rappeler l'ambiguïté du mot latin *«sacer»*, dont proviennent le français «sacré» et par conséquent aussi le sacrifice: ce terme pouvait désigner pour les Romains aussi bien un objet marqué d'une souillure qu'au contraire un objet de vénération[1]. Sous ce jour, le sacrifice a donc à la fois le sens d'une destruction ou d'une mise à mort, et celui d'une sacralisation. Élisabeth de Fontenay peut ainsi affirmer que l'interprétation du sacrifice antique proposée par de nombreux penseurs et savants contemporains, de Marcel Mauss[2] à Georges Bataille notamment, contribue à redonner du sens à cette pratique, par-delà le mépris dont elle a pu être l'objet dans notre civilisation moderne profondément imprégnée de christianisme. «Il me semble justement, écrit-elle, qu'avec Mauss et Bataille et dans une telle liturgie les animaux ont, sinon droit à la parole, du moins part au sens et, même si on leur fait payer fort cher ce prix, pour nous, du sens[3].» Aussi paradoxal ou contre-intuitif que cela puisse paraître au premier abord, la pratique du rite sacrificiel antique peut en somme s'avérer, en un sens, plus respectueuse des animaux que les traitements que leur inflige notre civilisation moderne et industrielle, laquelle tend à considérer ceux-ci non seulement comme

---

1. D'après le *Vocabulaire des institutions indo-européennes* d'Émile Benveniste, Paris, Éditions de Minuit, 1969, t. 2, p. 179 *sq.*

2. Le sociologue et anthropologue Marcel Mauss (1872-1950) est le coauteur avec Henri Hubert d'un célèbre et influent article sur le rituel sacrificiel antique qui s'appuie plus particulièrement sur le modèle des sacrifices hébraïque et hindou de l'Antiquité: «Essai sur la nature et la fonction du sacrifice», publié dans *L'Année sociologique* en 1899; cet article a été réédité aux Éditions Allia en 2022. Ce texte est également repris dans Marcel Mauss, *Œuvres*, tome 1, Paris, Éditions de Minuit, 1979. Les deux auteurs y donnent notamment cette définition du sacrifice: «un acte religieux qui, par la consécration d'une victime, modifie l'état de la personne morale qui l'accomplit ou de certains objets auxquels elle s'intéresse» (p. 205).

3. É. de Fontenay, *Le Silence des bêtes*, *op. cit.*, p. 284.

des « objets » utilitaires, mais même de plus en plus comme une simple *matière première* à transformer et consommer.

L'attitude profondément ambivalente de l'être humain devant le sacrifice animal transparaît encore dans le rituel des « Bouphonies » *(« bouphonia »)*, des célébrations qui se tenaient en Grèce, notamment à Thèbes et Athènes à l'époque classique, le 14 du mois de scirophorion. Ce rituel de mise à mort du bœuf laboureur met en scène, en effet, dans un scénario dramatique, la culpabilité qui affecte la cérémonie du sacrifice animal. Tour à tour, la victime puis le sacrificateur sont désignés comme coupables, avant que le nœud de l'intrigue ne se résolve par la désignation du couteau (la *« makhaira »*) comme seul coupable, lequel, ne pouvant se défendre devant ses accusateurs, est finalement jeté à la mer, ce qui entraîne *ipso facto* la disparition de toute culpabilité[1]. Comme l'écrit encore Detienne : « Tout le rituel des Bouphonies se développe autour du caractère sacrilège du sacrifice sanglant : offrir aux dieux une victime animale, c'est verser le sang, c'est commettre un véritable meurtre. Le sacrifice animal apparaît à la cité comme une souillure, mais une souillure inévitable et nécessaire, car tuer le bœuf est un acte essentiel pour fonder les relations de la cité avec les puissances divines[2]. »

Enfin, nous retrouverons, au chapitre suivant, une même ambivalence dans l'histoire de la religion hindoue à l'égard du bœuf : cet animal si utile à l'homme, notamment pour l'agriculture – une activité hautement civilisée et civilisatrice –, fut pourtant un objet de sacrifice éminent dans le védisme antique – éminent notamment en raison de la masse imposante de l'animal[3], laquelle

1. Nous nous appuyons ici sur l'interprétation de Marcel Detienne dans « Les loups au festin ou la Cité impossible », in *La Cuisine du sacrifice en pays grec*, *op. cit.*, p. 234-235.

2. M. Detienne, *Les Jardins d'Adonis*, *op. cit.*, p. 84.

3. Rappelons que l'auroch, ce bœuf sauvage aujourd'hui disparu dont est issu notre bœuf domestique actuel, était beaucoup plus grand et imposant que celui-ci.

inspire crainte et respect, et fournit aussi de grosses quantités de viandes. Puis l'hindouisme décida finalement d'en interdire le sacrifice et la consommation alimentaire.

Résumons-nous. La contestation des pythagoriciens contre l'ordre sacrificiel établi en Grèce ancienne confirme, s'il en était besoin, l'importance et la valeur éminente de cet aliment qu'est la viande aux yeux des Grecs. Et, si les pythagoriciens recherchaient une forme de « pureté alimentaire » qui fût le reflet de la pureté de leur âme, ils n'excluaient pas systématiquement toutes les viandes de leur régime, comme on l'a vu. De leur côté, les mangeurs de chair de la Grèce ancienne « classique » n'en considéraient pas moins que les morceaux du cadavre de l'animal qu'ils consommaient avaient été préalablement « purifiés » par le rituel du sacrifice. Consommer une chair issue d'un animal qui n'eût pas été sacrifié selon le rite constituait précisément pour eux une forme d'impureté aussi condamnable et répugnante qu'effrayante, c'est-à-dire *barbare*. On comprend donc à présent que le vrai partage, le découpage alimentaire qui détermine de manière décisive les frontières du mangeable en Grèce ancienne, ne s'opère pas entre les nourritures carnées et les nourritures végétales, mais entre le « pur » et l'« impur ». Autrement dit, ce partage n'est pas déterminé par la nature intrinsèque des aliments, mais par des règles sociales qui renvoient à des représentations symboliques. Peu importe ce que l'on mange, au fond, car ce qui compte vraiment c'est la *façon* dont on le mange : non le « quoi », mais le « comment ». Mais pourrait-il en être autrement dans la société des hommes qui doit son existence autant à des contraintes naturelles, qu'elles soient biologiques ou matérielles, qu'à un ensemble de représentations symboliques et culturelles obéissant à des règles structurelles bien définies et également contraignantes ?

Certes, un philosophe aussi représentatif de la civilisation romaine que Cicéron a pu comparer la culture de l'esprit (ou *« cultura animi »*) à la culture de la terre, c'est-à-dire à l'agriculture qui produit des récoltes, en écrivant notamment : « Un champ si fertile soit-il ne peut être productif sans culture, et c'est la même chose pour l'âme sans enseignement[1]. » Or nous retrouvons, au sein de la civilisation romaine antique, le même paradoxe que celui que nous avons relevé plus tôt pour la civilisation grecque antique. S'il est vrai que la production et la consommation alimentaires y reposent principalement sur les végétaux, et notamment les céréales comme le blé ou l'orge, la nourriture carnée y joue néanmoins un rôle symboliquement prépondérant. En outre, le déroulement du sacrifice animal rituel des Romains était très similaire à celui des Grecs, et il remplissait des fonctions sociales et politiques tout à fait comparables.

« Le sacrifice selon le rite romain, écrit ainsi l'historien John Scheid, comportait trois temps forts, sans parler de la phase préparatoire et de la procession. Il débutait par une libation d'encens et de vin (la *praefatio*). L'offrande de la victime comportait l'*immolatio*, préludant elle-même à l'abattage de l'animal, son examen, le découpage, le partage et la cuisson de la part divine ; l'offrande de ces parts concluait la première partie du rite. Le banquet des sacrifiants terminait le service. [...] Ces rites formaient la trame invariable de tous les tissus sacrificiels[2]. »

Une des principales originalités du rituel romain par rapport au rituel grec consistait notamment en ceci que les Grecs avaient coutume d'offrir aux dieux les os longs, certains viscères et la graisse des animaux sacrifiés, tandis que les Romains réservaient habituellement à leurs divinités une sorte de mélange de différents morceaux du corps de l'animal[3]. Mais la grande particularité

1. Cicéron, *Tusculanes*, II, 13, traduit par J. Humbert, Paris, Les Belles Lettres, 1960, tome I, p. 84.

2. John Scheid, *Quand faire c'est croire : Les rites sacrificiels des Romains*, Paris, Aubier-Flammarion, 2005 ; rééd. 2011, p. 44.

3. *Cf.* Cristiano Grotanelli, « La viande et ses rites », in *Histoire de l'alimentation*, *op. cit.*, p. 125.

du monde romain par rapport au grec réside surtout dans le fait que la consommation de viande s'est peu à peu détachée du rite sacrificiel et qu'elle est devenue également de plus en plus importante au fil du temps, notamment sous l'Empire romain, et cela plus particulièrement dans les catégories sociales les plus aisées où elle apparaissait alors comme une marque de richesse ostentatoire[1]. C'est d'ailleurs en réaction à cette tendance sociale que Plutarque dénonçait les excès de la consommation de viande des Romains de son temps, en leur opposant la modération des appétits et la frugalité propres au régime alimentaire gréco-romain traditionnel, dans son traité *De esu carnium (Sur la consommation de viande)*[2]. C'est donc moins la consommation de viande en elle-même que l'intempérance alimentaire, le goût du luxe et le déclin de la piété religieuse qui font en réalité l'objet des critiques du philosophe et moraliste, lequel considère par ailleurs qu'il n'est guère possible de revenir à une alimentation sans viande, parce que les hommes s'y sont habitués et qu'ils y ont pris goût. Tout au plus convient-il, selon lui, de limiter cette consommation et d'y associer un esprit de « commisération » pour les pauvres animaux sacrifiés à des fins alimentaires[3].

De plus, aux premiers siècles de notre ère, le sacrifice rituel gréco-romain traditionnel entre progressivement en crise : il fait de plus en plus l'objet de nombreuses critiques, non seulement de la part de penseurs ou intellectuels « païens », comme Porphyre de Tyr (au IIIe siècle – lequel s'inspire notamment de Plutarque), que de la part des adeptes de la nouvelle religion chrétienne comme Clément d'Alexandrie (fin du IIe siècle), Origène (IIe-IIIe siècle) ou

1. Voir *ibid.* La recherche scientifique a permis d'établir ce fait grâce à l'analyse chimique des os humains (notamment le rapport entre la présence de strontium et de zinc) chez les Romains de l'époque impériale.

2. Texte disponible aujourd'hui sous le titre *Manger la chair ?*, voir l'introduction, p. 44.

3. *Ibid.*, p. 55.

encore Eusèbe de Césarée (fin du IIIe-début du IVe siècle). Si c'est bien le caractère sanglant du sacrifice qui heurte le philosophe Porphyre (lequel reproche même aux chrétiens de reproduire sur un plan symbolique le sacrifice sanglant traditionnel à travers le cérémonial de l'eucharistie[1]), les penseurs chrétiens dénoncent quant à eux avant tout le fait que les rituels sacrificiels sont adressés à des êtres démoniaques. C'est le christianisme, une fois devenu hégémonique, qui mettra fin aux sacrifices sanglants et fermera les temples des païens dans tout l'Empire romain[2], mais non sans entraîner toute une série de conséquences paradoxales, comme nous allons le voir au chapitre suivant.

1. Dans un pamphlet intitulé *Contre les chrétiens*, un texte dont l'authenticité n'est pas certaine et qui aurait été composé en 286, mais dont il ne reste aujourd'hui que des fragments. Nous reviendrons plus loin, au chapitre suivant, sur la cérémonie chrétienne de l'eucharistie et sur sa signification.

2. C'est l'empereur romain Théodose qui, après avoir adopté dans un premier temps une ligne politique prudente et tolérante envers les cultes traditionnels, finira par proclamer le christianisme religion officielle et interdire tous les autres cultes par un édit de 392, en supprimant ainsi complètement la liberté des cultes païens, et avec elle aussi bien la divination et les fumigations rituelles que les sacrifices animaux aux dieux. *Cf.* Pierre Chuvin, *Chronique des derniers païens*, Paris Fayard-Les Belles Lettres, 2009, chapitre IV, p. 43 *sq*.

4.

L'agneau de Dieu : le christianisme ou le sacrifice des sacrifices – le tournant éthique des grandes religions mondiales

« C'est la miséricorde que je veux et non le sacrifice[1]. » Cette parole du Christ rapportée par l'évangéliste Matthieu résume un aspect essentiel de la doctrine chrétienne. Comme nous l'avons rappelé précédemment, c'est un empereur chrétien, Théodose, qui, en 392 de notre ère, a définitivement mis fin au sacrifice animal antique. Et, comme le note Pierre Chuvin, « la prohibition des sacrifices d'animaux est intervenue alors que ceux-ci étaient moins en faveur auprès des païens[2] ». Pour autant, la disposition chrétienne à l'égard du sacrifice animal en tant que tel est extrêmement ambivalente. Car il s'agit en effet moins de le condamner en lui-même que de considérer qu'il n'a aucune valeur sacrée : le christianisme a ainsi *désacralisé* cette pratique plus qu'il ne l'a dénoncée. Là encore, on peut dire que la religion chrétienne a déplacé les frontières du « pur » et de l'« impur ». « Ce n'est pas ce qui entre dans la bouche qui souille l'homme,

1. Évangile selon saint Matthieu, IX, 13, *Bible de Jérusalem*, Paris, Cerf, « Pocket », 1998, p. 1663.

2. P. Chuvin, *Chronique des derniers païens*, *op. cit.*, p. 238.

déclare encore Jésus, mais ce qui sort de sa bouche, voilà ce qui souille l'homme[1]. »

Dans la spiritualité grecque antique, ainsi que nous l'avons vu au chapitre précédent, c'est moins ce que l'on mange qui définit la pureté morale et spirituelle que la façon dont on mange, soit la façon dont on mange la viande en respectant les interdits et les codes rituels qui sont liés au sacrifice animal. Dans le christianisme, la « pureté » est avant tout spirituelle, mais elle ne concerne pas les nourritures matérielles et terrestres qui deviennent ainsi *indifférentes* à ses yeux. Ce qui compte est l'esprit plus que la matière, ou la disposition d'esprit dans laquelle on parle et agit en société, plus que l'acte lui-même, dans sa matérialité concrète. La religion grecque antique ne séparait pas l'esprit de la matière aussi strictement que l'a fait le christianisme et se montrait attachée à la matérialité du sacrifice d'un être de chair et de sang. Pour un chrétien, il importe peu au fond que l'on se nourrisse de végétaux ou bien de chair animale, pourvu que l'on manifeste une forme de piété miséricordieuse.

Comme nous l'avons rappelé précédemment, Plutarque demandait, dans le même sens, que l'on mangeât de la viande en faisant preuve de « commisération » pour les bêtes. Pour le dire autrement : l'impureté n'est pas inscrite dans la chair des animaux mais bien dans l'esprit ou le « cœur » de l'homme. La « souillure » ne peut avoir dans le christianisme qu'une signification morale et spirituelle, mais non physique ou matérielle. « Ne comprenez-vous pas, ajoute Jésus à Pierre qui le questionne, que tout ce qui pénètre dans la bouche passe dans le ventre, puis s'évacue aux lieux d'aisance, tandis que ce qui sort de la bouche procède du cœur, et c'est cela qui souille l'homme. Du cœur en effet procèdent mauvais desseins, adultères, débauches, faux témoignages,

1. Évangile selon saint Matthieu, XV, 11, *Bible de Jérusalem*, *op. cit.*, p. 1674.

diffamations[1]. » La croyance selon laquelle il y aurait des aliments interdits, parce que certaines substances matérielles seraient mauvaises ou « impures » moralement et spirituellement en elles-mêmes, n'est aux yeux des chrétiens que pure superstition, laquelle caractérise le paganisme. « Voilà pourquoi je vous dis : ne vous inquiétez pas pour votre vie de ce que vous mangerez [...]. La vie n'est-elle pas plus que la nourriture[2] ? » Bref, il ne saurait être interdit pour un chrétien de manger de la viande ; en revanche il lui est demandé de faire preuve de piété en son esprit à tous les moments de sa vie, y compris donc lorsqu'il mange.

S'il est vrai que, pour un chrétien « rien n'est impur en soi[3] », on rencontre toutefois dans le christianisme un certain « dégoût du sang », entendons ici : une répugnance pour le sang *versé*, donc pour la cruauté, qu'il s'agisse des animaux sacrifiés ou bien des combats de gladiateurs aux arènes[4]. Certes, « Arnobe, nous dit l'historien Paul Veyne, semble ne pas distinguer entre péché et souillure ; les démons, écrit-il [Arnobe], qui voulaient rendre les hommes féroces, leur ont apporté deux édifices où le sang coule, les arènes ou *amphitheatra* et les abattoirs ou *macella*, où le sang des animaux abattus souille les mains et l'âme des employés[5] ». Le christianisme implique en outre un certain « renoncement à la chair » qui passe par le jeûne alimentaire, et tout particulièrement

1. Évangile selon saint Matthieu, XV, 15, *ibid.*, p. 1674.

2. Évangile selon saint Matthieu, VI, 25, *ibid.*, p. 1659.

3. « J'en suis certain dans le Seigneur Jésus, rien n'est impur en soi, mais seulement pour celui qui estime un aliment impur », saint Paul, Épître aux Romains, XIV, 14, *Bible de Jérusalem*, *op. cit.*, p. 1914.

4. P. Chuvin, *Chronique des derniers païens*, *op. cit.*, p. 237 *sq.* Ce n'est donc pas exactement le sang en lui-même qui est impur, mais c'est le fait de faire couler le sang, car cet acte révèle une disposition de l'esprit et du cœur qui est mauvaise.

5. Paul Veyne, « Païens et charité chrétienne devant les gladiateurs », in *L'Empire gréco-romain*, Paris, Le Seuil, 2005, p. 593. Arnobe (240-327) est un rhéteur berbère converti au christianisme en 296 et devenu un apologiste chrétien.

par l'abstinence de viande. Comme le souligne l'historien Peter Brown[1], le régime alimentaire chrétien renvoie au péché de gourmandise commis par Adam et Ève, lequel leur a valu d'être chassés du jardin d'Éden, ce paradis végétal et végétarien[2]. Les pères du désert, dont le plus célèbre est saint Antoine, qui pratiqua le jeûne à l'image du Christ ayant passé quarante jours au désert, inspireront les règles alimentaires chrétiennes du Moyen Âge, à commencer par le Carême[3].

C'est que la symbolique du repas joue un rôle central dans le christianisme, notamment en mémoire de la Cène[4]. Le dernier repas du Christ, pris en compagnie des douze apôtres à la veille de sa crucifixion, est en effet à l'origine du rituel, central dans la liturgie chrétienne, de l'eucharistie. Ce dernier repas doit en réalité marquer l'avènement d'une nouvelle ère. Il s'agit, en effet, de remplacer l'agneau de Pâques, l'animal traditionnellement sacrifié et mangé par les juifs lors de la fête de *Pessah*, par l'« agneau de Dieu » *(« agnus Dei »)*. Autrement dit, il s'agit de remplacer l'ancien sacrifice animal offert *aux dieux* par un sacrifice unique, par un dernier sacrifice accompli une fois pour toutes et qui doit ouvrir la nouvelle ère de la fin des sacrifices, à savoir : le sacrifice

---

1. Peter Brown, *Le Renoncement à la chair, virginité, célibat et continence dans le christianisme primitif* (1988), traduit par P. -E. Dauzat et Chr. Jacob, Paris, Gallimard, « NRF », 1995, p. 273 *sq*.

2. Le jardin d'Éden faisant écho au mythe grec de l'« âge d'or ».

3. Le mot vient du latin *« Quadragesima »*, lequel désigne les quarante jours avant Pâques, une période de privation alimentaire et de dévotion à Dieu durant laquelle il est demandé aux chrétiens de s'abstenir de viande ou de « manger maigre », c'est-à-dire de substituer d'autres aliments à la viande, comme le poisson (particulièrement pendant le mercredi des Cendres et les vendredis). Ces quarante jours de privation alimentaire renvoient eux-mêmes aux quarante jours de jeûne du Christ dans le désert.

4. Ce mot vient du latin *« cena »* qui désigne chez les Romains le repas du soir ou le souper.

de *Dieu lui-même*, lequel s'offre ainsi à tous les hommes. En ce sens, l'évangéliste Jean proclame en voyant le Christ s'avancer vers lui : « Voici l'agneau de Dieu qui enlève le péché du monde[1]. »

La cérémonie de l'eucharistie consiste à commémorer, sur un mode rituel et symbolique, ce sacrifice ultime ou ce sacrifice des sacrifices (au double sens de cette expression : c'est le plus haut des sacrifices ; c'est aussi celui qui doit mettre fin à la pratique sacrificielle traditionnelle) qu'est la crucifixion de Jésus. « Or, tandis qu'ils mangeaient, Jésus prit du pain, le bénit, le rompit et le donna aux disciples en disant : "Prenez, mangez, ceci est mon corps." Puis, prenant une coupe, il rendit grâces et leur donna en disant : "Buvez-en tous ; car ceci est mon sang, le sang de l'alliance, qui va être répandu pour une multitude en rémission des péchés[2]". » Paradoxalement, si le christianisme n'accorde pas d'importance à la nourriture en tant que telle, il a pourtant fait, certes sur un plan symbolique, de l'incorporation alimentaire du « corps » et du « sang » du Christ sa cérémonie liturgique centrale.

En réalité, c'est ici le pain qui figure la chair du crucifié, et c'est le vin qui figure son sang – le christianisme ayant, de la sorte, sacralisé deux des aliments de la « triade » alimentaire gréco-romaine, le pain et le vin, mais sans oublier non plus la troisième, l'huile qui sert pour les onctions (et sans oublier non plus l'encens des anciens sacrifices qui confère à la cérémonie son caractère spirituel et solennel). Par cette offrande humaine qui se substitue au sacrifice animal, le christianisme reprend donc la tradition antique, mais il la transforme profondément, en lui donnant une signification tout autre. Les hommes ne doivent plus faire d'offrandes aux dieux païens, une fois que le seul, l'unique et véritable Dieu s'est lui-même offert pour racheter les péchés des hommes.

---

1. Évangile selon saint Jean, I, 29, *Bible de Jérusalem*, *op. cit.*, p. 1791.
2. Évangile selon saint Matthieu, XXVI, 26, *ibid.*, p. 1692.

Le philosophe Porphyre a dénoncé, dans son pamphlet *Contre les chrétiens*[1], le rituel de l'eucharistie qui s'accomplit lors de la messe, non seulement comme une survivance du sacrifice antique, mais également comme une coutume bestiale et absurde qui s'apparente au cannibalisme – une pratique éminemment barbare, que dénonçaient les Grecs anciens. Même s'il s'agit d'une incorporation alimentaire symbolique où le pain et le vin se substituent à la chair et au sang, cette pratique n'en constituerait pas moins aux yeux du philosophe néoplatonicien et végétarien une sorte de continuation sous une autre forme du sacrifice sanglant traditionnel. Quoi que l'on en pense, cette violente critique du philosophe nous permet de mesurer toute l'ambivalence du christianisme à l'égard de la tradition du sacrifice sanglant antique, qu'il a certes abolie mais à laquelle il a rendu une sorte d'hommage paradoxal en l'intégrant sous une forme sublimée dans sa propre liturgie.

Cette ambivalence se retrouve aussi dans l'attitude chrétienne face à la consommation de viande, laquelle est autorisée, mais comme une concession faite au monde, puisqu'il faut bien vivre et manger « ici-bas », et par conséquent limitée et encadrée par toute une série de règles qui s'imposeront peu à peu au cours de l'Antiquité tardive, mais finiront par être appliquées de façon contraignante seulement durant le Moyen Âge. Cette attitude trouve son origine dans la Bible, où il apparaît que le paradis originel, le jardin d'Éden, est purement végétarien, voire végétalien ou végane, tandis que la consommation de viande n'apparaîtra possible et autorisée qu'après la « chute » d'Adam et Ève. Dans la Genèse, il est d'abord écrit en effet : « Je vous donne toutes les herbes portant semence, qui sont sur toute la surface de la terre, et tous les arbres qui ont des fruits portant semence : ce sera votre nourriture[2]. »

---

1. Un texte dont l'authenticité est incertaine, déjà évoqué *supra*, p. 110.
2. Genèse, I, 29, *Bible de Jérusalem*, *op. cit.*, p. 34.

Non seulement Dieu offre une nourriture végétale aux premiers humains, mais celle-ci pousse aussi d'elle-même, sans qu'il soit besoin de cultiver ou de travailler la terre pour qu'elle donne des récoltes – et sans qu'il soit besoin, par conséquent, d'utiliser des animaux, comme le bœuf laboureur, à cette fin. C'est bien plus tard, non seulement après la chute hors de l'Éden, mais aussi après le meurtre d'Abel l'éleveur par son frère Caïn l'agriculteur, au moment de la première punition divine qui correspond au Déluge, que Dieu adresse à Noé et à ses fils de nouvelles prescriptions alimentaires qui incluent cette fois la viande, mais sous la réserve expresse de ne pas consommer le sang des bêtes: « Soyez la crainte et l'effroi de tous les animaux de la terre et de tous les oiseaux du ciel, comme de tout ce dont la terre fourmille et de tous les poissons de la mer: ils sont livrés entre vos mains. Tout ce qui se meut et possède la vie vous servira de nourriture, je vous donne tout cela au même titre que la verdure des plantes. Seulement vous ne mangerez pas la chair avec son âme, c'est-à-dire le sang[1]. »

La consommation de viande est par conséquent seulement tolérée par le Dieu chrétien (et il en va de même pour le Dieu des juifs sur ce point), mais sous réserves et comme une concession faite au monde terrestre, après le péché originel et le déluge, donc en tenant compte du fait que l'homme est désormais un pécheur et que toute la Création divine est ainsi entachée de la faute des humains. Au fond, cette consommation représente sur le plan symbolique la faiblesse de la « chair », c'est-à-dire la faiblesse de l'être humain qui reste attaché à son corps. La chair désigne en effet au sens propre la viande dont se composent le corps humain et le corps des animaux, mais elle représente aussi au sens figuré la faiblesse de l'âme toujours exposée à la tentation du péché, que ce

1. *Ibid.*, IX, 1, p. 41.

soit la gourmandise ou la luxure, deux péchés capitaux aux yeux de l'Église et souvent confondus dans une même condamnation.

Élisabeth de Fontenay reproche au christianisme d'avoir désacralisé le sacrifice animal antique, et par conséquent aussi la consommation de viande, ce qui aurait ouvert la voie aux grandes tendances historiques qui se sont affirmées d'abord dans l'Occident chrétien médiéval puis dans le monde occidental sécularisé (ou post-chrétien) moderne et contemporain – et même plus largement dans le monde entier, lequel a été largement occidentalisé au cours des derniers siècles. « On peut déplorer, écrit-elle [...], l'expansion hégémonique du processus techniciste planétaire, favorisé par le triomphe du christianisme et de son Occident pour qui la dignité ontologique est rigoureusement réservée aux hommes[1]. »

Ces deux grandes tendances historiques sont, premièrement, la tendance anthropocentriste à considérer l'animal comme un simple objet, une chose à disposition de l'être humain auquel serait réservé l'amour divin, et par conséquent aussi l'usage de la Création et de toutes les créatures qui s'y trouvent ; deuxièmement, la tendance à une augmentation régulière de la production et de la consommation de viande dans les sociétés humaines marquées par l'influence chrétienne, c'est-à-dire au cours de l'histoire occidentale, du Moyen Âge à aujourd'hui, et ce en dépit de certaines périodes de régression. Élisabeth de Fontenay semble témoigner quant à elle d'une forme de nostalgie des sacrifices antiques et du polythéisme, qu'elle affirme préférer au judaïsme et à l'islam, même si ces deux religions ont su conserver un lien « sacré » avec les animaux, par l'entremise d'un rite religieux commun inspiré du sacrifice antique que ces religions ont repris en le transformant, contrairement au christianisme qui l'a aboli. « Ce serait sans doute une contemplation mélancolique du poly-

1. É. de Fontenay, *Le Silence des bêtes*, *op. cit.*, p. 278.

théisme qui, en l'occurrence, constituerait le ressort d'une telle méditation, et non le désir de faire retour au judaïsme ou de se convertir à l'islam. Car, si l'islam et le judaïsme savent encore, à l'encontre du christianisme, tisser d'une manière ou d'une autre, dans l'ordre symbolique, les bêtes avec les hommes, ils les laissent pour cette raison même souffrir d'agonies lentes, alors que, "sous l'œil de l'Occident" qui a conquis la Terre, le sens des choses et du monde a changé[1]. »

Or l'analyse tout en nuances de la philosophe suggère aussi que le christianisme a pu contribuer, de son côté, à un certain adoucissement des mœurs sociales des humains, lequel se traduira aux temps modernes par le « processus de civilisation » mis en évidence par le sociologue Norbert Elias[2], et aussi plus particulièrement à une certaine promotion de la compassion envers la souffrance qui a pu s'étendre progressivement à tous les êtres vivants, jusqu'aux animaux compris. L'historien Keith Thomas a montré la filiation chrétienne de la « nouvelle sensibilité » envers les animaux qui s'est développée en Angleterre dès la fin du XVIIe siècle. « On a fait remonter la généalogie intellectuelle de "l'homme sensible", écrit l'historien, aux pasteurs latitudinariens de la Restauration qui, en réaction contre Hobbes, enseignent que les instincts innés de l'homme sont bons et qu'il n'est pas naturel de prendre plaisir à être cruel[3]. » Mais on pourrait aussi bien évoquer le végétarisme chrétien d'un écrivain comme Léon Tolstoï, auteur notamment d'un essai critique contre la consommation de la chair animale intitulée *Les Mangeurs de viande*[4].

Les tendances sociales du christianisme s'efforcent de plus en plus aujourd'hui de développer et étendre la sollicitude envers les

1. *Ibid.*, p. 279.

2. Nous y reviendrons dans la deuxième partie de cet ouvrage.

3. K. Thomas, *Dans le jardin de la nature*, *op. cit.*, p. 229.

4. Texte de 1891 repris dans *Plaisirs cruels*, traduit par E. Halpérine-Kaminsky, Paris, G. Charpentier et E. Fasquelle, 1895.

« déshérités » à toutes les créatures divines, donc y compris aux animaux, au nom du principe de *« creation care »* : la sollicitude pour la Création. Cette tendance ne fait que s'inscrire, certes en l'approfondissant, dans une longue tradition historique de l'évangélisme social particulièrement active dans les pays anglo-saxons, et notamment aux États-Unis. « Comme ses ancêtres, la *religious left* actuelle, écrit l'historien spécialiste des États-Unis Lauric Henneton, est plus facilement définissable par les causes qu'elle défend : la paix et les droits de l'homme, la lutte contre les discriminations, la justice sociale et fiscale, ainsi que, plus récemment, la protection de l'environnement au nom du *"creation care"*[1]. »

Le théologien anglican contemporain Andrew Linzey, titulaire à Oxford de la première chaire de « théologie et bien-être animal », défend quant à lui l'idée d'une « théologie des droits des animaux », affirmant : « Les humains doivent être l'espèce servante – l'espèce à laquelle ont été donné le pouvoir, la possibilité et le privilège de se donner, voire de se sacrifier, pour les créatures souffrantes les plus faibles. [...] Reconnaître les droits des animaux, c'est reconnaître la valeur intrinsèque de la vie donnée par Dieu[2]. » Si le théologien anglican déplore le fait que la scolastique catholique médiévale ait, de façon réitérée, rejeté l'idée d'un droit des animaux, c'est précisément pour souligner que les chrétiens ont, plus que d'autres, le devoir de revenir sur leur propre passé et de reconnaître leur erreur et leur faute.

De son côté, l'Église catholique n'est pas en reste : elle défend aujourd'hui, par la voix du pape François et de son encyclique *Laudato si'* parue en 2015, une « écologie intégrale » incluant donc

1. Lauric Henneton, *Histoire religieuse des États-Unis*, Paris, Flammarion, 2012, p. 335.

2. Andrew Linzey, *Animal Gospel* (1998), chap. 4, traduit par E. Reus, in *Cahiers antispécistes*, 2007 – extrait cité dans Jean-Baptiste Jeangène Vilmer, *Anthologie d'éthique animale, apologie des bêtes*, Paris, PUF, 2011, p. 335-336.

la Création et toutes les créatures dans la sollicitude chrétienne. Même si certains animalistes reprochent au pape actuel de ne pas aller jusqu'au bout de son argumentaire[1], cette nouvelle évolution de l'Église vise à répondre à l'accusation d'anthropocentrisme dont elle fait l'objet. Ce grief contre l'Église revient à dire qu'elle aurait légitimé une tyrannie sur la nature dont le développement de la civilisation industrielle occidentale moderne et contemporaine ne serait que l'ultime avatar.

Un verset de la Genèse est particulièrement visé par les accusateurs de l'Église : « Soyez féconds, multipliez, emplissez la terre et soumettez-la ; dominez sur les poissons de la mer, les oiseaux du ciel et tous les animaux qui rampent sur la terre[2]. » Une telle accusation a été lancée pour la première fois par l'historien médiéviste américain Lynn Townsend White Junior, auteur notamment d'un ouvrage intitulé *Les Racines historiques de notre crise écologique*[3], dans lequel il pointe la responsabilité du judéo-christianisme. En réalité, la tradition chrétienne est loin d'être univoque et, du *Cantique des créatures* de saint François d'Assise[4] au *Bestiaire spi-*

---

1. C'est par exemple le cas de la philosophe-militante Corine Pelluchon, comme nous l'avons rappelé plus haut, en introduction de cet essai. Voir *supra*, p. 48.

2. Genèse, I, 28, *Bible de Jérusalem*, *op. cit.*, p. 34.

3. Traduit par J. Grinevald, Paris, PUF, 2019, où figure le texte d'une conférence prononcée à Washington le 26 décembre 1966.

4. Il s'agit d'un chant religieux composé au début du XIIIe siècle, en 1224, qui commence par «*Laudato si'*» («sois loué», une formule s'adressant au Seigneur de la Création), formule reprise dans le titre de l'encyclique du pape François de 2015 sur «la sauvegarde de la maison commune», c'est-à-dire l'«écologie intégrale» visant à la protection de la nature créée par Dieu. Saint François d'Assise (1181-1226), fondateur de l'ordre des frères mineurs en 1209, ordre des prêcheurs franciscains, mettant l'accent sur la pauvreté et l'humilité, est considéré comme l'un des plus grands saints de l'histoire de l'Église catholique, parce qu'il a accompli une mutation profonde du christianisme consistant à réintégrer la nature et le corps ainsi que les animaux et tous les êtres vivants dans l'aire de l'amour chrétien.

rituel de Paul Claudel[1], il existe une longue « tradition chrétienne soucieuse d'harmonie avec la Création », comme le rappellent Baptiste Jacomino et Géraldine Maugars[2].

Il n'en demeure pas moins vrai que, pour saint Augustin, l'un des Pères de la doctrine de l'Église, le cinquième commandement du Décalogue, qui énonce l'interdit du meurtre (« Tu ne tueras point »), ne concerne que les humains et nullement les animaux, et encore moins les plantes. « Si donc, écrit l'auteur de la *Cité de Dieu*, rejetant ces rêveries, nous n'appliquons le précepte ni aux plantes privées de sentiment ni aux animaux privés d'intelligence, à qui l'absence de la raison interdit toute société avec nous (d'où il suit qu'un juste conseil de la Providence a mis leur vie et leur mort à la disposition de nos besoins), nous n'avons plus qu'à entendre de l'homme seul cette parole : "Tu ne tueras point" ni un autre, ni toi-même[3]. »

Augustin se demande au passage pourquoi, si l'on devait s'abstenir de tuer des animaux pour s'en nourrir, on ne devrait pas s'abstenir également de tuer des végétaux dans le même but. Or, rejetant ces hypothèses comme absurdes, et surtout comme hérétiques car inspirées par Mani, le fondateur du manichéisme[4],

---

1. Ouvrage publié en 1949 dans lequel l'écrivain chrétien déplore le fait que la civilisation industrielle contemporaine ne traite plus les animaux avec respect : « Sont-ce encore des animaux, des créatures de Dieu, des frères et sœurs de l'homme, des significations de la Sagesse divine que l'on doit traiter avec respect ? Qu'a-t-on fait de ces pauvres serviteurs ? » (extrait cité par J.-B. Jeangène Vilmer, *Anthologie d'éthique animale*, *op. cit.*, p. 275).

2. Baptiste Jacomino et Géraldine Maugars, *Apprendre à philosopher avec la philosophie chrétienne*, Paris, Ellipses, 2017, p. 177.

3. Saint Augustin, *La Cité de Dieu*, Livre I, 20, traduit par L. Moreau, Paris, Le Seuil, « Points », 1994, tome 1, p. 61.

4. Le prophète Mani ou Manès (216-274) est connu pour être le fondateur d'une doctrine religieuse syncrétique appelée manichéisme qui s'inspire de plusieurs religions (du judaïsme, du christianisme, du bouddhisme et du brahmanisme), ainsi que du gnosticisme. Cette doctrine reposait principalement sur

Augustin pose clairement comme l'un des fondements de la doctrine chrétienne que seule la vie humaine, à la différence de celle des autres êtres vivants (plantes comme animaux), peut être considérée comme inviolable et sacrée, en raison du fait que l'être humain est le seul à posséder une âme et à être promis à l'éternité auprès de Dieu après la mort. Les règles alimentaires chrétiennes procèdent logiquement de ce point doctrinal, à savoir que la consommation de viande peut être acceptée, même si cette pratique n'en doit pas moins être réglementée afin que l'homme témoigne, par le respect de ces règles, de sa piété envers Dieu. Les règles alimentaires chrétiennes deviendront particulièrement contraignantes durant le Moyen Âge chrétien, quoique de façon inégale selon le rang social. Elles concerneront, d'une part, le clergé dit « régulier », les moines, qui feront dériver de la Bible et de l'exemple des Pères du désert les principes de leur strict régime de vie et d'alimentation. Et ces règles alimentaires concerneront d'autre part la société dite « séculière ».

Si le sacrifice animal est toujours pratiqué dans le judaïsme et l'islam, il ne l'est pas dans le même sens que le sacrifice rituel gréco-romain antique. Le sacrifice des juifs et des musulmans n'a pas le sens d'une offrande à des divinités avec lesquelles on pourrait entretenir des relations de « bon voisinage », voire de « marchandage[1] », mais il exprime une soumission et un hommage à la fois moral et spirituel au Dieu unique. Il ne s'agit pas d'un échange, mais d'une forme de piété marquée par l'obéissance

l'idée d'un combat éternel entre le Bien (le royaume de la Lumière) et le Mal (le royaume des Ténèbres), l'homme ayant le pouvoir de se libérer de ce dernier en pratiquant une ascèse tendant à séparer l'esprit du corps. Cette doctrine a été combattue comme hérétique par les chrétiens, et notamment par Augustin.

1. En Grèce comme à Rome, « on a avec la divinité la relation d'un acheteur avec un fournisseur plus ou moins fiable », écrit ainsi l'historien et spécialiste de l'Antiquité Paul Veyne (« Culte, piété et morale dans le paganisme gréco-romain », in *L'Empire gréco-romain*, Paris, Le Seuil, 2005, p. 426).

stricte à des prescriptions rituelles fixées par le Livre, respectivement : la Torah et le Coran.

Chez les juifs comme chez les chrétiens, en vertu d'une source doctrinale commune qui est la Bible, l'ordre alimentaire originel, celui de l'Éden primordial, est végétarien – et même comme on l'a dit, végane[1]. Dans les deux religions, le judaïsme et le christianisme, il apparaît donc que la nourriture carnée est la marque d'une humanité pécheresse. Le récit de la Genèse montre en outre combien l'ordre alimentaire est essentiel, puisqu'il relève directement du commandement divin qui autorise ou interdit certains aliments – à commencer par le fameux « fruit défendu ». Or la dimension alimentaire de la piété religieuse est beaucoup plus marquée dans le judaïsme, comme aussi dans l'islam, que dans le christianisme[2]. Le sacrifice juif (*« shehita »* ou *« schechita »* en hébreu) constitue ainsi une obligation rituelle qui provient directement des paroles de Dieu dans le Deutéronome : « Tu pourras à ton gré tuer des animaux et en manger la chair, dans toutes les villes, selon le bien-être que l'Éternel, ton Dieu, t'aura accordé. [...] Seulement vous n'en mangerez point le sang : tu le répandras sur la terre, comme de l'eau[3]. » Il n'est possible de consom-

1. L'être humain n'y exploite en aucune façon la nature, mais reçoit d'elle spontanément tout ce dont il a besoin, sans être contraint de travailler afin de produire sa propre nourriture.

2. Nous avons tenté d'expliquer plus haut les raisons pour lesquelles le christianisme attache moins d'importance aux prescriptions alimentaires que les païens ou bien que les juifs et les musulmans. Ainsi, le christianisme autorise indifféremment la consommation de la viande non issue du sacrifice comme celle de la viande issue de sacrifices conformes aux rites des différentes religions qui le pratiquent. En dehors des règles d'abstinence de nourriture (le jeûne) et plus spécifiquement de viande (le Carême), lesquelles ont été inégalement appliquées par les différentes catégories sociales et souvent contournées durant le Moyen Âge, même dans les ordres monastiques censés être les plus rigoureux sur ce point, l'Église n'impose pas de contraintes alimentaires précises.

3. Deutéronome, XII, 15, édition Sinaï, 1994, p. 361.

mer la chair d'un animal que s'il a été sacrifié selon le rite. Le rituel prévoit notamment de laisser écouler le sang de l'animal par l'égorgement, ce liquide corporel ne devant en aucun cas être consommé, non parce qu'il serait impur, mais au contraire parce qu'il est considéré comme porteur de la vie, laquelle appartient à Dieu. Les juifs comme les musulmans considèrent que leur rituel sacrificiel doit permettre de réduire la souffrance de l'animal – ce qui peut sembler paradoxal, vu que l'animal se vide de son sang et agonise sans avoir été étourdi ou assommé au préalable. C'est précisément parce que ce rituel est considéré comme particulièrement cruel pour les animaux qu'il est interdit dans plusieurs pays européens comme le Danemark, la Suède, la Finlande, l'Estonie et la Slovénie[1].

Le philosophe Olivier Assouly considère que ces prescriptions rituelles, comme les prescriptions alimentaires juives en général, ne reposent pas toujours sur une « justification rationnelle[2] ». Pourtant, un autre philosophe et théologien, spécialiste des monothéismes, Jean Soler propose une explication de ces prescriptions qui peut sembler assez convaincante. Par exemple, le célèbre interdit de la viande de porc, commun aux juifs et aux musulmans, ne s'expliquerait pas parce que la viande de cet animal serait susceptible de transmettre certaines maladies, mais parce que cet animal présente un défaut classificatoire : « Le porc qui a bien le pied corné, qui a bien le sabot bifurqué, mais qui ne rumine point : il sera immonde pour vous[3] », est-il ainsi écrit dans la Torah. Si le cochon possède des sabots fendus, il ne possède pas, contrairement aux herbivores à sabots fendus, plusieurs estomacs qui permettent à ces derniers de ruminer : c'est un omnivore

1. Rappelons que l'Allemagne nazie a interdit cette pratique en 1933.

2. Olivier Assouly, *Les Nourritures divines, essai sur les interdits alimentaires*, Arles, Actes Sud, « Babel », 2002, p. 44.

3. Lévitique, XI, 7, édition Sinaï, 1994, p. 207.

monogastrique. Par conséquent, le cochon présente des caractéristiques anatomiques qui ne permettent pas de le classer dans une catégorie spécifique, contrairement à d'autres animaux comme le bœuf, le mouton ou la chèvre par exemple.

Autrement dit, Jean Soler affirme que le judaïsme impose une condition rationnellement justifiable pour que les animaux soient considérés comme mangeables : ils doivent tous présenter les caractères précis d'appartenance à une espèce bien définie, lesquelles doivent en outre être conformes au milieu de vie qui a été assigné lors de la Création divine à chaque espèce animale, aux unes l'air, aux autres l'eau et enfin aux dernières la terre. C'est pourquoi les animaux suivants sont considérés comme non consommables dans le judaïsme : un oiseau qui ne vole pas comme l'autruche, de même que les oiseaux aquatiques comme les mouettes ou les cormorans, ou bien un animal terrestre dépourvu de pattes comme le serpent, de même que ceux qui rampent sur le sol comme le lézard, ou encore des animaux marins possédant des pattes comme les crustacés, les insectes ailés qui marchent à quatre pattes, etc. « Pour être consommable par l'homme, écrit Soler, un animal doit respecter la place qui lui a été fixée dans le plan de la Création, et l'homme, pour s'alimenter, ne doit rien faire qui puisse perturber cet ordre[1]. »

L'islam, quant à lui, comporte de nombreux interdits alimentaires communs avec le judaïsme. S'il exclut lui aussi la viande de porc du domaine du mangeable, il ne donne pas de justification particulière à cette restriction alimentaire, contrairement au judaïsme. En revanche, de nombreuses espèces interdites à la consommation dans la Torah sont autorisées par le Coran, comme le cheval et l'âne sauvages, le lapin, ainsi que tous les oiseaux sans distinction. Dans l'islam, la viande, pour être consommable, doit

1. Jean Soler, « Les raisons de la Bible : règles alimentaires hébraïques », in *Histoire de l'alimentation*, *op. cit.*, p. 79.

être issue d'un animal sacrifié selon les prescriptions rituelles. Le Coran stipule ainsi que « les animaux morts, le sang, la chair du porc, tout ce qui a été tué sous l'invocation d'un autre nom que celui de Dieu, les animaux suffoqués, assommés, tués par quelque chute ou d'un coup de corne ; ceux qui ont été entamés par une bête féroce, à moins que vous ne les ayez purifiés par une saignée ; ce qui a été immolé aux autels des idoles ; tout cela vous est défendu[1] ». La procédure musulmane d'abattage impose un certain nombre de conditions impératives : que le sacrificateur soit musulman, que ce dernier soit en pleine possession de ses facultés, que la mise à mort soit volontaire, que le nom de Dieu (Allah en arabe) soit invoqué au moment de tuer la bête, que la gorge de celle-ci soit tranchée de manière à provoquer une mort rapide et à faire s'écouler le sang rapidement, enfin que la bête soit ensuite couchée sur le côté gauche et tournée vers La Mecque. Ajoutons, pour finir, que le sacrifice musulman n'a rien d'une offrande et qu'il s'oppose en cela au sacrifice des païens, mais qu'il représente un acte de piété envers Dieu : « Dieu ne reçoit ni la chair ni le sang des victimes ; mais votre piété monte vers lui ; il vous les a soumises, afin que vous le glorifiiez de ce qu'il vous a dirigés sur le droit chemin[2]. »

En ce qui concerne l'hindouisme, qui est considéré comme la dernière étape d'une tradition religieuse qui commence par le védisme (entre -1 500 et - 600 ans), continue par le brahmanisme (-600 et +500) et rencontre le bouddhisme et le jaïnisme, les règles alimentaires, surtout celles touchant la consommation de viande, ont connu des évolutions. Si aujourd'hui il y a dans l'hindouisme un interdit alimentaire qui porte sur la viande de vache, au nom du caractère sacré de cet animal, dans le védisme,

1. Coran, V, 4, traduit par Kazimirski, Paris, Flammarion, « GF », 1970, p. 105.

2. Coran, XXII, 38, *ibid.*, p. 262.

la vénération de la vache n'excluait nullement le sacrifice de cet animal. « Les Indiens védiques, écrit Louis Dumont, faisaient grande place à l'élevage, et on peut supposer que comme maints autres pasteurs ils ne tuaient pas le bétail sans de bonnes raisons, des raisons sacrificielles, et que seule était consommée la viande des bêtes sacrifiées[1]. » Le brahmane – prêtre officiant du culte védique – était chargé, entre autres, du sacrifice de l'animal. Par la suite, dans le brahmanisme, se mettent en place progressivement les premiers interdits alimentaires hindous. Un ouvrage connu sous le nom de *Lois de Manu*, daté de deux cents ans avant notre ère, fixe les obligations de la caste sacerdotale des brahmanes, la consommation de viande y étant notamment l'objet de prescriptions contradictoires. Ce texte normatif est en effet traversé par une tension entre l'éloge du sacrifice animal et de la consommation carnée qui en est issue, d'une part, et l'éloge du végétarisme, d'autre part. Il y est précisé notamment que « tuer dans le sacrifice n'est pas tuer » : paradoxalement, c'est l'exigence de ne pas faire de mal aux créatures vivantes en dehors du rite sacré qui conduira progressivement à proscrire le sacrifice lui-même et donc à exclure la viande du régime alimentaire de la plus haute caste, la caste sacerdotale des brahmanes[2].

Tout se passe, dans ce cas, comme si, par une sorte de renversement symbolique, la vache, un animal d'abord voué au sacrifice parce que sacré, avait été ensuite exclue du sacrifice précisément en raison de ce même caractère sacré. Un animal domestique auquel a toujours été reconnue par les hindous la plus haute valeur, notamment économique, a pu ainsi faire l'objet successivement au cours de l'histoire de règles religieuses contradictoires,

---

1. Louis Dumont, *Homo hierarchicus. Le système des castes et ses implications*, Paris, Gallimard, « TEL », 1966, p. 188.

2. *Cf.* Louis Dumont, « Sur l'histoire du végétarisme hindou », in *ibid.*, p. 187 *sq.*

lesquelles permettaient d'abord de le tuer et de le consommer avant qu'elles ne finissent pas rendre sa préservation obligatoire. Or, en réalité, le sacrifice sanglant traditionnel faisait déjà en quelque sorte les deux à la fois : il détruisait et préservait en même temps l'animal sacrifié selon les règles du rituel. En effet, le sacrifice est une forme de destruction paradoxale qui détruit sans détruire ou qui tue sans tuer, puisqu'au fond il détruit ou tue l'animal réel afin de mieux préserver l'animal symbolique. Le sacrificateur n'inflige la mort ritualisée qu'afin de magnifier et rehausser la puissance de la vie : on ne tue la vache (ou le bœuf) que dans le but de protéger la vitalité et la productivité du troupeau. On retrouve donc dans l'hindouisme toute l'ambivalence du sacré que nous avions évoquée dans notre chapitre précédent, à propos du sacrifice rituel grec, et en particulier du sacrifice du bœuf. De même que la mise à mort rituelle du « bœuf laboureur » a pu faire l'objet de nombreuses critiques en Grèce ancienne, comme on l'a vu, en raison de l'utilité de cet animal pour l'agriculture, de même la vache est considérée comme sacrée par les hindous en raison de son utilité, du fait notamment qu'elle donne du lait : ainsi, elle y est élevée au rang d'un symbole cosmique, celui de la « Terre-Mère nourricière ».

Dans l'hindouisme actuel, si le végétarisme constitue le régime alimentaire le plus élevé moralement et spirituellement, ou le plus « pur », et s'il influence l'ensemble de la société indienne[1], il ne concerne toutefois que la caste supérieure et religieuse des brahmanes, mais pas la noble caste des guerriers ou *« kshatriyas »*, ni les autres castes inférieures. De plus, même chez les brahmanes, les interdits concernant la nourriture, y compris la viande, peuvent être assez variables en fonction des régions et du contexte historique et social. Autrement dit, les interdits alimentaires hindous

1. L'Inde actuelle compterait environ 30 % de végétariens dans sa population, lesquels représenteraient 70 % des végétariens du monde entier.

concernent moins la nourriture en elle-même que la classification des groupes humains en castes et les rapports symboliques que celles-ci entretiennent entre elles. « La hiérarchie générale des nourritures, écrit Louis Dumont, qui donne au régime alimentaire de chaque caste sa valeur hiérarchique [...] est intéressante surtout dans ses clivages principaux, qui renvoient à l'histoire [...]. Mais cette classification des nourritures renvoie dans l'essentiel à la classification des hommes et des rapports entre les groupes humains, ce n'est pas une donnée première résultant d'une classification universelle du pur et de l'impur. [...] De plus les différences régionales prolifèrent : on rencontre des brahmanes ne mangeant pas de viande mais du poisson (Bengale) et même mangeant à l'occasion de la viande et s'abstenant tout à fait d'œufs (Uttar Pradesh oriental)[1]. » En résumé, l'interdiction de la viande ou le végétarisme n'ont rien d'absolu dans l'hindouisme, même en ce qui concerne la caste supérieure des brahmanes.

En réalité, ce sont des ascètes extérieurs à la caste brahmanique ou des « renonçants », c'est-à-dire des hommes retirés du monde pour vivre une vie spirituelle plus intense et plus exigeante, qui ont contribué à imposer progressivement un végétarisme plus ou moins obligatoire (avec des variantes locales et temporelles) aux brahmanes, et ce au nom du principe de « non-violence » ou plutôt de « non-nuisance » *(« ahimsa »)*, lequel est commun à l'ensemble des religions de l'Inde : non seulement l'hindouisme, mais aussi le jaïnisme, le bouddhisme ou encore le sikhisme. « L'*ahimsa*, écrit L. Dumont, était à l'origine confinée au renonçant et s'est généralisée sous l'influence du jaïnisme et du bouddhisme[2]. » Les fondateurs respectifs du jaïnisme et du bouddhisme ont en effet rejeté le système des castes hindoues et la domination

1. L. Dumont, *Homo hierarchicus*, *op. cit.*, p. 180-181.
2. *Ibid.*, p. 192.

des brahmanes, en dénonçant également au passage les sacrifices rituels d'animaux.

Il convient toutefois ici de noter que le bouddhisme, s'il condamne les sacrifices, n'impose pas un végétarisme strict : il est permis en effet aux fidèles et même aux moines de manger de la viande, à condition que la bête n'ait pas été tuée à leur intention[1]. Afin de prouver qu'il n'est pas attaché à la nourriture, le moine doit accepter en effet toute nourriture qui lui est offerte. L'interdit bouddhiste n'est nullement de manger de la viande, mais seulement de tuer un être vivant. En revanche, le strict végétarisme est de rigueur dans le jaïnisme. Les fidèles de cette religion doivent s'abstenir non seulement de consommer de la viande, mais aussi de certains végétaux considérés comme impurs, à savoir ceux qui poussent dans la terre comme les bulbes, les tubercules ou les racines. Le jaïnisme interdit également de se nourrir de fruits à graines, comme les tomates, car les graines sont considérées comme porteuses de vie. Le principe est ici d'exclure de l'alimentation tout ce qui est vivant.

Or cette règle alimentaire repose sur une croyance fondamentale commune à toutes les religions de l'Inde, selon laquelle tous les êtres vivants seraient entraînés dans un mouvement général de transmigration des âmes ou un cycle de réincarnations successives appelé *« samsara »*, de sorte que la consommation de tout être vivant par l'être humain équivaudrait à une forme de cannibalisme. Toutes les religions indiennes poursuivent un même but qui est de s'affranchir du cycle des réincarnations et elles

1. « Dans le *Vinaya*, un corpus ayant trait aux pratiques de la communauté monastique, la viande est déclarée permise si l'animal n'a pas été tué spécifiquement pour le moine » (Jean-Noël Robert, « Du porc dans le "buddha-bowl" ? », *L'Histoire*, dossier : « Manger de la viande », *op. cit.*, p. 45). *Cf.* aussi L. Dumont : « Le Bouddha refuse d'avaliser l'interdiction de manger de la viande et du poisson : il suffit que la bête n'ait pas été tuée pour le moine ou qu'il le croie de bonne foi » (*Homo hierarchicus*, *op. cit.*, p. 190).

promeuvent à cette fin la recherche de la « pureté », ce qui passe par des règles de vie et d'alimentation qui peuvent varier d'une de ces religions à une autre. D'où il ressort que la délimitation du domaine du mangeable obéit, dans la civilisation indienne, à des règles extrêmement complexes, variables et incertaines qui peuvent et doivent faire l'objet de négociations et d'aménagements en fonction du contexte historique et géographique. La seule constante ici est l'existence de règles alimentaires qui définissent ce qui est autorisé ou interdit à la consommation humaine en fonction d'un certain idéal éthique et spirituel de « pureté ». Dans un tel cadre, l'alimentation carnée ne fait pas l'objet, sauf dans le jaïnisme, d'un interdit absolu, et, si le végétarisme traduit généralement une recherche de pureté morale et spirituelle, il n'est aucunement le seul moyen d'atteindre celle-ci. La pureté de l'esprit et des intentions compte beaucoup plus ici en réalité que la qualité intrinsèque des aliments que l'on ingurgite.

De l'ensemble des analyses qui précèdent au sujet des règles religieuses alimentaires – lesquelles analyses ne prétendent nullement à l'exhaustivité, cela va de soi – il ressort que la plupart des grandes religions du monde ont en commun d'avoir connu un tournant éthique et spirituel qui les a conduites soit à renoncer purement et simplement au sacrifice animal, et subséquemment aussi parfois à la consommation de viande en imposant un végétarisme plus ou moins strict, soit à transformer la signification du sacrifice rituel antique en lui donnant non plus le sens d'une offrande, mais celui d'un témoignage de piété. Ce tournant des religions vers une forme d'« éthicisation » ou d'« intériorisation », qui a eu lieu dans plusieurs régions du monde (en Perse, en Chine, en Inde, au Proche-Orient et en Grèce notamment), plus ou moins au même moment (soit entre 800 et 200 ans avant notre ère), a été désigné par le philosophe Karl Jaspers par le nom de « période axiale » *(« Achsenzeit »)*[1]. Ce tournant axial est perceptible par exemple dans la philosophie grecque des Vᵉ et IVᵉ siècles avant notre ère. Ainsi, dans le dialogue *Euthyphron* consacré à la question de la piété, Platon ironisait-il, par la voix de Socrate s'adressant au prêtre éponyme, sur la pratique grecque traditionnelle du sacrifice animal, en se demandant dans quelle mesure les dieux pourraient avoir le besoin ou le désir de recevoir ce que les humains peuvent avoir à leur offrir : « Explique-moi quelle espèce de profit les dieux peuvent bien tirer des dons qu'ils reçoivent de nous[2]. »

Il se peut que la « période axiale » soit beaucoup moins concentrée en réalité que ne le pensait le philosophe K. Jaspers – et en ce qui concerne l'islam, notamment, elle est apparue bien plus tard. Il reste néanmoins que cette notion et le processus qu'elle décrit permettent d'éclairer le sens que peut avoir, encore aujourd'hui, le fait pour de nombreuses sociétés humaines de continuer à consommer de la viande, même après que les sacrifices antiques ont cessé d'être considérés comme des pratiques ayant une effectivité réelle – ce qui revient à en dénoncer le caractère de « superstition » ou de « croyance magique ». Dans la plupart des civilisations humaines contemporaines, tuer et manger rituellement des animaux ne peut plus être l'expression de la croyance archaïque en la possibilité d'obtenir la faveur des dieux par une offrande sacrificielle faite à leur intention. Car la consommation de viande est désormais « éthicisée » par toutes les grandes religions du monde, même par celles qui continuent de pratiquer le sacrifice rituel. Et ainsi, manger de la viande peut être considéré comme conforme à la morale et au droit. Par conséquent, le choix entre la nourriture carnée et le végétarisme n'est pas réellement un choix décisif en

1. Karl Jaspers, *Origine et sens de l'histoire* (1949), traduit par H. Naef, avec la collaboration de W. Achterberg, Paris, Plon, 1954.

2. Platon, *Euthyphron*, 15a, in *Œuvres complètes*, *op. cit.*, p. 412.

matière de piété ni en matière de justice. On peut être un homme juste et pieux et manger de la viande, à condition que l'on s'efforce de penser et d'agir en humain responsable non seulement de l'humanité, mais aussi de l'ordre du monde. Ainsi est-il possible par exemple dans le bouddhisme de manger de la viande tout en étant « pieux », c'est-à-dire en respectant la justice cosmique.

Nous conclurons avec Louis-Marie Chauvet, qui résume parfaitement notre propos : « C'est contre les représentations trop matérielles et trop intéressées que la religion "populaire" se faisait des sacrifices que les philosophes grecs ont réagi dans le sens de leur spiritualisation. C'est contre la prégnance des sacrifices rituels dans l'hindouisme et l'illusion de pouvoir, à travers eux, se libérer du "*samsara*", que le bouddhisme les a positivement rejetés. C'est contre la prétention juive à être justifié par les offrandes sanglantes que le christianisme, selon saint Paul, a fait ses adieux à ces dernières. C'est contre les sacrifices "idolâtriques" des cultes préislamiques que le prophète Muhammad a entrepris sa révolution religieuse et a valorisé le sacrifice d'Abraham comme celui de la "soumission" au Dieu unique, faisant de la chair et du sang des animaux offerts l'expression de la "crainte révérentielle" des fidèles qui seule peut atteindre Dieu. On a ainsi le sentiment qu'un ample mouvement culturel et religieux s'est peu à peu imposé, dans diverses aires géographiques, au bénéfice d'une "éthicisation" du rite[1]. »

1. Louis-Marie Chauvet, « Le sacrifice comme échange symbolique », in Marcel Neusch (dir.), *Le Sacrifice dans les religions*, Paris, Beauchesne-éditeur, 1994, p. 299-300.

5.

Le Moyen Âge européen : la « tripartition » de la société et l'obsession de la viande

Un nouveau modèle alimentaire s'est progressivement mis en place en Europe occidentale à la fin de l'Antiquité, lequel tendait à remettre en cause l'hégémonie du système de production et de consommation gréco-romain. Certes, l'Église chrétienne avait en quelque sorte repris les codes alimentaires traditionnels des Grecs et des Romains, en consacrant notamment le pain et le vin, sans oublier l'huile d'olive. Ces trois produits agricoles, formant la « triade » alimentaire méditerranéenne, se répandirent et devinrent à la mode dans toute l'Europe médiévale, même si les peuples du Nord restèrent plus attachés à leurs traditions. Car les peuples des régions septentrionales de l'Europe, ceux que les Romains appelaient les « Barbares », en particulier les Celtes (ou Gaulois) et les Germains, avaient des habitudes alimentaires très différentes des populations du sud méditerranéen. Ils avaient coutume, en particulier, de consommer de grosses quantités de viande, notamment de la viande de porc ou de sanglier.

« Les Celtes et les Germains, écrit Massimo Montanari, étaient orgueilleusement liés à leurs propres valeurs. Mais nous chercherions en vain parmi ces peuples une "plante de civilisation" (pour utiliser l'expression désormais célèbre de Braudel) [...]. Au mieux trouverions-nous un "animal de civilisation" : le porc, réalité omniprésente du monde celtique, la seule peut-être à même d'en exprimer et d'en résumer les valeurs productives et culturelles. [...] La mythologie germanique imaginait de la même manière un Paradis post-terrestre où les héros tombés au combat se nourrissaient des viandes inépuisables de Sæhrmnir, le Grand Porc, compris presque comme l'origine de la vie, l'essence même de la nourriture et de la nutrition[1]. »

Cette particularité alimentaire des peuples du nord de l'Europe avait été remarquée par les Romains. Or elle expliquait, aux yeux de ces derniers, l'infériorité des « Barbares » quasi exclusivement carnivores et ne pratiquant pas l'agriculture : elle permet de comprendre ainsi, à défaut de le justifier, le mépris de Jules César pour les peuples germaniques et gaulois. Cependant, l'historien italien M. Montanari, spécialiste de l'alimentation, a montré qu'une sorte de « symbiose » socioculturelle s'est peu à peu instaurée aux IIIe et IVe siècles de notre ère entre ces deux mondes, le monde romain et le monde « barbare ». Ce syncrétisme a ainsi donné naissance à un nouveau système de production et de consommation alimentaires européen, associant l'agriculture, traditionnellement chère aux Romains et faisant la fierté de leur civilisation, d'une part, et l'économie « sylvo-pastorale », caractéristique du mode de vie des peuples celtes et germaniques, d'autre part. « Ainsi assiste-t-on, écrit l'historien, à l'émergence d'un système de production et de consommation

1. M. Montanari, *La Faim et l'abondance*, *op. cit.*, p. 22-23. La célèbre bande dessinée *Astérix* a largement fait connaître au grand public français et international le goût des Gaulois pour la viande du cochon, qu'il soit domestique ou sauvage (en vérité, à cette époque, le cochon domestique avait un aspect peu différencié de celui du sanglier, comme le note encore l'historien Montanari).

original, fondé sur la complicité et sur le soutien réciproque de l'économie agraire et de l'économie sylvo-pastorale[1]. »

Le modèle de production et de consommation « agro-sylvo-pastoral » caractériserait, selon l'historien, l'ensemble de la période du haut Moyen Âge européen, du ve au xe siècle de notre ère, et il présenterait un bilan plutôt positif touchant le standard de vie des populations européennes de cette époque, toutes catégories sociales confondues. Cela s'explique parce que ce modèle a pu assurer à l'ensemble des catégories sociales des apports alimentaires à la fois stables, variés et équilibrés, comportant bien entendu des quantités importantes de viande, et cela y compris dans les couches populaires et paysannes. L'intégration de la *forêt* dans le système de production alimentaire européen, que ce soit par l'élevage de porcs à demi sauvages, vagabondant plus ou moins librement et se nourrissant des glands de chêne, ou bien par la chasse[2], constitue l'héritage socioculturel spécifique des peuples de l'Europe septentrionale. Celui-ci a donc utilement complété l'héritage du peuple romain et des peuples romanisés du sud de l'Europe, basé principalement sur l'apport alimentaire agricole, notamment céréalier. « Il semble, en effet, que durant le haut Moyen Âge les paysans européens aient eu une nourriture plus équilibrée qu'à d'autres époques, passées ou futures, où les céréales constituent la base de l'alimentation[3]. » Cette alimentation équilibrée comprenant à la fois de la viande, des céréales, des légumes et des légumineuses, sans oublier les poissons, les laitages

1. *Id.*, « Structures de production et systèmes alimentaires », *Histoire de l'alimentation, op. cit.*, p. 282.

2. Laquelle sera longtemps libre et ouverte à toutes les catégories sociales, avant de devenir un privilège de la noblesse à partir du xe siècle. Les produits de la chasse constituaient, en revanche, un apport alimentaire assez marginal dans l'Antiquité gréco-romaine.

3. M. Montanari, « Structures de production et systèmes alimentaires », art. cit., p. 284.

et les fromages, ainsi que le vin ou la cervoise[1] a pu contribuer à un relatif bien-être des populations européennes au cours d'une période qui ne fut pas aussi difficile, du moins sur le plan alimentaire, que de sombres légendes pourraient le laisser croire.

À l'encontre des préjugés ordinaires contre le Moyen Âge, il ressort de ces analyses historiques[2] que l'on a mieux mangé en Europe entre le ve et le xe siècle que ce ne sera le cas aux siècles suivants, non seulement durant le Moyen Âge central et le bas Moyen Âge, mais aussi et surtout durant l'Époque moderne – excepté une courte période de « vie individuelle heureuse » comprise entre le XIVe et le XVIe siècle, entre 1350 et 1550[3]. Cette assez longue période de bien-être alimentaire correspond à un moment de l'histoire européenne durant lequel il a été possible à une grande partie de la population d'accéder à une nourriture équilibrée, comprenant notamment d'abondantes protéines d'origine animale. La stabilité du régime alimentaire de cette époque, qui reposait ainsi sur la « complémentarité entre les ressources animales et végétales », serait également attestée par la rareté des phénomènes de disette durant toute la période considérée[4]. À l'inverse, les graves crises alimentaires qu'a connues l'Europe à partir de la fin du Moyen Âge, et qui dureront jusqu'à la fin de l'Époque moderne, s'expliqueraient historiquement par

---

1. Les peuples barbares européens cultivaient des céréales, principalement afin de produire cette boisson dont est issue notre bière moderne.

2. Ces analyses étant confirmées par « l'étude des restes humains découverts dans les sites du haut Moyen Âge », comme le précise l'historien Montanari (M. Montanari, « Structures de production et systèmes alimentaires », art. cit., p. 291).

3. Fernand Braudel, *Civilisation matérielle, économie et capitalisme*, Paris, Armand Colin, 1979 ; rééd. 2022, tome 1 : *Les Structures du quotidien*, p. 142. Nous y reviendrons plus loin.

4. M. Montanari, « Structures de production et systèmes alimentaires », art. cit., p. 292.

le « monophagisme[1] ». Entendons par là : en raison de la prépondérance d'une alimentation végétale fondée sur la culture exclusive d'une seule plante céréalière, comme le blé.

La période historique dite du « Moyen Âge » est loin de recouvrir une réalité homogène et immuable. Ainsi, cette période relativement heureuse sur le plan alimentaire que fut le haut Moyen Âge a évolué progressivement vers la constitution d'un nouveau modèle de production faisant la part de plus en plus belle à l'agriculture, au détriment de l'économie « sylvo-pastorale ». Autrement dit, le *système féodal* s'est mis en place en donnant naissance à une nouvelle organisation socio-économique dans laquelle, « entre 1080 et 1280 environ, un petit groupe de propriétaires fonciers armés impose son pouvoir au détriment des couches populaires rurales et des anciens pouvoirs publics[2] ».

« *Oratores, bellatores, laboratores*[3], ce schéma est celui d'une hiérarchie, écrit Jacques Le Goff. Si l'ordre des *oratores* – les clercs – a fini par admettre à ses côtés, à une place éminente, l'ordre des *bellatores* – les seigneurs –, il s'est entendu avec lui pour considérer avec le plus grand mépris l'ordre inférieur des travailleurs – les *laboratores*[4]. »

Le Moyen Âge central est marqué, en effet, par une *agrarisation* de l'économie, ce qui signifie : un recul des forêts au bénéfice des champs cultivés, un accroissement de la production agricole, notamment céréalière, mais aussi un renforcement des hiérarchies sociales et des inégalités économiques entre gros propriétaires terriens et petits paysans, de plus en plus asservis et astreints

---

1. *Ibid.*

2. Antoni Riera-Melis, « Société féodale et alimentation – XIIe-XIIIe siècles », in *Histoire de l'alimentation*, *op. cit.*, p. 397.

3. C'est-à-dire respectivement, en latin : « ceux qui prient », « ceux qui font la guerre » et « ceux qui travaillent » (note ajoutée par nous).

4. Jacques Le Goff, *Pour un autre Moyen Âge : Temps, travail et culture en Occident*, Paris, Gallimard, 1977 ; rééd. « Quarto », 1999, p. 163.

à produire toujours plus afin de satisfaire les exigences de leurs seigneurs et maîtres. Par voie de conséquence, la consommation de viande a alors reculé dans la paysannerie, c'est-à-dire la catégorie des *laboratores*, les travailleurs de plus en plus assimilés à des laboureurs[1], tandis que l'idéologie de la « société tripartite » réservait peu à peu cet aliment, et avant tout le gibier issu de la chasse (la « venaison »), qui représente symboliquement la force, à la catégorie sociale guerrière, celle des *bellatores*. Il se produisait ainsi une inversion des valeurs alimentaires antiques : tandis que les élites sociales romaines attribuaient aux céréales et au pain des qualités nutritionnelles et des vertus civilisationnelles supérieures, les élites sociales de l'Europe médiévale affirmèrent quant à elles les vertus à la fois nutritionnelles et civilisationnelles supérieures de la viande.

Le médecin Anthime, attaché à la cour du roi ostrogoth Théodoric le Grand, avait rédigé vers 515 de notre ère un traité de diététique, le *De observatione ciborum*, dans lequel il faisait déjà l'éloge de la valeur nutritive de la viande[2]. Massimo Montanari rapporte que, selon Eginhard, le biographe de Charlemagne, l'empereur « mangeait [du gibier] avec plus de plaisir que n'importe quel autre aliment[3] ». Peu à peu, l'alimentation des paysans et celle des seigneurs tendent à se différencier, sur le plan aussi bien qualitatif que quantitatif. Si les premiers mangent avec une certaine parcimonie de la viande conservée dans du sel et bouillie

---

1. Il est significatif à cet égard que le mot français « labour » vienne du latin « *labor* », désignant le travail : le principal travail est, à cette époque, le travail de la terre.

2. Anthime ou Anthimus (450-534) est un médecin d'origine byzantine, exilé en Occident pour raisons politiques ; son traité, le *De observatione ciborum* (« Traité de l'observance des aliments »), composé vers 515, est l'un des tout premiers traités de diététique du Moyen Âge occidental.

3. Cité par M. Montanari, in « Les paysans, les guerriers et les prêtres : image de la société et alimentation », *Histoire de l'alimentation*, *op. cit.*, p. 296.

au chaudron, les seconds mangent régulièrement de grosses quantités de viande fraîche, surtout du gibier, rôti à la broche.

On notera ici que le « triangle culinaire » de Claude Lévi-Strauss permet d'éclairer le sens symbolique de cette distinction alimentaire. Tandis que la cuisson bouillie renvoie à la civilisation, c'est-à-dire à la répression des instincts animaux et à la soumission aux règles sociales, la cuisson rôtie, qui est une cuisson superficielle laissant la viande partiellement crue, renvoie à la nature sauvage, donc à la violence et à la cruauté qui sont inhérentes au monde sans lois de la forêt où règnent des prédateurs effrayants – auxquels s'identifient les seigneurs guerriers et chasseurs. « Si, dans l'alimentation paysanne, la viande n'est qu'un simple complément – toutefois régulier et important durant tout le haut Moyen Âge – aux soupes et aux bouillies de céréales et de légumes, elle joue en revanche un rôle bien plus fondamental dans la nourriture des puissants. Elle en est véritablement le symbole[1]. » C'est ce qui explique que ces derniers, les seigneurs, aient eu tendance progressivement à se réserver le privilège de la consommation de viande, ainsi que le privilège de l'accès à la forêt et à ses ressources en gibier, et donc à en priver les paysans, en leur imposant de consommer une nourriture principalement végétale à base de céréales, de légumes et de légumineuses.

Une telle différenciation sociale des nourritures apparaît nettement à l'apogée du système féodal, et elle s'explique alors à la fois par des raisons idéologiques et par des raisons socio-économiques – lesquelles se renforcent mutuellement. Le processus d'« aristocratisation » de la société médiévale[2], qui est achevé durant le Moyen Âge central, se caractérise en effet à la fois par l'affirmation de la supériorité de la catégorie sociale des guerriers et par l'accaparement des terres au profit de ces derniers. Ceux-ci

1. *Ibid.*, p. 297.
2. *Ibid.*, p. 300.

incitent alors leurs intendants à obtenir un meilleur rendement de l'exploitation de leurs terres par les paysans, afin de satisfaire leur goût du luxe et de financer leurs dépenses somptuaires, dont la surabondance des nourritures carnées fait partie intégrante. Les conséquences de cette évolution pour les catégories laborieuses et rurales se ressentent sur le plan alimentaire : « Au sein des basses couches, les aliments d'origine végétale prédominent aux dépens de la viande. Leurs régimes alimentaires perdent, entre 1050 et 1280, la variété qui les caractérisait au haut Moyen Âge. Le pain et le vin éclipsent les autres nourritures et les relèguent au rang d'aliments complémentaires de companage[1]. »

En ce qui concerne le troisième ordre social, celui des membres du clergé ou des *oratores*, il occupe une position ambivalente entre l'aristocratie guerrière et le monde paysan. D'un côté, il est vrai que le christianisme affiche une préférence idéologique pour la pauvreté, l'humilité et la frugalité alimentaire, ce qui explique que le repas des moines conforme à la règle bénédictine s'inspire – au moins à l'origine – de celui des paysans. Or, d'un autre côté, les membres du clergé médiéval appartiennent à une catégorie sociale dominante et ils sont bien souvent recrutés dans l'aristocratie guerrière, dont ils partagent les habitudes socioculturelles dispendieuses ainsi que les goûts alimentaires raffinés et carnivores. Autrement dit, les clercs et les moines, s'ils professent des valeurs chrétiennes de pauvreté, d'humilité ou de chasteté, ne se privent pas pour autant des nombreux plaisirs de la consommation, notamment de la consommation de viandes « grasses », et ce malgré les nombreuses restrictions imposées par l'Église du Moyen Âge.

Paradoxalement, la profusion des règles alimentaires concernant la nourriture carnée dans le christianisme médiéval tend à conférer à celle-ci un intérêt supplémentaire, le goût d'un interdit que

1. A. Riera-Melis, « Société féodale et alimentation », art. cit., p. 404.

les moines, tout particulièrement, s'attachèrent à contourner et transgresser par toutes sortes d'inventions théologico-alimentaires qui prouvent la puissance créatrice de l'esprit humain. Comme nous l'avons rappelé au chapitre précédent, le chrétien peut manger indifféremment toutes les viandes, même celles que d'autres religions considèrent comme impures. Ainsi que l'écrit Bruno Laurioux : « Les nombreux interdits concernant telle ou telle espèce animale que définissaient le Lévitique ou le Deutéronome ont ainsi été abolis et un concile d'Antioche va jusqu'à préciser que les chrétiens mangeront "même du porc"[1]. » Or, s'il n'y a pas d'interdit alimentaire dans le christianisme, il y a en revanche un contrôle de l'alimentation et notamment une limitation de celle-ci qui peut aller du jeûne complet à l'abstinence sélective, visant tout spécialement la viande.

Thomas d'Aquin justifia au XIIIe siècle de telles restrictions concernant l'alimentation carnée : « L'abstinence doit donc porter sur les aliments les plus délectables et les plus excitants. Telle est la chair des quadrupèdes et des oiseaux, tels aussi le laitage et les œufs[2]. » Si la manducation de la viande doit être contrôlée par l'Église, ce n'est pas en raison de l'impureté intrinsèque de cet aliment en lui-même, en effet, mais à cause de l'impureté des sentiments qu'il est susceptible d'éveiller dans le cœur des humains : le désir sans frein ou la concupiscence. En s'appuyant sur ces principes doctrinaux, l'Église chrétienne a mis en place dès les premiers siècles de notre ère un certain nombre de règles alimentaires visant, d'une part, les membres du clergé, qui se divisent eux-mêmes entre le clergé régulier (les moines, vivant

1. Bruno Laurioux, *Manger au Moyen Âge*, Paris, Hachette, 2002 ; rééd. Fayard, « Pluriel », 2013, p. 102. Le concile d'Antioche a eu lieu en l'an 341 de notre ère.

2. Thomas d'Aquin, *Somme théologique* (1274) – cité par Br. Laurioux, in *Manger au Moyen Âge*, *op. cit.*, p. 104.

dans un ordre soumis à une règle) et le clergé séculier (les prêtres, curés ou évêques intégrés dans la vie de la société), et visant, d'autre part, la société des laïcs, c'est-à-dire la société chrétienne hors de l'Église.

C'est au IVe siècle qu'apparaît la « quarantaine », une période de quarante jours précédant Pâques qui est consacrée à la dévotion religieuse et qui impose le jeûne, ou plus exactement des restrictions alimentaires : c'est l'origine du Carême (« *Quadragesima* » en latin)[1]. Durant cette période dite « maigre », tout chrétien doit s'abstenir prioritairement de viandes et de graisses animales, mais aussi de laitages et d'œufs, c'est-à-dire des principaux produits animaux qui sont considérés comme des aliments « gras[2] ». Mais le Carême, s'il symbolise le jeûne chrétien par excellence, n'est pas la seule occasion de jeûner en pays chrétien. Il existe en effet de nombreuses autres occasions de « jeûne » au cours de l'année chrétienne. Il y a d'abord tous les vendredis de l'année, sauf de Pâques à Pentecôte et durant les jours de grandes fêtes. Il y a ensuite les « vigiles », c'est-à-dire les veilles des grandes fêtes religieuses. Et il y a enfin les Quatre-Temps, des périodes d'abstinence correspondant au commencement des quatre saisons de l'année. « Les prescriptions de l'Église, écrit M. Montanari, imposaient de s'abstenir de consommer de la viande pendant quelque chose comme

1. Le jeûne proprement dit désigne l'abstention totale de nourriture. Or le jeûne chrétien impose seulement de prendre un repas frugal et de s'abstenir de certaines nourritures d'origine animale, auxquelles les chrétiens chercheront et trouveront des aliments de substitution, en particulier le poisson dont la chair n'est pas considérée comme de la viande (car elle n'est pas supposée exciter la concupiscence, contrairement à la chair animale). De ce fait, le poisson est devenu au Moyen Âge le symbole de la pénitence alimentaire chrétienne.

2. La viande n'est pas alors considérée comme un aliment qui fournit des protéines, mais comme une source de graisse. C'est celle-ci que l'on utilise pour cuire de nombreux aliments, notamment les légumes, et elle est aussi récupérée pour enrichir des soupes ou des bouillons.

140 à 160 jours par an[1]. » L'alternance du « manger maigre » et du « manger gras » est ainsi devenue une règle profondément structurante du régime alimentaire des sociétés chrétiennes durant tout le Moyen Âge occidental – et elle déterminera encore largement, comme on le verra, les représentations alimentaires du monde occidental moderne et contemporain, c'est-à-dire post-chrétien.

Du côté des moines, la règle alimentaire fondamentale imposée par saint Benoît de Nursie[2] est l'abstinence totale de viande et de produits carnés. La règle de l'ordre bénédictin, écrit Br. Laurioux, « va accompagner les mutations alimentaires de l'Occident[3] ». Or celle-ci connaîtra des infléchissements successifs, et ce malgré l'intervention de vigoureux réformateurs, comme le clunisien Pierre le Vénérable et le cistercien Bernard de Clairvaux, qui ont tenté au XIIe siècle de revenir à l'austérité de la règle bénédictine originelle. La formule de base de l'alimentation monastique, conforme à la règle initiale de saint Benoît, comme le rappelle Br. Laurioux, consiste en un repas principal (*« refectio »* en latin) qui comporte « deux purées ou potages différents, l'un généralement de fèves ou autres légumineuses, le second de choux ou autres légumes », auxquels s'ajoute parfois un « troisième plat à base de fruits crus ou de légumineuses fraîches »[4]. Le soir, un second repas est servi, le souper ou la *« cena »*, lequel se compose des restes du repas principal, complétés par des fruits, du pain ou, plus rarement, des œufs. Par ailleurs, les moines sont également soumis aux obligations du jeûne chrétien, en particulier à celui du Carême.

1. M. Montanari, *La Faim et l'abondance*, *op. cit.*, p. 109.

2. Benoît de Nursie (né en 480 à Nursie, dans la région italienne d'Ombrie, mort en 547 dans le monastère du Mont-Cassin, dans la région du Latium) est le fondateur de l'ordre monastique des bénédictins, la règle de vie très austère et conforme aux principes fondamentaux du christianisme qu'il a imposée à son ordre ayant influencé toute la tradition occidentale du monachisme.

3. Br. Laurioux, *Manger au Moyen Âge*, *op. cit.*, p. 166.

4. *Ibid.*

Or ce système rigoureux de restrictions alimentaires a été progressivement contourné par les moines, à commencer par l'interdit concernant la viande. Tout d'abord, la règle bénédictine prévoyait que l'abstinence de viande ne concernerait pas les malades, en raison des propriétés roboratives prêtées à cet aliment. Aussi l'institution de l'infirmerie générale s'est-elle considérablement développée dans les monastères, en accueillant souvent des moines en parfaite santé venant y satisfaire leur appétit de chair animale. Ensuite, de nombreuses abbayes ont considéré assez vite que l'interdiction de viande ne concernait que les animaux terrestres, mais pas les oiseaux, notamment les oiseaux aquatiques, comme la bernache, une espèce d'oie maritime très prisée par les moines, ni les animaux amphibies, comme le castor, dont la queue supposée couverte d'écailles pouvait être consommée à l'égal du poisson, ainsi que les grenouilles, les tortues et les escargots. Pour prouver le caractère inventif de la cuisine des monastères, Bruno Laurioux mentionne le cas du bénédictin Pierre Bohier affirmant que, « si l'on hachait complètement la viande, elle perdait sa nature carnée[1] » : ce qui a permis à la viande hachée de figurer au menu habituel du réfectoire de l'abbaye languedocienne de Maguelone.

Bien plus, l'obligation de « manger maigre » une grande partie de l'année a stimulé le développement dans le clergé d'une cuisine médiévale adaptée qui ne le cédait en rien, ou presque, aux raffinements gourmands du « manger gras ». C'est ce dont témoigne par exemple la richesse gastronomique d'un « menu maigre » offert en 1379 par l'évêque de Lagny à l'évêque de Paris et retranscrit par le *Mesnagier de Paris*, un des plus importants traités culinaires du Moyen Âge, composé à la toute fin du XIVe siècle, en

1. Br. Laurioux, « De la viande à tout prix ! », in *L'Histoire*, dossier : « Manger de la viande », *op. cit.*, p. 40. L'auteur de l'article se demande en outre si le succès du steak haché à l'époque contemporaine ne trouverait pas là son origine lointaine.

1393 : « 1. Vin de grenache, échaudés chauds, pommes de rouvel rôties recouvertes de dragées blanches, grasses figues rôties, hareng sur saur, cresson et romarin. 2. Potages : salemine de brochets et de tanches, porée verte et hareng blanc [...], amandes, gingembre en poudre, safran, menues épices, cannelle en poudre, dragée. 3. Poissons de mer : soles, rougets, congres, turbot, saumon ; poissons d'eau douce : brochets en filet, deux carpes de la Marne en filet, brêmes. 4. Entremets : plie et lamproies à la boue. 5. Rôt : marsouin avec sa sauce, maquereaux, soles, brêmes, aloses à la cameline ou au verjus, riz sucré et parsemé d'amandes frites. 6. Desserte : compote parsemée de dragées blanches et rouges, rissoles, flans, figues, dattes, raisins, noisettes. 7. Issue : hypocras et métier ; vin de grenache, oublies et supplications [préparations à base de pâte sucrée]. 8. Boute-hors : vin et épices[1]. »

En somme, les restrictions alimentaires de l'Église médiévale, et en particulier l'interdit de la viande, loin d'avoir éteint la gourmandise des chrétiens d'Europe occidentale, semblent l'avoir plutôt attisée. En outre, l'obligation de trouver des substituts à la viande a permis de stimuler leur inventivité culinaire, de sorte que de très nombreux mets, y compris à base de viandes de substitution appelées « viandes de Carême », apprêtés de manières très diverses ont pu être consommés durant le Moyen Âge.

On notera au passage le rôle essentiel des épices dans la cuisine européenne médiévale, car ils permettent de « corriger les vices » des aliments, comme l'écrit Jean-Louis Flandrin, c'est-à-dire non pas de masquer la mauvaise qualité des viandes de l'époque comme on l'a dit quelquefois, mais de rendre celles-ci plus digestes en fonction des théories diététiques hippocratiques qui étaient alors en vigueur. Étant considérées comme « chaudes et sèches », les épices, comme le poivre ou le safran, avaient en effet

1. Cité dans Marion Godfroy-Tayart de Borms (dir.), *À la table de l'histoire*, Paris, Flammarion, 2011, p. 45.

(selon la croyance de l'époque) le pouvoir de corriger le caractère « humide et froid » des viandes issues des animaux domestiques terrestres[1].

On peut en tout cas affirmer que c'est toute la société médiévale européenne qui est, en quelque sorte, obsédée par l'alimentation carnée. « L'Occident médiéval, écrit Braudel, jouit du privilège d'être carnivore[2]. » Si les seigneurs guerriers médiévaux ont tenu à affirmer leur puissance sociale et politique ainsi que leur vigueur militaire par une importante consommation de viandes, issues le plus souvent de la chasse, les clercs et les moines estimèrent le plus souvent, dès l'époque carolingienne, que le service de Dieu justifiait une certaine opulence de leur régime de vie et d'alimentation, nonobstant l'observance des règles religieuses qui ne faisaient qu'aiguiser leur appétit de « gras ». Enfin, il ne revenait certainement pas au même de prêcher une frugalité choisie, comme le faisaient les moines et certains clercs, et de subir la pauvreté et les privations alimentaires, comme c'était le cas pour le monde paysan, lequel enviait généralement les standards de vie plus élevés des catégories sociales dominantes, et tout particulièrement leur riche régime alimentaire à base de chair fraîche et de divers produits animaux, comme les laitages, les fromages et les œufs.

À la fin du Moyen Âge et au début de la Renaissance, une nouvelle tendance alimentaire devait s'affirmer dans les catégories sociales supérieures, consistant à marquer une préférence pour le gibier à plumes au détriment du gibier terrestre. Cette évolution

1. Jean-Louis Flandrin, « Assaisonnement, cuisine et diététique aux XIVe, XVe et XVIe siècles », in *Histoire de l'alimentation*, *op. cit.*, p. 506. Voir aussi la préface du *Viandier* de Taillevent (d'après l'édition de 1486), par M. et P. Hyman, Pau, Manucius, 2001. F. Braudel parle de la « folie des épices » au XIIe siècle en Europe, et il suggère que celles-ci ont pu aider à « pallier la mauvaise qualité de la chair » (*Civilisation matérielle, économie et capitalisme*, *op. cit.*, p. 163-164).

2. F. Braudel, *ibid.*, p. 164.

s'explique par la théorie philosophico-théologique de la « chaîne des êtres », en vertu de laquelle une créature de Dieu est plus ou moins noble en fonction de la position qu'elle occupe dans le monde naturel. Ainsi, les oiseaux qui volent haut dans le ciel sont considérés comme des êtres plus distingués que les mammifères qui errent à la surface de la terre. C'est pourquoi la noblesse de cette époque a tendance à considérer que la consommation de ces volatiles est plus digne et plus conforme à son rang social élevé que celle des quadrupèdes : tout banquet digne de ce nom se devait alors d'en proposer aux convives, que ce soient des perdrix, des faisans, des cailles, des tourterelles, des aigrettes, des merles, des hérons, etc.[1].

Si, durant le bas Moyen Âge, les religieux et les nobles affirment leur suprématie par un train de vie ostensiblement luxueux, ce qui passe par une consommation alimentaire à la fois abondante, raffinée et carnée, il n'en va évidemment pas de même en effet pour les travailleurs pauvres, qui sont pour l'essentiel des paysans. Ceux-ci connaîtront de graves problèmes de subsistance à partir du milieu du XIIIe siècle. « À partir de 1300, écrit Antoni Riera-Melis, les mauvaises récoltes se succèdent avec une rapidité et une intensité jamais connues. Les deux famines les plus terribles sont celle de 1315-1317 qui affecte les côtes Atlantiques et celle de 1346-1347 qui touche tout le continent. L'apparition de la peste noire, en 1348, décime une population qui vient de traverser une profonde pénurie[2]. »

Paradoxalement, les crises du XIVe siècle (les famines et la « grande peste ») seront suivies d'une période de développement économique en Europe : celle-ci peut s'expliquer notamment par la dépopulation du continent, laquelle a rendu la nourriture

1. *Cf.* Allen J. Grieco, « Alimentation et classes sociales à la fin du Moyen Âge et à la Renaissance », in *Histoire de l'alimentation*, *op. cit.*, p. 485 *sq.*

2. A. Riera-Melis, « Société féodale et alimentation », art. cit., p. 418.

abondante et peu chère. Cette période correspond ainsi à une élévation du niveau de vie de la population et notamment aussi à une élévation de la consommation de viande. C'est le temps de « l'Europe des carnivores » dont parle l'historien Fernand Braudel : « Sans doute, de 1350 à 1550, l'Europe a-t-elle connu une période de vie individuelle heureuse. Au lendemain des catastrophes de la Peste Noire, la main-d'œuvre devenue rare, les conditions de vie ont forcément été bonnes pour qui travaillait. Jamais les salaires réels n'ont été aussi hauts qu'alors[1]. »

Cette période est celle où, en Europe, on consomme littéralement des montagnes de chair : « sous toutes ses formes, bouillie ou rôtie, réunie aux légumes et même aux poissons, la viande était servie pêle-mêle, "en pyramide", dans d'immenses plats qui prenaient, en France, le nom de mets[2] », écrit encore Braudel. De même, l'historien M. Montanari mentionne le fait qu'en Allemagne, au XVe siècle, les hommes consommaient en moyenne, selon une estimation du spécialiste d'histoire économique Wilhelm Abel, 100 kilogrammes de viande par an et par personne, ce qui est considérable et représente un « maximum physiologique[3] ». Cette époque de surabondance de viande constitue en somme, selon les deux historiens de l'alimentation, une parenthèse bienheureuse de l'histoire européenne, avant qu'une économie productive fondée principalement sur l'agriculture céréalière n'entraîne une régression alimentaire durable dans l'Europe moderne – et en attendant que l'alimentation carnée ne connaisse à nouveau une hausse importante dans le monde européen et occidental contemporain, soit après 1850.

---

1. F. Braudel, *Civilisation matérielle, économie et capitalisme*, *op. cit.*, p. 142.

2. *Ibid.*, p. 140.

3. M. Montanari, *La Faim et l'abondance*, *op. cit.*, p. 104. Cette consommation est à comparer avec la consommation actuelle moyenne de viande en France, soit environ 80 kilogrammes par personne et par an.

6.

La modernité alimentaire occidentale : de la libération des appétits à la naissance de la gastronomie

Entre le XIe et le XIVe siècle, l'Europe a ainsi connu un important essor démographique, lequel a accompagné le développement d'une économie agricole principalement basée sur les céréales, et a imposé en conséquence un large défrichage des terres afin d'augmenter les surfaces cultivées, au détriment d'une économie sylvo-pastorale fondée sur la chasse, la cueillette et l'élevage extensif sur des pâtures libres et en lisière des forêts. Or, paradoxalement, cette évolution a conduit, comme nous l'avons vu au chapitre précédent, à une certaine détérioration de l'alimentation populaire, rurale et paysanne, au profit de celle des seigneurs et des clercs – ainsi que des habitants des villes. C'est un même schéma d'évolution socio-économique qui se serait reproduit, à une plus vaste échelle, au cours de l'histoire européenne moderne et qui expliquerait, là encore, le paradoxe d'un développement économique et agricole ayant entraîné un accroissement considérable de la population européenne, mais aussi une certaine dégradation de ses conditions de vie et de son régime alimentaire durant la même période, tout au moins dans les catégories populaires. « Comme du XIe au XIIIe siècle, écrit Jean-Louis Flandrin, quoique de façon plus discrète, la croissance démographique a entraîné au XVIe puis de nouveau au XVIIIe siècle une reprise des défrichements : en France, au cours des trente années qui ont précédé la Révolution, la superficie des terres cultivées serait passée de 19 à 24 millions d'hectares[1]. »

L'Époque moderne paraît ainsi marquée en Europe par une certaine inquiétude alimentaire liée à l'incertitude des récoltes de grains, lesquelles ont pu provoquer de graves crises céréalières : ce fut ainsi le cas par exemple en France en 1662, 1693-1694, 1709-1710 ainsi qu'à la veille de la Révolution française, durant l'année 1789, où une mauvaise récolte de céréales provoque une flambée des prix du pain. « Le siècle des Lumières est en effet jalonné, écrit l'historien spécialiste des pratiques alimentaires et culinaires Patrick Rambourg, de crises frumentaires qui laissent présager des moments difficiles pour le royaume. Les classes populaires se nourrissent principalement de pain et de bouillie. La viande est une denrée rare, plus encore à la campagne qu'à la ville. Dans sa description de repas familiaux, Rétif de la Bretonne rapporte que les paysans bourguignons les moins aisés se contentent de pain d'orge ou de seigle, d'une soupe à l'huile de noix ou même de chènevis, d'une mauvaise boisson, c'est-à-dire de l'eau passée sur du marc[2]. » C'est là un paradoxe frappant : plus les céréales occupent une place importante dans l'alimentation du peuple, donc plus la part de la viande recule, et plus l'incertitude et la détérioration alimentaires menacent les populations, en particulier les plus modestes.

Or cette situation constitue également une menace politique permanente pour les pouvoirs en place : aussi les monarques européens doivent-ils veiller aux approvisionnements, afin de prévenir

1. Jean-Louis Flandrin, « Les temps modernes », in *Histoire de l'alimentation*, *op. cit.*, p. 550.

2. Patrick Rambourg, *Histoire de la cuisine et de la gastronomie françaises*, Paris, Perrin, 2010, p. 157-158.

ou bien d'endiguer la montée des mécontentements. Le problème du pain et la crainte des révoltes frumentaires sont ainsi passés au premier plan des préoccupations dans une Europe moderne qui connaît une forte croissance économique et démographique. Il faudra attendre le XIXe siècle pour que de nouvelles solutions soient trouvées et que les insuffisances de l'économie agraire européenne soient ainsi palliées, que ce soient l'acclimatation puis l'adoption progressive de nouvelles plantes vivrières en Europe[1], l'importation de céréales d'autres continents, ou bien la mise en place d'une industrie de la viande à partir de 1850.

Depuis l'Antiquité gréco-romaine et durant tout le Moyen Âge européen, la distinction sociale des élites s'est donc exprimée à travers ses modes de vie, et notamment ses modes d'alimentation. Que ce soit d'abord dans l'aristocratie européenne de la Renaissance, puis à la cour de Versailles qui a tant fasciné l'Europe entière durant le XVIIe siècle, ou bien encore dans la bourgeoisie parisienne qui s'est affirmée de plus en plus au cours du XVIIIe siècle, de nouveaux modèles alimentaires se sont progressivement imposés en remplacement des modèles anciens. La différenciation sociale des élites modernes européennes passe, notamment, par la réhabilitation de la consommation de légumes et de fruits[2], mais aussi des viandes de boucherie accommodées à des sauces moins épicées et plus respectueuses de la saveur des produits – et non plus des venaisons fortement épicées qui plaisaient tant aux seigneurs médiévaux. En préférant les légumes au pain, et en préférant la viande de boucherie au gibier, les nouvelles élites aristocratiques et bourgeoises se distinguaient ainsi à la fois et respectivement des paysans et des nobles ruraux.

---

1. C'est le cas notamment de la pomme de terre, ce tubercule introduit en France à la fin du XVIIIe siècle par Antoine Parmentier.

2. Ainsi à la cour de Louis XIV à Versailles, on s'extasie devant les fruits et légumes du « potager du Roi », sur lequel règne le jardinier Jean-Baptiste de La Quintinie et qui fournit des produits de premier choix pour les cuisines du palais.

Or ces nouveaux goûts culinaires et ces manières de table inédites de l'élite sociale joueront un rôle déterminant aux temps modernes, en s'imposant progressivement à l'ensemble de la société européenne. Le fameux « repas gastronomique des Français », consacré en 2010 par l'UNESCO, n'associe-t-il pas aujourd'hui un morceau de viande de boucherie avec une « garniture » de légumes afin de constituer le « plat principal » ? D'autre part, le goût médiéval pour les sauces fortement épicées et acides va progressivement laisser place à des sauces sucrées salées ou aigres-douces, avant que le sucre ne soit progressivement reporté en fin de repas et réservé, comme aujourd'hui, aux desserts, par opposition aux entrées et aux plats principaux, de plus en plus exclusivement salés[1]. Enfin, l'une des principales caractéristiques du nouveau goût alimentaire européen, à la fois moderne et bourgeois, par opposition au goût des classes dominantes médiévales, est de rechercher une certaine forme de simplicité des préparations culinaires qui soit susceptible de mettre en valeur et de respecter la qualité des produits de base. Une telle orientation, qui est non seulement moderne, mais aussi spécifiquement française, traduit un certain classicisme esthétique, pour lequel le « bon goût » consiste à mettre en valeur les propriétés naturelles des aliments.

Cette tendance culinaire s'exprime par exemple dans l'ouvrage de Nicolas de Bonnefons[2], *Les Délices de la campagne*, publié en 1654, où il est question de mettre en valeur le « vrai goût qui se doit donner à chaque espèce de chair et de poisson[3] ». On la retrouve aussi au siècle suivant chez Voltaire, à l'article « Goût » de son *Dictionnaire philosophique*, paru en 1764 : « Comme le mauvais

---

1. Au XVIe siècle, le sucre est considéré en Europe, et notamment en France, comme une épice avec laquelle on assaisonne tous les aliments, y compris la viande ou le poisson.

2. Agronome et valet de chambre du roi Louis XIV.

3. Cité par P. Rambourg, *Histoire de la cuisine et de la gastronomie française*, *op. cit.*, p. 119.

goût au physique consiste à n'être flatté que par des assaisonnements trop piquants et trop recherchés, ainsi le mauvais goût dans les arts est de ne se plaire qu'aux ornements étudiés, et de ne pas sentir la belle nature[1]. » Or n'est-ce pas une même exigence, celle d'une cuisine simple et respectueuse des produits, qui animera, dans le dernier quart du XXe siècle, les défenseurs de la « nouvelle cuisine » : les journalistes et critiques gastronomiques français Henri Gault et Christian Millau, co-auteurs de l'article-manifeste, « Vive la nouvelle cuisine française », publié en 1973[2], ainsi que plusieurs grands chefs cuisiniers comme Paul Bocuse ou Michel Guérard[3] ?

Autre signe caractéristique des temps modernes européens : l'ancienne diététique, qui s'était transmise de l'Antiquité jusqu'à la fin du Moyen Âge, a été peu à peu détrônée en laissant place à une nouvelle préoccupation alimentaire davantage hédoniste ou « gastronomique », c'est à dire fondée sur le plaisir de manger. Autrement dit, la modernité alimentaire se caractérise par ce que nous pouvons appeler, en reprenant la formule de J.-L. Flandrin, une « libération de la gourmandise[4] ». Il s'agit ici en réalité d'une double libération : tout d'abord, d'une libération à l'égard des règles de la diététique ; et ensuite, d'une libération à l'égard des observances religieuses[5]. Les recommandations de

1. Cité par J.-L. Flandrin, « Les temps modernes », art. cit., p. 564.

2. Henri Gault (1929-2000) et Christian Millau (1928-2017) sont les co-fondateurs du célèbre guide gastronomique français *Gault et Millau* qui a lancé le mouvement de la nouvelle cuisine en 1972.

3. Paul Bocuse (1926-2018) est l'un des plus grands chefs cuisiniers français du XXe siècle. Michel Guérard (né en 1923) est, en tant que chef cuisinier, l'un des fondateurs de la nouvelle cuisine.

4. *Id.*, « De la diététique à la gastronomie, ou la libération de la gourmandise », in *Histoire de l'alimentation*, *op. cit.*, p. 683 *sq.*

5. Les règles de la diététique hippocratique et celles de la morale religieuse chrétienne pouvaient facilement se conjuguer, dans la mesure où elles traduisaient une même exigence fondamentale de frugalité, supposée garante à la fois de santé physique et de modération de l'âme.

la diététique médiévale se basaient le plus souvent sur des préoccupations hygiéniques inspirées de l'ancienne science médicale hippocratique et galénique. Il s'agissait avant tout de rendre les aliments à la fois comestibles, digestibles et surtout non toxiques pour l'organisme, et ce en vertu de la théorie des éléments et des humeurs[1]. Il était habituel au Moyen Âge, par exemple, de faire fortement et longuement bouillir la viande de bœuf, car celle-ci était considérée comme sèche et froide, donc comme peu digeste à l'état naturel – le bœuf évoluant à la surface de la terre[2]. À l'inverse, il était alors en usage de faire rôtir les volailles, c'est-à-dire de les cuire superficiellement, car elles étaient considérées comme des viandes chaudes et humides, donc comme naturellement et facilement digestes pour les humains – les oiseaux évoluant généralement dans les airs[3].

---

1. La médecine hippocratique se fondait sur une théorie des quatre humeurs (bile jaune, bile noire, lymphe, sang), supposées correspondre elles-mêmes aux quatre éléments fondamentaux (le feu, la terre, l'eau et l'air) dont l'association était supposée produire quatre propriétés (le sec, le froid, l'humide et le chaud). L'alimentation devait ainsi, selon les prescriptions de la diététique hippocratique, respecter la « convenance » entre les éléments constitutifs de l'aliment et les humeurs du mangeur – mais aussi tenir compte des saisons. La nature humaine étant humide et chaude, la nourriture convenant le mieux aux humains devait être de même nature – ou bien il fallait corriger celle-ci : telle était la principale fonction de la cuisine. Cette théorie, reprise et complétée par le médecin grec Claude Galien (129-201), a eu une grande influence en Occident jusqu'au XVIIIe siècle, or elle a été entièrement réfutée par la science médicale moderne.

2. Cette conception était encore partagée à la Renaissance, comme l'indique *Le Platine en françois* (transcrit par M. Ribot, Pau, Manucius, 2003), la version française de l'ouvrage culinaire de Bartolomeo Sacchi, dit « Platine », *De honesta voluptate et valetudine*, publiée en 1505 : « La chair du bœuf est de froyde et seiche nature, de fortes cuyte au pot, et de fortes concoctions en l'estomach, donne gros aliment » (p. 86).

3. Encore faut-il distinguer les oiseaux qui volent dans les airs de ceux qui vivent sur terre et ne volent que peu ou pas du tout, ou encore de ceux qui vivent sur l'eau : on doit plutôt faire bouillir ceux qui appartiennent aux deux dernières

La modernité européenne a progressivement vu naître un nouvel art culinaire qui se préoccupait moins de diététique, d'hygiène et de santé physique que de plaisir gustatif, d'harmonie des saveurs et d'esthétique, en allant parfois jusqu'à élever la cuisine, auparavant reléguée au rang d'un simple savoir-faire manuel ou d'une technique, au niveau des arts supérieurs de l'esprit, c'est-à-dire des « arts libéraux » et des beaux-arts. Cela s'explique, en grande partie, par le fait que les théories médicales héritées de l'Antiquité ont été peu à peu remises en cause par les progrès de la science moderne, celle-ci ayant notamment renoncé à la théorie des éléments et des humeurs pour lui substituer, à partir du XVIIe siècle, une approche « mécaniste » de la matière. Autrement dit, la science européenne moderne, en rejetant les anciennes croyances et les projections imaginaires que les sociétés traditionnelles avaient mêlées à leurs connaissances de la nature, avait libéré les hommes de fausses superstitions qui les empêchaient non seulement de connaître cette nature, mais aussi d'en jouir librement.

Le philosophe et écrivain humaniste italien Bartolomeo Sacchi, dit « Platina » (en référence à sa ville natale), a publié à Rome en 1472 un ouvrage que l'on peut qualifier de « gastronomique » avant la lettre : il a été rédigé en latin et éloquemment

catégories (comme le recommande *Le Platine en françois*, *op. cit.*, p. 113). La cuisine médiévale, basée sur les principes diététiques hippocratiques, avait ainsi pour fonction de corriger les défauts naturels des aliments : en faisant bouillir une viande réputée sèche et froide, on lui apportait l'humidité et la chaleur qui lui manquait ; en faisant rôtir une viande réputée humide et chaude, on la rendait plus sèche, sans la faire trop chauffer. On notera que le « triangle culinaire » de Claude Lévi-Strauss (déjà évoqué précédemment) est également utile ici pour éclairer la distinction entre ces deux modes de cuisson, rôtir et bouillir (ou entre la broche et le chaudron) : la viande rôtie est considérée comme proche de l'état naturel, contrairement à la viande bouillie qui est censée avoir subi une transformation culturelle en profondeur.

intitulé *De honesta voluptate et valetudine* (« Traité du plaisir et du bien-être honnêtes »)[1]. Cet ouvrage imprimé, traduit en français en 1505 sous le titre *Le Platine en françois*[2], et qui a connu un grand succès dans toute l'Europe, s'il délivre des conseils inspirés de l'ancienne diététique hippocratique, a également pour but de célébrer la bonne chère en rendant hommage aux plats préparés par le grand cuisinier de la Renaissance italienne, Martin de Côme, dit « Maestro Martino », dont B. Sacchi a pu apprécier personnellement les talents. S'il s'appuie sur les réalisations d'un homme de l'art, Sacchi est quant à lui un homme de lettres. Il n'est nullement un expert en technique culinaire, et son ouvrage n'est pas seulement un livre de recettes.

Pascal Ory affirme que, par cette publication, le philosophe humaniste italien « prépar[ait] le terrain au gastronome conscient et organisé[3] », dont la figure achevée ne paraîtrait en Europe, et notamment en France, que trois siècles plus tard. La portée philosophique, humaniste et esthétique du livre de Sacchi est attestée par le fait que celui-ci avait été l'élève de Lorenzo Valla, un autre humaniste italien, auteur d'un traité *Sur la volupté*, publié en 1431. Dans son livre, Valla défendait le « plaisir honnête », au nom d'un épicurisme chrétien qui se refusait à considérer la satisfaction des sens comme moralement condamnable[4]. Dans le sil-

---

1. Bartolomeo Sacchi, écrivain et humaniste italien de la Renaissance, est né à Piadena en 1421 et mort à Crémone en 1481.

2. Nous avons déjà cité ce livre, qui a fait l'objet d'une réédition aux éditions Manucius en 2003, d'après l'édition de 1505 (transcription Mathilde Ribot, Préface de Silvano Serventi et Jean-Louis Flandrin).

3. Pascal Ory, *Le Discours gastronomique français des origines à nos jours*, Paris, Gallimard-Julliard, 1998, p. 18.

4. Lorenzo Valla, philosophe et humaniste italien, est né et mort à Rome (1407-1457). Dans son traité *De voluptate ac vero bono* (« Sur la volupté et le vrai bien », traduit par L. Chauvel, présenté par M. Onfray, Paris, Encre marine, 2004), il se montre très critique à l'égard de la scolastique médiévale et des idéaux ascétiques du monachisme chrétien occidental.

lage de son maître, B. Sacchi écrit : « Mais je entens et parle de celle volupté que est en attrempance et mesure de bien vivre et que nature humaine desire et souhaite davoir », afin de rendre hommage, ajoute-t-il, à « Épicure comme bon vertueux et saint homme »[1]. C'est ainsi que, sous l'influence des premiers humanistes de la Renaissance italienne, le plaisir de manger devait peu à peu s'affranchir en Europe des interdits et des prescriptions à la fois diététiques et éthico-religieuses.

En France, durant cette même période de la Renaissance, le mouvement de « libération de la gourmandise » allait prendre une tournure encore plus éclatante et provocatrice, avec la publication des ouvrages de l'humaniste François Rabelais. Ce « moine libéré » a en effet entrepris de faire de l'outrance alimentaire, et en particulier de l'excès de nourriture carnée, l'enjeu symbolique de son combat pour la liberté moderne des mœurs et des idées européennes, en s'opposant tout spécialement aux restrictions imposées par l'Église catholique. L'une des plus attachantes figures de son récit, Frère Jean des Entommeures, est le double du narrateur : son franc-parler voire son insolence vont de pair, en effet, avec son appétit pour les nourritures riches et « grasses », c'est-à-dire charnelles. L'outrecuidance de ce personnage est à la fois cynique, au sens du courant de pensée antique représenté par Diogène de Sinope[2], car Frère Jean remet en cause toutes les conventions sociales, et cynégétique, puisqu'il déclare sa passion dévorante pour la viande de gibier. « J'ai un estomac pavé, creux comme la botte de saint Benoît, toujours ouvert comme la gibecière d'un avocat[3] », proclame fièrement le moine rebelle et bon

1. B. Sacchi dit Platine, *Le Platine en françois*, *op. cit.*, Prologue, p. 1.

2. Diogène de Sinope, aussi appelé Diogène le Cynique, est un philosophe grec né en 413 et mort vers 323 av. J.-C. Il serait le disciple du philosophe Antisthène, fondateur de l'école cynique vers 390 av. J.-C.

3. François Rabelais, *Gargantua*, chapitre XXXVII, « Comment le Moyne fut festoyé par Gargantua, et des beaux propos qu'il tint en soupant », in J. Céard,

vivant. Cette figure à la fois comique et subversive du « moine glouton », se disant perpétuellement bon chrétien mais contournant sans cesse les prescriptions alimentaires chrétiennes, à commencer par celle de la frugalité, est révélatrice du projet humaniste de Rabelais qui associe l'appétit physique à la curiosité intellectuelle, le désir d'incorporer de grandes quantités de nourritures avec le désir d'assimiler de grosses portions du savoir. La connaissance consiste métaphoriquement en effet à « sucer la substantifique moëlle » que l'on ne peut atteindre qu'en acceptant de « rompre l'os », comme il est dit dans le Prologue de *Gargantua*[1].

Bien plus, Rabelais s'en prend à l'institution catholique du Carême, laquelle est tournée en dérision à travers le personnage monstrueux de Quaresmeprenant, le seigneur de l'île de Tapinois[2]. Cette institution du jeûne chrétien symbolise à elle seule la domination de l'Église sur la population européenne médiévale dont la société européenne renaissante aspire à s'émanciper, en rejetant les privations alimentaires qu'elle impose, et tout particulièrement l'interdit du « gras », c'est-à-dire de la viande. C'est pourquoi, dans l'univers rabelaisien, les innombrables et interminables festins sont le plus souvent des orgies carnivores outrageusement succulentes et délicieusement subversives : « Gaudebillaux : sont grasses tripes de coireaux. Coireaux : sont bœufs engraissés à la crèche et prés guimaux. Prés guimaux : sont qui portent herbe deux fois l'an. D'iceux gras bœufs avait fait tuer trois cent soixante sept mille et quatorze, pour être à mardi gras salés : afin qu'en la prime vere ils eussent bœuf de saison à tas, pour au commencement des repas faire commémoration de salures, & mieux

G. Defaux et M. Simonnin (éd.), *Les Cinq Livres*, Paris, LGF, « Le livre de poche », 1994, p. 195.

1. Fr. Rabelais, *Gargantua*, Prologue de l'autheur, in *ibid.*, p. 9.

2. *Id.*, *Le Quart Livre*, chapitre XXIX, « Comment Pantagruel passa l'isle de Tapinois, en laquelle regnoit Quaresmeprenant », in *ibid.*, p. 1037 *sq*.

entrer en vin. Les tripes furent copieuses comme vous entendez : & tant friandes étaient que chacun en léchait ses doigts[1]. »

Caractéristique de l'époque moderne est aussi la multiplication des ouvrages de cuisine imprimés, lesquels s'efforceront de plus en plus, au fil du temps, non seulement de transmettre un savoir-faire technique, mais aussi de célébrer le raffinement des plaisirs de bouche. Le premier livre de cuisine en langue française fut, au XIIIe siècle, *Le Viandier*, œuvre de Guillaume de Tirel, surnommé Taillevent, maître queux de Charles V[2]. Or ce texte manuscrit, qui se transmettait au Moyen Âge sous forme de copies, n'était encore qu'un ouvrage destiné à des hommes de l'art, sans véritable préoccupation esthétique ou gastronomique. Nous avons déjà parlé précédemment de Platine et de son ouvrage *De honesta voluptate* qui marqua une étape significative au moment de la Renaissance (XVe et XVIe siècles) et devait ouvrir la voie à la conception moderne des arts de la table. « La parution, en 1651, du *Cuisinier françois* de La Varenne, écrit Patrick Rambourg, ouvre une nouvelle ère culinaire[3]. »

Cet ouvrage, qui reflète les goûts typiques du Grand Siècle, est un best-seller non seulement en France, mais aussi hors des frontières du royaume, comme en Angleterre et en Allemagne où sont publiées des traductions. Cet engouement témoigne à la fois de l'intérêt croissant pour la cuisine dans la société fran-

1. *Id.*, *Gargantua*, chapitre IV, « Comment Gargamelle étant grosse de Gargantua se porta à manger tripes », in *ibid.*, p. 31.

2. Le plus ancien manuscrit aujourd'hui conservé de ce texte date du XIVe siècle. Il a été ensuite imprimé plus d'une vingtaine de fois entre 1486 et 1615. Il a été réédité en 2001 aux Éditions Manucius, d'après l'édition princeps de 1486. Remarque : le mot français « queux » (vieilli et qui ne s'utilise plus guère aujourd'hui que dans l'expression « maître queux », souvent avec une intention ironique) vient du latin « *coquus* », désignant le cuisinier (de *coquere*, « cuire » ou « faire cuire »).

3. P. Rambourg, *Histoire de la cuisine et de la gastronomie française*, *op. cit.*, p. 110.

çaise de l'époque et de l'influence de l'art culinaire français qui tend alors à devenir une référence européenne. Même s'il s'adresse à des confrères, ce livre écrit par l'écuyer de cuisine du marquis d'Uxelles permet de diffuser auprès du plus grand nombre la connaissance des techniques que possède un homme de l'art travaillant au service d'une famille aristocratique.

Le livre propose environ sept cents recettes en suivant l'ordre du repas : entrées, potages, rôts (rôtis), entremets et enfin desserts. On notera que l'ouvrage suit les préceptes de l'Église, en proposant des menus respectivement pour les jours gras, pour les jours maigres en dehors du Carême, et enfin pour les jours du jeûne quadragésimal. Un mystérieux auteur connu sous les initiales L. S. R. publie en 1674 un livre intitulé *L'Art de bien traiter*, dans lequel il entend corriger les défauts du livre de Pierre François La Varenne, pour mettre en avant « le choix exquis des viandes, la finesse de leur assaisonnement, la politesse et la propreté de leur service, leur quantité proportionnée au nombre de gens, et enfin l'ordonnance générale des choses qui contribuent essentiellement à la bonté et à l'ornement d'un repas[1] ». Il n'est plus question seulement ici de technique, mais déjà de goût et d'esthétique. Dans la *Suite des dons de Comus, ou l'art de la cuisine*, paru en 1742, François Marin, maître d'hôtel du maréchal de Soubise, va jusqu'à comparer son savoir-faire culinaire à la peinture où « l'union et la rupture des couleurs font la beauté du coloris », de même que « le mélange des sucs et des ingrédients dont le cuisinier compose ses ragoûts[2] ».

La parution en 1746 de l'ouvrage de Joseph Menon, *La Cuisinière bourgeoise*, marque une nouvelle inflexion dans l'histoire

---

1. Cité par P. Rambourg, *ibid.*, p. 112.

2. François Marin, *Suite des dons de Comus* – cité par P. Rambourg, *Histoire de la cuisine et de la gastronomie française*, *op. cit.*, p. 147. Dans la mythologie romaine, Comus était la divinité tutélaire de la joie et de la bonne chère.

moderne de la cuisine, au beau milieu du siècle des Lumières. Au lieu de s'adresser à des confrères masculins travaillant au service de familles ou dynasties aristocratiques et royales, afin de préparer des repas d'exception lors de cérémonies officielles, l'homme de l'art donne ici des conseils aux femmes pour qu'elles puissent préparer une cuisine du quotidien dans la sphère privée. De ce livre il ressort que les préoccupations caractéristiques de la bourgeoisie tendent alors à s'imposer : le repas préparé par la « cuisinière bourgeoise » doit en effet être simple et économique, mais sans renoncer cependant aux qualités gustatives des mets.

En définitive, l'art de cuisiner devient au XVIIIe siècle un objet de publications et de réflexions qui dépassent le cadre purement technique pour s'élever au niveau de l'esthétique et de la célébration des plaisirs. Toutefois, il faudra attendre la publication en France en 1804, au seuil du XIXe siècle, de l'*Almanach des gourmands*, par le journaliste et écrivain Alexandre Balthazar Laurent Grimod de la Reynière, pour que la gourmandise, ce désir de vivre pour manger et non seulement de manger pour vivre, soit enfin considérée comme tout à fait libérée des prescriptions anciennes, spécialement des interdits religieux chrétiens du Moyen Âge – lesquels reposaient sur la condamnation de ce péché capital qui avait valu à Adam et Ève leur expulsion hors du jardin d'Éden.

Sous un autre aspect, celui des manières de table, l'époque moderne est encore marquée par de nombreuses innovations, particulièrement dans les catégories sociales dominantes qui imposeront progressivement leurs habitudes à l'ensemble de la société. Cela commence, dans l'Europe aristocratique et bourgeoise du XVIIIe siècle, par l'institution de la table à manger fixe, elle-même installée au centre de la salle à manger, une pièce spécialement dédiée à la prise alimentaire. L'utilisation de la fourchette individuelle se généralise lentement dans les pays européens, après avoir été introduite d'abord en Italie, depuis Byzance, aux XIVe et XVe siècles. La fourchette à deux dents était certes déjà utilisée au

Moyen Âge afin de présenter et découper les morceaux de viande pour les convives. Or, comme le note F. Braudel, l'usage de manger la viande avec les doigts persiste, notamment en France, de l'époque de Montaigne jusqu'à celle de Louis XIV. Montaigne s'accuse ainsi lui-même de manger trop vite et de s'en mordre parfois les doigts, car il « s'ayde peu de cuiller et de fourchette[1] ». Quant au monarque du Grand Siècle, le duc de Saint-Simon, courtisan et mémorialiste français, vantait son « habileté à manger proprement un ragoût de volaille avec ses doigts[2] ». Si le couteau était déjà en usage à la table du repas depuis le Moyen Âge, c'était alors un outil personnel. L'assiette, quant à elle, remplace à l'époque moderne le « tranchoir » médiéval, c'est-à-dire une tranche de pain sur laquelle il était d'usage de déposer les morceaux de viande.

Tous ces changements d'habitudes et ces nouveaux instruments du repas occidental apparus au cours de l'époque moderne témoignent du « processus de civilisation » décrit par Norbert Elias[3]. Ils traduisent en effet à la fois une prise de distance des mangeurs vis-à-vis des aliments, et notamment de l'aliment carné qui comporte une charge symbolique forte associée à la brutalité ou à la cruauté, et d'une prise de distance des convives les uns à l'égard des autres. Cette distanciation sociale se traduira aussi par une distanciation culturelle de plus en plus marquée de la part des Occidentaux vis-à-vis d'autres civilisations n'ayant pas connu les mêmes évolutions : Braudel mentionne ainsi le cas de voyageurs européens qui s'étonneront, aux XVIIe et XVIIIe siècles, des mœurs

1. Michel de Montaigne, *Essais*, Paris, Gallimard, « Bibliothèque de la Pléiade », 1962, p. 1077 – cité par F. Braudel, *Civilisation matérielle, économie et capitalisme*, *op. cit.*, p. 151.

2. Propos rapporté par F. Braudel, *Civilisation matérielle, économie et capitalisme*, *op. cit.*, p. 151.

3. Norbert Elias, *La Civilisation des mœurs* (1939, rééd. 1969), traduit par P. Kamnitzer, Paris, Calmann-Lévy, 1973 ; rééd. Pocket, 2003. Voir *infra*, p. 198 *sq.*

étranges des peuples où l'on mange assis par terre, sans utiliser ni cuiller ni fourchette[1].

Ajoutons une dernière touche à ce tableau de la transformation historique des arts de la table durant l'époque moderne : le XVIIIe siècle européen a vu également l'apparition de nouveaux établissements dédiés à l'art de bien manger, les *restaurants*, dans lesquels tout fut mis en œuvre pour que le client pût savourer un bon repas. Cette institution bourgeoise consacrait à la fois une certaine démocratisation de la cuisine, qui devenait publique et accessible aux « honnêtes » citoyens moyennant un certain prix, mais aussi un basculement du pouvoir culinaire du cuisinier, lequel avait été traditionnellement au service d'un maître aristocratique, au mangeur ordinaire des grandes villes modernes. Ce dernier pouvait dès lors s'ériger en juge de ce qu'il mangeait, et il était donc en position d'évaluer le talent du cuisinier.

De ce point de vue, le restaurant était étroitement lié au nouveau monde bourgeois dont allait accoucher la Révolution française à la fin du siècle des Lumières. « En sacrant l'opinion publique, écrit l'historien Pascal Ory, le mouvement libéral fondait, pour cet objet en apparence trivial comme pour tant d'autres, souvent plus nobles, l'instance devant laquelle l'écrivain de bouche allait pouvoir faire comparaître le cuisinier. De gratuite et d'occasionnelle, la littérature gourmande devenait, et de plus en plus, utile, voire utilitaire. En succédant à l'office, le restaurant retirait le pouvoir au maître de maison pour le donner au client, donc à celui qui aura su éclairer le suffrage des consommateurs[2]. » En bref, tout était prêt pour le triomphe final du discours gastronomique.

1. F. Braudel, *Civilisation matérielle, économie et capitalisme*, *op. cit.*, p. 152. L'historien ajoute que seuls les Chinois, qui mangent assis à table avec des baguettes, trouvent alors grâce aux yeux des voyageurs européens.

2. P. Ory, *Le Discours gastronomique français*, *op. cit.*, p. 46.

Quoi qu'il en soit de tous ces changements culturels et alimentaires, même si l'Europe moderne tendait à produire et consommer de plus en plus de produits céréaliers, à commencer par le pain, elle n'en conservait pas moins un « privilège carnivore », comme l'a écrit F. Braudel : « Amoindri, le privilège de l'Europe reste toutefois un privilège[1]. » On consomme alors toujours plus de viande en Europe que sur d'autres continents ou que dans d'autres régions du monde, comme en Inde, en Chine ou au Japon par exemple. S'il est vrai que le niveau de vie d'une population dépend du rapport entre le nombre des habitants et la quantité des ressources à leur disposition, l'Europe offre un meilleur rapport que ces pays surpeuplés, où l'on a par conséquent préféré développer la culture de la terre plutôt que l'élevage animal. D'autre part, s'il est vrai que le privilège alimentaire des Européens, leur permettant de jouir d'une alimentation riche, variée et équilibrée, a continuellement eu tendance à s'amenuiser sur leur propre continent au cours des siècles modernes, du XVe au XVIIIe siècle, il a pu cependant être préservé, soit par le recours à des aides extérieures, des importations en provenance du Nouveau Monde notamment, soit par le déplacement sur d'autres continents, à commencer par l'Amérique coloniale, tout particulièrement en Amérique du Sud, au Brésil et en Argentine où s'établit dès le XVIe siècle, comme l'écrit encore Braudel, une « civilisation vigoureuse de la viande[2] ».

1. F. Braudel, *Civilisation matérielle, économie et capitalisme*, *op. cit.*, p. 146.
2. *Ibid.*, p. 148.

7.

Les abattoirs de Chicago et le monde contemporain : le triomphe du steak

L'époque contemporaine est marquée par un phénomène majeur qui intéresse au premier chef notre sujet : l'augmentation considérable de la consommation de viande dans les sociétés occidentales au cours des XIXe et XXe siècles, tant en Europe de l'Ouest qu'en Amérique du Nord, et tout particulièrement aux États-Unis – lesquels ont joué, comme on va le voir, un rôle déterminant dans les mutations du mode de production et de consommation alimentaires des deux côtés de l'Atlantique au cours de la période. On peut parler alors d'un véritable *triomphe de la viande* – et tout spécialement du steak de bœuf – dans le monde occidental contemporain. L'historien Massimo Montanari parle quant à lui d'une « revanche de la viande[1] », ce qui s'explique en comparaison de la faiblesse des quantités consommées durant l'époque moderne.

Deux autres historiens, également spécialistes de l'alimentation, Jean-Louis Flandrin et Hans Jürgen Teuteberg, affirment qu'« il ne fait aucun doute que, dans tous les pays européens, la ration moyenne de viande a finalement augmenté au cours des

1. M. Montanari, *La Faim et l'abondance*, *op. cit.*, p. 207 *sq.*

XIXe et XXe siècles pris dans leur ensemble[1] ». Ces auteurs donnent ainsi des chiffres éloquents : « En deux siècles, écrivent-ils, la ration moyenne annuelle (poids paré en carcasse[2]) aurait crû continûment en France, à des rythmes divers selon les époques : de 19 kg par personne et par an au cours de la décennie 1781-1790 à presque 26 en 1845-1854, et 44 en 1895-1904 ; puis 58 kg en 1935-1938, 70 en 1955-1959 et près de 79 en 1960-1964[3]. » De même, et toujours selon ces deux auteurs, « en Allemagne, la ration de viande a été multipliée par 3,5 entre 1850 et 1975[4] ».

La nourriture carnée aurait connu un pic en France dans les années 1980. Le sociologue Claude Fischler indique en effet que cette consommation annuelle *per capita* aurait été de 93,5 kilos en 1983, avant de connaître une relative décrue par la suite – la consommation de viande rouge semblant alors plus particulièrement régresser en France à partir de 1986, à l'inverse de la viande blanche et tout particulièrement de la volaille qui continuait de progresser. De fait, on ne peut pas parler seulement de l'alimentation carnée en général, sans prendre en considération également les différents types de viandes et d'animaux de boucherie. S'il est vrai que les consommations de viande de bœuf, de porc, de mouton ou bien encore de volaille ont pu connaître des évolutions variées en Europe, selon les pays et selon les moments au cours de l'époque contemporaine, en comportant des phases d'augmenta-

1. Jean-Louis Flandrin et Hans Jürgen Teuteberg, « Transformations de la consommation alimentaire », in *Histoire de l'alimentation*, *op. cit.*, p. 733.

2. Par différence avec le « poids à vif » de l'animal de boucherie, le « poids en carcasse » correspond au poids froid de l'animal abattu après dépouillement, saignée, éviscération et ablation de la tête et des organes génitaux. C'est donc la viande prête à être commercialisée et transformée en vue de sa consommation. Note ajoutée par nous.

3. J.-L. Flandrin et H. J. Teuteberg, « Transformations de la consommation alimentaire », in *Histoire de l'alimentation*, *op. cit.*, p. 733.

4. *Ibid.*, p. 735.

tion, de régression ou encore de stagnation, ces consommations ont toutes suivi une courbe de forte croissance globale sur l'ensemble de la période considérée.

En outre, J.-L. Flandrin et H. J. Teuteberg précisent que la consommation de viande « constitue un critère essentiel du niveau de vie, la tendance à la diminution ou à l'augmentation de sa part dans la ration alimentaire étant considérée comme très significative[1] ». De fait, l'augmentation de la consommation de viande dans l'Europe contemporaine doit être accueillie comme une bonne nouvelle, car elle traduit un phénomène que les historiens et sociologues ont mis en évidence dans de nombreux pays occidentaux au cours du XXe siècle et qu'ils ont nommé la « transition alimentaire ». À mesure, en effet, que le revenu des ménages augmente, on peut observer que l'alimentation tend à se diversifier, en réduisant la part des produits végétaux de base (comme les céréales, les pommes de terre et les légumineuses notamment) et en laissant une part croissante aux produits animaux : non seulement la viande, mais aussi le fromage et les poissons[2]. Ce phénomène s'observe aujourd'hui également dans les pays dits « émergents », notamment en Asie et en Afrique. La diversification alimentaire, garante d'une alimentation plus saine car plus équilibrée, mais aussi plus savoureuse car plus variée, est ainsi un phénomène qui accompagne partout l'entrée dans la modernité et qui traduit une amélioration globale incontestable du niveau de vie des populations concernées. Or cette amélioration des modes de consommation est la conséquence de l'industrialisation des modes de production en général, et des modes de production alimentaire en particulier. Il faut mentionner, notamment,

1. *Ibid.*, p. 733.

2. *Cf.* Jocelyn Raude et Claude Fischler, « Le rapport à la viande, entre mutation et permanence », in *L'Homme, le mangeur et l'animal, qui nourrit l'autre ?*, *op. cit.*, p. 270 *sq.*

la révolution des modes de production de la viande de boucherie qui a eu lieu aux États-Unis d'Amérique dans la seconde moitié du XIXe siècle, à savoir celle qui a été impulsée par la création puis l'aménagement des abattoirs de Chicago au cours des années 1850 et 1860.

Le quartier des Union Stock Yards *(« The Yards »)*, en réalité un vaste complexe industriel regroupant des entreprises de parcage des animaux de boucherie, des abattoirs et des entrepôts frigorifiques qui a été inauguré en 1865, s'est en effet imposé comme la « boucherie du monde » au tournant des XIXe et XXe siècles. Alors que le principal centre d'abattage du bétail des États-Unis se trouvait auparavant dans la ville de Cincinnati (État de l'Ohio), la ville de Chicago, plus au nord, a pu lui ravir cette première place en combinant trois principaux « avantages concurrentiels » : de grands espaces pour parquer les animaux, un vaste réseau de chemin de fer permettant d'acheminer les animaux et enfin de grands entrepôts réfrigérés pour le stockage des carcasses. Ce gigantesque centre industriel, occupant plus de 260 hectares au sud de la ville, était alors le plus vaste au monde. Il comprenait, outre des établissements pour se restaurer et se loger ainsi que des bureaux pour les employés, un réseau de 2 300 parcs à bestiaux pouvant accueillir 75 000 porcs, 21 000 bovins et 22 000 moutons[1]. Il était en outre intégré dans un réseau de cent soixante kilomètres de voies ferrées.

Une telle révolution du mode de production de la viande de boucherie requérait ainsi à la fois une révolution du mode de transport des animaux, une révolution du mode d'abattage et de découpage des bêtes, et enfin une révolution du mode de conservation des viandes. En ce qui concerne le transport des animaux,

1. Voir Bernard Kapp, « Du corned-beef à la Ford T. », *Le Monde*, 7 novembre 2000 – cité dans Jocelyne Porcher, *Bien-être animal et travail en élevage*, Dijon, Éducagri-INRA éditions, 2004, p. 48.

il était rendu possible par le développement du chemin de fer qui permettait d'acheminer rapidement et massivement du bétail vivant sur le lieu d'abattage – au lieu que les abattoirs ne soient proches des lieux d'élevage comme c'était le cas auparavant. Concernant l'abattage et le découpage des animaux, la révolution du mode de production était liée à la mise en place du travail à la chaîne, qui fut systématisé à partir des années 1880. Après avoir été assommées puis saignées, les bêtes étaient suspendues par un crochet à une chaîne mobile, entraînée par une roue en acier, et présentées successivement devant le poste de chaque ouvrier, chacun d'eux devant s'acquitter d'une tâche limitée et bien définie : ôter la tête, ôter la peau, éventrer et éviscérer les cadavres, puis laver les carcasses au jet d'eau avant de les envoyer en salle de refroidissement.

Enfin, en ce qui concerne le conditionnement des viandes, il supposait la maîtrise de nouveaux modes de conservation. L'entrepreneur Philip Armour et son associé Gustavus Swift ont ainsi mis au point en 1875, avec l'aide d'un ingénieur, le premier wagon frigorifique de l'histoire. Par ailleurs, l'invention de la conserve, grâce à une méthode de stérilisation découverte par le Français Nicolas Appert au début du XIXe siècle[1], a permis le développement d'une industrie américaine de la conserve de viande et donné naissance à une spécialité américaine bien connue, précisément née à Chicago : celle du « *corned-beef* ». Celle-ci s'est exportée rapidement en dehors des frontières américaines et

1. Nicolas Appert (1749-1841), cuisinier et confiseur français, est à l'origine de l'invention des boîtes de conserve, à la suite de ses recherches sur le conditionnement des denrées alimentaires qui l'ont amené à découvrir une méthode de stérilisation, consistant à chauffer les aliments dans un bain-marie. Ce procédé, applicable aussi bien aux fruits et légumes qu'aux viandes ou aux laitages, a été exposé dans son ouvrage, publié en 1810 : *L'Art de conserver pendant plusieurs années toutes les substances animales et végétales*. *Cf.* Alberto Capatti, « Le goût de la conserve », in *Histoire de l'alimentation*, *op. cit.*, p. 795 *sq.*

s'est imposée notamment comme un « mets » indispensable de la ration des soldats des armées du monde entier[1].

Le mode de production de la viande de boucherie mis en place dans les *Yards* serait en outre à l'origine du développement de l'industrie automobile américaine, Henry Ford ayant déclaré que l'idée de la mise en place des chaînes de production de la Ford T lui serait venue de sa visite, étant enfant, aux abattoirs de Chicago. « Je crois que c'était la première chaîne jamais installée, écrit-il, l'idée m'est venue en voyant au plafond les rails que les bouchers utilisent à Chicago pour découper la viande[2]. » Ainsi, la production automobile étant au cœur du mode de production industriel américain, lequel est lui-même au cœur du système économique capitaliste aux États-Unis, on peut comprendre pourquoi les critiques et les adversaires contemporains du capitalisme ont toujours mis en cause si violemment la massification de la production et de la consommation de viande dans les sociétés occidentales contemporaines – ou autrement dit : pourquoi les socialistes ont bien souvent épousé la cause du végétarisme, et réciproquement[3].

1. Cette spécialité en conserve en provenance des *Yards* de Chicago, à base de viande de bœuf salée et hachée, a été largement distribuée dans l'armée française à partir de la Première Guerre mondiale. C'est alors qu'elle fut intégrée de manière systématique dans la ration de nourriture des combattants, ce qui la fit connaître dans l'argot des poilus sous l'appellation ironique de « singe » (les boîtes en forme de pyramide étaient alors appelées « boîtes de singe »).

2. Henry Ford, *Ma vie et mon œuvre* (1922), Paris, Payot, 1926 – cité par Ch. Patterson, *Un éternel Treblinka*, *op. cit.*, p. 113.

3. Il y a bien entendu des exceptions, dont l'une des plus notables est l'écrivain et militant George Orwell, lequel s'est même montré un critique féroce du végétarisme socialiste ou du socialisme végétarien anglais, notamment dans son livre *Le Quai de Wigan* (1937), où l'on peut lire par exemple ceci : « Le socialiste type [...] peut être de manière caractéristique un petit homme guindé occupant un emploi à col blanc, en général un total abstinent ayant bien souvent des penchants végétariens, un passé de protestantisme non conformiste derrière lui

Au début du xxe siècle, un jeune militant aspirant à devenir écrivain et journaliste, Upton Sinclair, avait été envoyé à Chicago par la rédaction du journal socialiste *Appeal to Reason* pour faire un rapport sur le fonctionnement des gigantesques usines à viande de l'Illinois. Après quelques mois passés à observer le fonctionnement des *Yards*, il en est ressorti avec un livre intitulé *La Jungle* (1906)[1], dans lequel le jeune auteur dénonçait de façon virulente les conditions de travail, à ses yeux indignes, des ouvriers, ainsi que les mauvais traitements imposés selon lui aux animaux.

« Les “Union Stockyards”, écrit Sinclair, avec leur ribambelle d'ateliers d'abattage, n'avaient jamais été un endroit particulièrement attrayant. Mais, désormais, ils servaient de campement à une armée de quinze ou vingt mille bêtes humaines. Toute la journée, le soleil d'été dardait ses rayons brûlants sur cet enfer d'un mile carré. Il n'épargnait pas non plus les dizaines de milliers de bovins entassés dans des enclos, sur des sols en planches d'où émanaient des miasmes putrides, ni les voies ferrées chauffées à blanc et noires de scories, ni les immenses bâtiments crasseux des conserveries dont les couloirs labyrinthiques empêchaient le moindre souffle d'air de pénétrer. Les exhalaisons méphitiques ne provenaient pas seulement des ruisseaux de sang chaud, des amoncellements de viande suintante, des cuves de graisse, des marmites de savon, des fabriques de colle et des citernes d'engrais. Il y avait aussi des tonnes de détritus qui fermentaient au soleil, le linge graisseux des ouvriers qui séchaient au-dehors, les

et, surtout, une position sociale qu'il n'a nullement l'intention de perdre. [...] Sont-ce là, pensai-je alors, les champions de la cause ouvrière, ces petits êtres étriqués ? » (traduit par M. Pétris, Paris, Ivrea, 1995, p. 196-197).

1. Après avoir été, tout d'abord, publié sous forme de feuilletons dans le journal *Appeal to Reason*.

réfectoires jonchés de nourriture et noirs de mouches, les latrines transformées en égouts à ciel ouvert[1]. »

En réalité, on trouve dans ce livre la plupart des arguments qui sont utilisés par les adversaires actuels de la viande, *La Jungle* étant un ouvrage de référence pour les végétaro-animalistes d'aujourd'hui. Or, si on laisse de côté les critiques socialistes et hygiénistes contenues dans le livre de Sinclair, le reproche principal, celui qui est au cœur de l'argumentaire anti-viande, nous y reviendrons, tient à l'administration industrielle de la mort aux animaux. Ou, plus précisément : la dénonciation la plus virulente de Sinclair porte sur le fait que des êtres vivants sensibles sont soumis à un procédé rationnel et mécanique d'exploitation en vue de réaliser des profits. Il y a là ainsi une sorte de protestation de type romantique, qui consiste à opposer la spontanéité des êtres vivants et sensibles à l'insensibilité d'un processus techno-scientifique réduisant les animaux à n'être que de la matière première pour la production industrielle et capitaliste. Un tel reproche constitue le fonds commun à toutes les protestations du « front anti-viande » dans le monde occidental contemporain. « Ce processus était si méthodique, écrit encore Sinclair, qu'il en était fascinant. On assistait à la fabrication mécanique, mathématique de la viande de porc[2]. » Le livre de Sinclair a eu un grand retentissement en Amérique et a provoqué de vives polémiques. Mais il n'a pas produit les effets escomptés par son auteur, la critique sociale de celui-ci ayant en effet été escamotée par des préoccupations hygiénistes, lesquelles ont finalement prévalu et conduit à la mise en place de nouvelles réglementations dans les abattoirs américains – sans remettre en question la production industrielle de viande de boucherie.

1. Upton Sinclair, *La Jungle* (1906), traduit par A. Jayez et G. Dallez, Paris, Mémoire du livre, 2003 ; rééd. Le Livre de Poche, 2021, p. 418.

2. *Ibid.*, p. 57.

En tout état de cause, la publication du livre n'eut aucun effet sur la consommation de produits carnés aux États-Unis et dans les pays occidentaux approvisionnés par les usines de Chicago. Au contraire, comme l'écrit l'historien Charles Patterson, « la demande de viande augmenta avec l'arrivée de nouvelles vagues d'immigrants européens venus de pays où le bœuf et autres viandes de luxe étaient essentiellement réservés aux tables des aristocrates et des bourgeois[1] ». Ainsi le « rêve américain » devait-il se confondre, pour bon nombre d'Européens partis s'installer dans le Nouveau Monde au tournant des XIXe et XXe siècles, avec la prospérité économique, donc avec l'abondance alimentaire, c'est-à-dire, plus particulièrement, avec une importante consommation de viande, et notamment de viande de bœuf. « La viande, écrit encore Patterson, devint le symbole de la prospérité nouvellement acquise des ouvriers américains et de leur accession au stade si convoité de membres de la classe moyenne américaine[2]. » L'historien ajoute que certains ouvriers affichaient même leur réussite sociale « en mangeant chaque matin un steak au petit déjeuner[3] ».

De fait, si c'est bien de l'Amérique qu'est venu le triomphe du steak dans tout le monde occidental contemporain, celui-ci a été la conséquence d'une heureuse symbiose à la fois économique, sociale et culturelle entre les espoirs des immigrants européens, les attentes du système économique américain et les besoins du marché européen. « La dépression agricole européenne de 1873, écrit l'historien Giorgio Pedrocco, marque l'origine de la puissance des États-Unis, qui enregistrent à cette période un énorme excédent de leur balance des paiements grâce à des exportations massives

1. Ch. Patterson, *Un éternel Treblinka*, *op. cit.*, p. 97.
2. *Ibid.*
3. *Ibid.*, p. 98.

de denrées alimentaires, préparées ou non[1]. » Ainsi les États-Unis ont-ils commencé à approvisionner le marché européen avec leurs denrées, transformées et non transformées, dans le dernier quart du XIXe siècle.

En Europe, et notamment en France, l'industrialisation de la production de viande et la massification de la consommation de produits carnés ont commencé au début du XXe siècle, mais elles se sont accélérées surtout après la Seconde Guerre mondiale, durant la période dite des « Trente Glorieuses ». L'industrialisation de l'élevage et des productions animales est liée en France à l'apparition de la « zootechnie », dès la seconde moitié du XIXe siècle, c'est-à-dire « la théorie et la pratique des moyens de gagner de l'argent en agriculture avec les animaux domestiques[2] ». La zootechnie désigne l'ensemble des techniques appliquées aux animaux dans le but de fabriquer des produits animaux au moindre coût et avec le meilleur rendement. Cette discipline, qui est toujours enseignée en agronomie, se base sur les principes philosophiques et scientifiques de la révolution mécaniste du XVIIe siècle, initiée par René Descartes[3], qu'elle s'efforce de mettre en œuvre dans la production économique afin d'augmenter les profits. De manière caractéristique, les animaux y sont considérés comme des « machines ».

Comme l'écrit André Sanson, un des pères fondateurs de la zootechnie en France : « Les animaux domestiques sont des machines, non pas dans l'acception figurée du mot, mais dans son acception la plus rigoureuse, telle que l'admettent la mécanique et l'industrie. Ce sont des machines au même titre que les locomo-

---

1. Giorgio Pedrocco, « L'industrie alimentaire et les nouvelles techniques de conservation », in *Histoire de l'alimentation*, *op. cit.*, p. 791.

2. Martial Laplaud, *Cours de zootechnie générale*, 1940 – cité par J. Porcher, *Bien-être animal et travail en élevage*, *op. cit.*, p. 45.

3. Nous reviendrons plus loin sur ce point, p. 234 *sq*.

tives de nos chemins de fer, les appareils de nos usines où l'on distille, où l'on fabrique du sucre, de la fécule, où l'on tisse, où l'on moud, où l'on transforme une matière quelconque. Ce sont des machines donnant des services et des produits. [...] L'activité de ces machines constitue leur vie propre, que la physiologie résume en quatre grandes fonctions : la nutrition, la reproduction, la sensibilité et la locomotion. Ce fonctionnement, qui caractérise la vie, est aussi la condition de notre exploitation zootechnique, l'occasion de dépenses et de rendements que nous devons balancer de manière à atténuer les prix de revient pour accroître les profits[1]. »

Ainsi la production industrielle contemporaine de viande introduit-elle un nouveau rapport à l'animal, lequel n'est plus fondé sur une sorte de complicité, de sympathie ou d'échange entre l'homme et la bête domestique, mais suppose de considérer les animaux exclusivement comme des moyens en vue d'une fin qui est la production économique. Jocelyne Porcher, ingénieure agronome et essayiste, oppose quant à elle cette conception industrielle de l'animal à la conception qui est celle des éleveurs traditionnels, c'est-à-dire ceux dont les principes et les méthodes de travail sont antérieurs à l'industrialisation contemporaine – soit, pour ce qui est de la France, antérieurs aux années 1950. Selon elle, l'industrie agro-alimentaire tendrait à détruire la relation qui s'est construite entre l'humain et l'animal depuis des millénaires – depuis le Néolithique. « Cette quête de connaissance scientifique, écrit-elle au sujet de la zootechnie, s'est faite contre les savoirs profanes des paysans. La diffusion du modèle économique dans la relation de travail aux animaux s'est opérée contre leur affectivité et leurs valeurs morales[2]. » Nous verrons

1. André Sanson, *Traité de zootechnie*, Paris, Flammarion, 1907 – cité par J. Porcher, *Bien-être animal et travail en élevage*, *op. cit.*, p. 43-44.

2. Jocelyne Porcher, *Vivre avec les animaux, une utopie pour le XXIe siècle*, Paris, La Découverte, 2014, p. 29.

plus loin que cette opposition entre le travail de l'élevage, au sens traditionnel, et l'industrialisation de la production de viande conduit J. Porcher à récuser le végétaro-animalisme ainsi que le véganisme. En d'autres termes, cette ingénieure agronome, ayant travaillé dans l'élevage et l'industrie de la viande, rejette l'idée selon laquelle le prétendu « respect de l'animal » exclurait nécessairement toute relation de travail avec celui-ci, comme aussi toute exploitation des services et des produits animaux, dont la consommation de viande fait partie[1].

Il est certain que l'une des principales caractéristiques de l'ère industrielle dans laquelle nous vivons est le bouleversement de toutes les normes traditionnelles, sociales, économiques, culturelles, politiques ou encore religieuses. C'est l'ensemble des relations de l'être humain avec son environnement naturel et avec les animaux et aussi, par conséquent, sa consommation des produits animaux ou bien son utilisation des services rendus par les bêtes qui s'en trouvent profondément remis en question. Premièrement, *l'urbanisation* de plus en plus importante des sociétés industrielles contemporaines entraîne une perte du lien avec le monde paysan, avec l'élevage et les animaux qui constituent des modes de production traditionnels depuis la révolution néolithique. Ensuite, l'éloignement des centres de production animale, et notamment des abattoirs, loin des lieux de consommation suscite une *perte de conscience et de connaissance* alimentaire dans une grande partie de la population. Beaucoup de gens, aujourd'hui, ignorent la provenance ou même la nature de ce qu'ils mangent. S'en soucient-ils du reste ? La *délocalisation* et la *déterritorialisation* de la production industrielle en général, et donc de la production alimentaire en particulier ne font que renforcer cette ignorance, mais aussi

1. Il s'agit précisément, selon elle, de déterminer la nature véritable du « respect » qui est dû aux animaux. Or cela n'exclut pas d'avoir avec eux des relations de travail, bien au contraire.

bien souvent l'indifférence des consommateurs vis-à-vis de l'origine de la nourriture qu'ils ingèrent.

En outre, une certaine *uniformisation* et *déstructuration des modèles alimentaires*, analysée dès les années 1990 par Claude Fischler, tend à provoquer une certaine *« gastro-anomie »* – pour reprendre le savoureux et néanmoins inquiétant néologisme du sociologue[1]. Fischler note, en particulier, que l'entrée massive des femmes sur le marché du travail en France à partir des années 1980 a entraîné une série de bouleversements non seulement économiques, mais aussi socioculturels et alimentaires : « déplacement de la consommation alimentaire vers des produits de plus en plus transformés, de plus en plus économes de temps, déclin des modèles alimentaires traditionnellement masculins, évocateurs de la virilité comme la viande rouge, etc. ». Enfin, un certain *individualisme* contemporain conduit à valoriser l'efficacité et la performance, et donc à rechercher la minceur du corps qui en est le reflet esthétique. Comme le dit encore Claude Fischler, bien à sa manière ironique et plaisante, la société contemporaine sonne « le glas du gras », et elle est même parfois conduite à une certaine « lipophobie »[2].

Dans ce contexte incertain, la viande est en quelque sorte ballottée dans le débat public, entre forte attirance et répulsion violente, tantôt louée et tantôt blâmée, que ce soit pour des raisons diététiques, économiques et sociales, ou bien encore environnementales. La tendance récente est plutôt accusatrice, comme en témoigne par exemple le livre violemment à charge et sans nuances du journaliste Fabrice Nicolino, *Bidoche*, paru à grands renforts médiatiques en 2009[3], lequel n'est pas sans rappeler, par

1. Cl. Fischler, *L'Homnivore*, *op. cit.*, p. 212 *sq.*

2. *Ibid.*, p. 316.

3. Fabrice Nicolino, *Bidoche, l'industrie de la viande menace le monde*, Paris, Les liens qui libèrent, 2009.

son argumentaire outrancier et apocalyptique, *La Jungle* d'Upton Sinclair. D'après le livre de F. Nicolino, dont le titre suggère à lui seul toute la vulgarité de l'aliment carné, la consommation actuelle de viande aurait tous les torts : elle y est notamment accusée de ruiner la santé et de détruire l'environnement, outre le fait qu'elle cause la maltraitance des animaux et qu'elle risque d'affamer la planète à l'horizon 2050.

D'un autre côté, certains diététiciens contemporains, comme le médecin et nutritionniste Pierre Dukan[1] notamment, ont pu proposer un régime amincissant hyperprotéiné, basé principalement sur les protéines animales issues de la viande, mais aussi sur celles qui sont issues du poisson, des œufs et des laitages. N'est-ce pas excessif dans les deux cas, aussi bien la trop grande appétence pour la nourriture carnée que, au contraire, son rejet absolu ? Ces débats passionnés autour de la chair animale ne sont-ils pas extravagants et ne témoignent-ils pas surtout – quand ils n'y participent pas directement – de l'anomie alimentaire (la « gastro-anomie ») dans laquelle errent nos contemporains ? S'il est avéré que l'abondance alimentaire peut aujourd'hui être la cause, entre autres facteurs et sous certaines conditions, de « maladies de civilisation » en Occident, comme l'obésité, les maladies cardiovasculaires, le diabète ainsi que le cancer, il semble toutefois que l'on ne puisse combattre « un excès par un autre excès ». « Dans les pays riches, écrit M. Montanari, les maladies dues à l'excès alimentaire ont peu à peu remplacé celles de carence. Et l'on voit croître une forme inédite de peur (*fear of obesity*, comme l'ont baptisée les Américains) qui inverse la peur atavique de la faim [...]. Un excès a été combattu par un autre excès ; un

1. Né en 1941, Pierre Dukan est un ancien médecin nutritionniste français, concepteur du régime amincissant qui porte son nom et qui a donné lieu à des controverses. Il a été radié de l'ordre des médecins en 2014 pour avoir fait la promotion commerciale de son régime.

rapport cordial et conscient avec la nourriture reste à inventer. L'abondance nous permettrait de le faire avec plus de sérénité que par le passé[1]. »

L'un des paradoxes les plus frappants de notre époque tient à l'inversion des valeurs symboliques du « gras » et du « maigre ». Tandis que les sociétés européennes traditionnelles, notamment au Moyen Âge, manifestaient une forte appétence pour les repas copieux et très nourrissants, de même qu'elles témoignaient d'une forme de respect ou d'envie pour l'embonpoint[2], en tant que signe extérieur de richesse, les sociétés occidentales contemporaines expriment au contraire une aversion pour les corps déformés, alourdis et amollis par un excès d'alimentation. Comme le résume fort synthétiquement Claude Fischler : « Aujourd'hui ce sont les pauvres qui sont gros et les riches qui sont minces[3]. » Au Moyen Âge, ainsi que nous l'avons vu, la viande était très recherchée et appréciée par l'ensemble de la population, aussi bien les paysans, que les clercs ou les nobles, car elle était considérée comme un aliment très nourrissant, et qui fournissait notamment de la graisse.

De nos jours, la société moderne et bourgeoise, qui est avant tout soucieuse de performance professionnelle et d'efficacité économique, privilégie les repas plutôt brefs et légers, du moins en semaine, et se méfie par conséquent des nourritures trop chargées ou trop grasses. Cela permet, en partie, d'expliquer la méfiance envers la viande à laquelle semble se rallier une large frange de la bourgeoisie occidentale d'aujourd'hui. Toutefois, on ne peut

1. M. Montanari, *La Faim et l'abondance*, *op. cit.*, p. 230.

2. Claude Fischler, ce sociologue toujours très attentif au sens et à l'origine des mots, remarque que le terme « embonpoint » a connu, dans la langue française, une inversion de sens très significative : alors qu'il désignait autrefois littéralement le fait d'être « en bon point » (en bon état), il a fini par signifier de nos jours l'exact contraire. *Cf.* son livre *L'Homnivore*, *op. cit.*, p. 310.

3. *Ibid.*, p. 347.

exclure un autre élément d'explication. Ainsi peut-on se demander si le procès de la viande de la part des végétariens contemporains, lesquels se recrutent généralement dans les classes sociales supérieures, ne traduirait pas un besoin de se distinguer socialement, et ce au moment précis où la société a rendu l'alimentation carnée accessible à l'ensemble de la population, y compris les classes populaires qui en sont très friandes. « Au centre de tout se trouve la viande, écrit encore Montanari, beaucoup trop de viande, pour rassasier une faim et un désir ataviques. Il y en aura de plus en plus sur les tables du XXe siècle, surtout (après 1950) sur les tables populaires ; l'image épique des grands mangeurs et des grands dévoreurs insatiables restera surtout populaire, alors qu'elle était autrefois partagée avec les élites. En attendant, les nouveaux *puissants* élaborent d'autres formes de distinction : manger peu, manger surtout des végétaux[1]. » Vu sous ce jour, le retour contemporain, sous prétexte de diététique, de santé et d'hygiène du corps, donc de « science », d'un discours anti-viande non dénué d'accents moralisateurs, semble comporter une dimension de stratégie sociale de la part d'une bourgeoisie animée par la crainte ou le mépris des catégories populaires.

D'autre part, ne faut-il pas percevoir, derrière les discours contemporains qui appellent, en Europe et en France, au végétarisme, à la sobriété alimentaire, parfois au jeûne, ou bien qui proposent de respecter un « jour sans viande[2] », l'influence persistante des anciennes prescriptions chrétiennes, celles notamment de l'Église catholique qui ont si profondément marqué le Moyen Âge européen ? Et comment ne pas y entendre aussi une culpabilisa-

1. *Ibid.*, p. 227.

2. Cette journée mondiale, qui correspond au 20 mars, a été instaurée en 1985 à la demande d'une association américaine, FARM, qui milite en faveur de la protection de la nature et des animaux.

tion du plaisir de manger ? La pensée éthico-diététique prendrait-elle, de nos jours, sa revanche sur la gourmandise ?

L'historien américain Harvey A. Levenstein a montré que les États-Unis sont paradoxalement à la fois le pays de l'abondance alimentaire, celui notamment où la consommation de viande est l'une des plus importantes au monde[1], et celui où des mouvements de réforme sanitaro-religieux, inspirés du réformisme protestant, balaient régulièrement le débat public, en appelant à la modération et à l'abstinence végétarienne. Il cite l'exemple du révérend William Sylvester Graham : « Le mouvement de réforme alimentaire qui vit le jour dans les années 1830 et 1840 nous paraît aujourd'hui typiquement américain par son mélange de conseils pseudo-scientifiques – il convenait d'éviter certains aliments auxquels la science attribuait des effets nocifs – et d'aspirations à la pureté morale [...]. Ce qui lui permit d'affirmer que le végétarisme et la chasteté n'étaient pas seulement des préceptes et religieux, mais reposaient sur des vérités physiologiques scientifiques[2]. »

Avec l'américanisation de l'Europe et du monde qui s'est opérée dans la seconde moitié du XXe siècle, on retrouve partout aujourd'hui, y compris au « pays de la gastronomie », c'est-à-dire en France, ce même paradoxe de sociétés d'abondance alimentaire qui sont travaillées par des mouvements de réforme pseudo-scientifiques et pseudo-diététiques, mais authentiquement moralisateurs et religieux. Le développement mondial du *« fast-food »* américain, avec sa triade alimentaire typique : « ketchup-hamburger-frites », ce que le sociologue Claude Fischler appelle

1. Selon les chiffres de la FAO de 2017, les États-Unis se classent au deuxième rang des pays où l'on consomme le plus de viande au monde, soit 124,1 kg par personne et par an, juste derrière Hong-Kong (137 kg).

2. Harvey A. Levenstein, « Diététique contre gastronomie », in *Histoire de l'alimentation*, *op. cit.*, p. 845.

la « macdonaldisation des mœurs[1] », suscite en effet des réactions très contradictoires ou ambivalentes, entre fascination et rejet, entre célébration d'un plaisir transgressif et méfiance éthico-sanitaire vis-à-vis de la « malbouffe ». Le succès actuel du hamburger en France, qui est souvent décliné dans notre pays à la manière « gastronomique » et fabriqué avec des produits locaux et labellisés « du terroir[2] », semble témoigner de l'effort de la « grande nation » culinaire pour tenter d'apprivoiser cette préparation alimentaire et de l'adapter à ses valeurs historiques, en évitant ces deux excès symétriques et complémentaires que sont le *« food porn*[3] *»* et le puritanisme abstinent.

1. Cl. Fischler, « La macdonaldisation des mœurs », in *ibid.*, p. 859 *sq.*

2. Les restaurants MacDonald's proposent des produits qui s'adaptent aux coutumes nationales ou régionales et mettent en avant les produits locaux : ainsi, en France, il est possible par exemple de commander un « MacBaguette », les sandwichs sont composés avec des viandes certifiées d'origine française ; enfin les hamburgers « Signature » peuvent être agrémentés de produits AOP, tels que du jambon italien Rostello et du fromage français comme le comté.

3. Ce terme signifie « pornographie alimentaire » en anglais. Il correspond à une tendance sociale née aux États-Unis, fortement encouragée par les industries agro-alimentaires, consistant à rechercher et à mettre en valeur, notamment par des images ou des photographies suggestives, des aliments ou des plats extrêmement caloriques, très gras ou très sucrés, et cela en réaction contre les normes éthico-diététiques imposées par les pouvoirs publics ou certaines institutions sociales. De manière très significative, ce terme associe la nourriture à la sexualité et valorise une forme de transgression, au regard notamment des normes religieuses chrétiennes (la gourmandise et la luxure sont traditionnellement considérées en effet comme deux péchés capitaux par l'Église catholique).

II.

RATE AU COURT-BOUILLON :
la crise contemporaine du carnivorisme

L'expression « se mettre la rate au court-bouillon », qui signifie « se faire du souci », renvoie à la médecine hippocratique. Le médecin grec considérait en effet que l'organe de la rate serait à l'origine de la bile noire, un liquide froid et sec, lequel serait lui-même la cause du sentiment de tristesse ou de mélancolie[1]. De là vient une seconde expression, synonyme de la première : « se faire de la bile ». Il semblerait que ce soit un roman de Frédéric Dard, *La Rate au court-bouillon*, publié en 1965, qui ait popularisé cette expression argotique[2]. Quant au court-bouillon, c'est un mode de cuisson rapide qui consiste à faire bouillir brièvement un aliment. Nous avons déjà vu précédemment, dans l'introduction du présent volume, que l'émergence d'un végétarisme agressif au cours des dernières décennies traduisait une certaine « crise du carnivorisme ».

1. Le mot français mélancolie vient lui-même du grec, par l'entremise du latin « *melancholia* », et désigne étymologiquement la bile noire : il se compose des termes grecs « *melas* » (noir) et « *kholê* » (bile).

2. 58e titre de la série policière *San Antonio*, il a été publié aux Éditions Fleuve noir.

La consommation de viande n'apparaît plus en effet comme une pratique alimentaire allant de soi dans toutes les catégories sociales, même si, comme nous l'avons relevé, cette pratique est encore très largement répandue dans les couches populaires des sociétés occidentales contemporaines. La remise en cause de la consommation de produits carnés tient en réalité à un ensemble de facteurs qui peuvent se ranger en deux catégories : d'une part, les causes immédiates, d'autre part, les causes profondes. Nous nous intéresserons tout d'abord aux causes profondes, autrement dit aux processus historiques de « longue durée », au sens où l'entendait Fernand Braudel : ce sont des transformations sociales, économiques et culturelles très lentes et étalées sur plusieurs siècles, par opposition à l'histoire événementielle et politique qui relève quant à elle du « temps court »[1].

Ces facteurs historiques de longue portée, qui permettent d'expliquer pourquoi les sociétés occidentales contemporaines ne considèrent plus comme allant de soi que l'on tue des animaux pour les manger, sont selon nous au nombre de trois.

Premièrement, il y a la transformation économique des modes de production et de consommation dans le monde occidental contemporain, à savoir l'industrialisation, dont nous avons vu dans un chapitre précédent qu'elle avait concerné au premier chef la viande.

Deuxièmement, on doit considérer la transformation touchant les représentations et les perceptions sociales de l'animal dans les sociétés occidentales contemporaines. L'avènement d'une « nouvelle sensibilité » à l'égard des animaux est en effet un phénomène caractéristique du monde contemporain, et plus particulièrement des sociétés occidentales industrialisées. Keith Thomas a bien mis

---

1. *Cf.* Fernand Braudel, « Histoire et sciences sociales, la longue durée », *Annales ESC*, Paris, Armand Colin, 1958 ; texte repris dans *Écrits sur l'histoire*, Paris, Flammarion, « Champs », 1977, p. 41-83.

en évidence ce changement des mentalités qui s'est produit de manière précoce en Angleterre dès la fin du XVIIIe siècle, comme nous l'avons déjà indiqué et comme nous y reviendrons plus loin.

Or ce phénomène est lié bien entendu à l'industrialisation des modes de production et de consommation, notamment de la chair animale. Ce n'est pas un hasard si la nouvelle sensibilité est née d'abord dans le pays qui a connu le premier le décollage industriel, et qui est devenu la première puissance économique mondiale au XIXe siècle. L'empathie envers les animaux semble représenter ainsi paradoxalement à la fois le sombre revers de l'industrialisation de l'économie et le lumineux « supplément d'âme » indispensable au développement de la société industrielle. Comme nous le verrons, cette tension ou cette contradiction entre le sentiment des populations urbaines et éduquées et le développement de la machine économique est au cœur du problème qui nous occupe.

Enfin, il nous restera à prendre également en considération les évolutions et les révolutions du savoir scientifique à l'époque contemporaine. Celles-ci tendent en effet à remettre en cause et à réévaluer selon de nouvelles normes la place et le rôle de l'être humain dans la nature, et plus particulièrement la relation de ce dernier avec les animaux. La transformation du savoir scientifique à l'époque contemporaine concerne tout d'abord les sciences naturelles, à commencer par la biologie, avec cette révolution majeure qu'a représentée la théorie darwinienne de l'évolution dans la seconde moitié du XIXe siècle. Mais les sciences humaines et sociales ne sont pas en reste, et plus particulièrement l'anthropologie et l'ethnologie, deux sciences qui sont nées au XIXe siècle et qui se sont rapidement développées au cours du XXe. Je réserve donc une particulière attention aux travaux de Claude Lévi-Strauss et de Philippe Descola, deux savants français contemporains qui ont largement contribué à repenser la place de l'homme dans la nature et sa relation aux autres êtres vivants.

Les trois chapitres qui suivent se pencheront donc sur les trois facteurs historiques que nous avons identifiés : la transformation de la production et de la consommation de viande, la transformation de la sensibilité à l'égard des animaux, la transformation du savoir scientifique. Ces facteurs historiques propres au monde contemporain, qui sont apparus en Europe à partir de la fin du XVIIIe siècle, qui se sont développés au cours des deux siècles suivants et constituent notre réalité d'aujourd'hui, ont contribué à remettre en cause la relation traditionnelle que l'homme avait établie avec les animaux au cours des derniers millénaires, à travers la domestication, l'élevage ou encore la chasse.

1.

Le tournant industriel de la production et de la consommation de viande dans le monde occidental contemporain et ses conséquences

Dans le film *Le Grand Chemin*[1], un jeune garçon de la ville, Louis le « petit Parisien », est placé en pension par sa mère dans une famille rurale et il y découvre la vie à la campagne, ses joies et ses peines. Ce film de la fin des années 1980, librement inspiré de l'enfance du réalisateur, est supposé se dérouler dans un petit village français en 1959. Dès le début du film, le jeune garçon assiste à une scène où la rude « campagnarde » qui doit l'accueillir, Marcelle, jouée par l'actrice Anémone, assomme un lapin puis lui arrache un œil avec un couteau, avant de le suspendre la tête en bas afin qu'il se vide de son sang. Quelques heures plus tard, le jeune garçon refuse de manger la chair du lapin que son hôtesse a cuisinée pour lui. Le spectateur peut supposer que c'est par compassion envers l'animal. Cette petite séquence cinématographique est ainsi très caractéristique de l'évolution des mœurs alimentaires en France durant le dernier quart du XXe siècle, et cette évolution accompagne la transition d'une société française qui fut longtemps majoritairement rurale et agricole vers une société majoritaire-

1. Film français réalisé par Jean-Loup Hubert, sorti en salles en 1987, avec les acteurs Anémone, Richard Bohringer et Antoine Hubert dans les rôles principaux.

ment urbaine et industrialisée[1]. L'exode rural a ainsi coupé le lien séculaire entre les Français et le monde des campagnes, celui des traditions paysannes, de l'agriculture et de l'élevage, de la ferme et des animaux domestiques. La scène « traumatique » vécue par le petit Parisien du film de Jean-Loup Hubert a probablement été vécue également par bon nombre de nos concitoyens.

Le philosophe Luc Ferry, par exemple, raconte comment, étant enfant, il a pu observer les mauvais traitements infligés aux animaux dans les fermes : « Et qu'on ne me dise pas que dans l'agriculture extensive traditionnelle, dans les bonnes vieilles petites fermes du temps jadis, l'abattage des animaux se passait mieux que dans l'industrie agro-alimentaire intensive. C'est tout simplement un mensonge. J'ai passé presque toute mon enfance à la campagne, la vraie, la profonde, dans la maison parentale entourée justement de ces petites fermes où on allait chercher chaque matin le lait et les œufs. J'y ai vu comment on saignait les lapins en les pendant par les pattes et en leur arrachant un œil, parce que, disait le paysan, c'est par là que le sang s'écoule le mieux et qu'on veut de la viande bien blanche[2]. »

1. En réalité, cette transition s'est effectuée progressivement au cours des XIXe et XXe siècles. La population française était déjà majoritairement urbaine à la veille de la Seconde Guerre mondiale, quoique ce fût d'une courte majorité (environ 52 % de la population française habitent en ville en 1936), or cette évolution s'est accélérée après guerre, au cours des années 1950-1960, de sorte qu'à la fin des années 1960, la population rurale ne représentait plus que 30 % de la population française. Cet exode rural est la conséquence notamment du départ des agriculteurs, à la suite de la modernisation et de la mécanisation de l'agriculture, ainsi que de la concentration des exploitations qui ont détruit nombre des emplois agricoles (lesquels ont été remplacés par des emplois industriels en ville ou à la périphérie des villes). Le sociologue français Henri Mendras a documenté cette évolution socio-économique dans un ouvrage célèbre, *La Fin des paysans* (Paris, SEDEIS, 1967 ; rééd. Armand Colin, 1970).

2. Luc Ferry, *Les Sept Écologies*, Paris, Éditions de l'Observatoire, 2021 ; rééd. J'ai lu, 2022, p. 271.

Qu'il me soit permis ici de livrer mon propre témoignage, ayant moi-même passé, lorsque j'étais enfant et même encore adolescent, la quasi-totalité de mes vacances à la campagne, auprès de mes grands-parents agriculteurs dans un tout petit village de Bourgogne. J'y ai souvent assisté à cette fameuse scène du lapin qu'on assomme avant de lui arracher un œil pour le saigner. Je me souviens aussi d'avoir observé, non sans malice, comment les poules venaient picorer le sang qui tombait goutte à goutte et se répandait sur le sol au-dessous du pauvre animal. Pour autant, je dois confesser que je n'ai jamais souffert d'aucun traumatisme devant cette scène campagnarde si typique, et que je n'en garde encore aujourd'hui aucun mauvais souvenir. Ce n'est pas que je me sois réjoui à l'époque du malheur d'un petit mammifère inoffensif. Mais je concevais, plus ou moins confusément dans ma tête et mon cœur d'enfant, que cette mort, aussi cruelle qu'elle semblât au premier abord, était le prix à payer pour que je puisse faire un bon repas, c'est-à-dire savourer un délicieux civet de lapin[1]. Et ce dont j'étais certain, surtout, c'était que ma grand-mère (qui s'appelait Marcelle, comme le personnage du film) ne se livrait aucunement alors à un acte de malveillance motivé par je ne sais quelle cruauté sadique, mais qu'elle faisait seulement ce qui lui paraissait strictement nécessaire pour nourrir sa famille, qu'elle répétait simplement des gestes ancestraux qu'elle avait appris de ses aïeux pour procurer du bien-être et de la joie à ses enfants et ses petits-enfants. La mise à mort de l'animal faisait partie, pour elle, de l'art de la cuisine et constituait un acte d'amour envers nous, mes cousins et moi qui la regardions faire.

Ainsi, j'ai grandi entre deux mondes, celui de la ville où j'ai vécu la plus grande partie de ma jeunesse (ainsi que de ma vie

1. La viande de lapin a longtemps été considérée, notamment en France, comme la viande des pauvres et écartée, de ce fait, du menu des grandes tables aristocratiques ainsi que des repas gastronomiques. Il semble que ce ne soit plus le cas aujourd'hui.

d'adulte), et celui de la campagne où j'ai passé presque toutes mes vacances d'enfant et d'adolescent. Or, loin de jamais éprouver répulsion ou mépris pour les rudes mœurs campagnardes, j'ai toujours considéré au contraire qu'elles avaient quelque chose de plus vrai et de plus juste que les mœurs urbaines. Car elles me donnaient régulièrement des leçons de choses qui m'ont gardé, au moins en partie, de céder à un certain idéalisme abstrait ainsi qu'à une certaine sensiblerie excessive, excitée par l'imagination, qui m'ont toujours semblé très caractéristiques des gens de la ville auprès desquels je vivais habituellement.

« Les premiers à exprimer le sentiment nouveau, écrit Keith Thomas, ont été, soit des citadins à leur aise, qui étaient éloignés du processus agricole et qui, s'ils pensaient à des bêtes, imaginaient plutôt des animaux familiers que des bêtes de labour, soit des pasteurs de campagne instruits, qui n'avaient pas la même sensibilité que les paysans au milieu desquels ils se trouvaient[1]. » L'historien britannique, qui a analysé le changement des mentalités et l'apparition d'une « nouvelle sensibilité » à l'égard de la nature et des animaux en Angleterre au cours de l'époque moderne, établit un lien entre celle-ci et les mutations du système économique de production. C'est précisément au moment où la mécanisation de la production industrielle a rendu inutile et obsolète le recours à la force animale, au moment par exemple où la machine à vapeur a remplacé la traction des chevaux, particulièrement dans les grandes villes, si bien que les animaux disparaissaient du paysage urbain, que sont apparues, dans certaines classes sociales urbaines et bourgeoises, une nouvelle attention à la cause des animaux et une nouvelle empathie pour les difficiles conditions de vie de ces derniers.

Autrement dit, l'intérêt pour l'animal a grandi dans les classes privilégiées des villes précisément au moment où les animaux ces-

1. K. Thomas, *Dans le jardin de la nature*, *op. cit.*, p. 238.

saient de faire partie de la vie urbaine. Il a pu prendre la forme soit d'idéaux abstraits et progressistes, soit d'une empathie teintée de religiosité chrétienne, mais on le retrouve toujours chez des gens qui ne sont pas confrontés directement aux animaux dans leur activité de labeur quotidien. On retiendra donc ce paradoxe : c'est l'éloignement de plus en plus grand entre les humains et les animaux, en raison du développement de l'activité industrielle à l'époque contemporaine, qui semble susciter comme par réaction une préoccupation accrue dans la population, surtout celle des villes, pour le devenir des animaux. Là au contraire où les hommes travaillent au contact des animaux et avec eux, là où par conséquent les animaux sont intégrés dans le processus de production économique, la « nouvelle sensibilité » ne semble pas avoir de prise sur les populations, c'est-à-dire avant tout sur les paysans et les éleveurs[1].

En tout état de cause, le processus de production industrielle contemporain, et plus particulièrement celui concernant la production de viande et de produits carnés, entraîne une forme d'effacement de la présence animale dans la société des hommes, ou de « désanimalisation » du monde humain, qui prend de multiples formes. La réduction de l'animal au rang d'objet ou même de « matière première » est en effet la résultante de la transformation de l'abattage en *« process »* industriel. En raison de la parcellisation ou « taylorisation » des tâches appliquée à la production industrielle de viande, et ce dès la fin du XIXe siècle, la mort de l'animal a été en quelque sorte effacée derrière un processus mécanisé, rationalisé, impersonnel et « froid », dans lequel la responsabilité

1. Plus proche de nous, l'analyste politique Jérôme Fourquet note que le parti animaliste français enregistre ses meilleurs scores en zones péri-urbaines, dans les régions ou les parties du territoire français dans lesquelles l'élevage et les abattoirs sont peu présents, voire absents – et inversement. *Cf. La France d'après*, Paris, Le Seuil, 2023, chapitre 6 : « Européennes 2019 : la cause animaliste s'invite dans les urnes », p. 221-236.

humaine était elle-même fortement atténuée, sinon totalement supprimée. L'ouvrier qui assomme l'animal sur la chaîne de production n'est pas le même en effet que celui qui le saigne, et celui qui l'éventre pour l'éviscérer est une troisième personne, elle-même différente à son tour de celle qui nettoie la carcasse, etc.

Comme l'écrit le sociologue spécialiste de l'alimentation Jean-Pierre Poulain : « Le processus de taylorisation de l'abattage lui-même [...] pourrait avoir une double fonction. La première est de diluer la responsabilité du meurtre et la seconde de poursuivre la réduction symbolique de l'animal à sa chair, de le chosifier[1]. » On pourrait dire que la division industrielle des tâches joue en quelque sorte le même rôle de protection psychologique que le partage des tâches entre les participants du rituel antique gréco-romain du sacrifice animal, dont nous avons parlé précédemment, à ceci près que les anciens sacrificateurs affrontaient la question de la mort animale à travers leurs croyances, là où nous vivons dans un monde purement matérialiste qui ne reconnaît à l'animal que le statut d'un être de chair, ou pire d'une « masse » de chair[2], et non celui d'une offrande sacrée.

Cela suffit-il à affirmer que le sort de l'animal aurait été plus enviable dans l'Antiquité gréco-romaine que dans le monde contemporain ? Faut-il regretter, avec Élisabeth de Fontenay, « l'âge d'or des sacrifices antiques[3] » ? Il est certain, tout au moins, que la perte du rapport à l'animal et à l'animalité dans le monde contemporain ne nous permet plus de mesurer la dette que nous avons envers les animaux, notamment lorsque nous les tuons pour les manger. Or, plutôt que de renoncer à consommer la chair des animaux au nom de principes définitifs, d'idéaux abs-

---

1. J.-P. Poulain, « Penser et manger la chair », art. cit., p. 316.

2. Dans la terminologie de l'industrie agro-alimentaire, il est d'usage de parler de « minerai de viande » pour désigner les masses de chair animale issues des « chutes » ou des résidus de la découpe des bêtes.

3. É. de Fontenay, *Le Silence des bêtes*, *op. cit.*, p. 277.

traits et de sentiments éthérés, il serait plus urgent, à notre sens, de réapprendre à les connaître dans leur existence concrète, matérielle et quotidienne, c'est-à-dire notamment de renouer les liens avec le monde de l'élevage, et ce afin de mieux les respecter.

Du côté de la consommation, la « désanimalisation » de l'alimentation est également bien documentée par les historiens ou les sociologues contemporains. Ainsi, la sociologue Noëlie Vialles, qui a étudié le fonctionnement des abattoirs des pays de l'Adour, décrit un processus qu'elle nomme la « tendance sarcophagique » des sociétés contemporaines, c'est-à-dire la tendance de plus en plus affirmée des consommateurs d'aujourd'hui à manger de la chair animale sans établir un lien clair entre celle-ci et la bête dont elle est issue, voire en occultant ce lien[1]. À l'opposé de cette tendance, la « zoophagie », propre aux sociétés traditionnelles ou anciennes, consiste à mettre en évidence la provenance animale des chairs que l'on consomme.

Par exemple, dans la cuisine médiévale et encore dans la cuisine moderne des sociétés européennes, il a longtemps été d'usage de présenter à table des plats de viande mettant en scène, voire reconstituant l'apparence de l'animal dont ils avaient été tirés. Le mangeur « zoophage » n'éprouve ainsi aucun scrupule à se repaître de chair animale, mais il apprécie au contraire de pouvoir identifier à table soit les parties de la bête qu'il consomme, soit son corps tout entier. Beaucoup de mangeurs d'aujourd'hui non seulement ne savent pas, mais ne désirent pas savoir d'où provient la chair qu'ils consomment – et parfois même, il arrive que nombre de consommateurs ne sachent même pas qu'ils ingèrent de la viande[2]. Les consommateurs contemporains ont incontesta-

1. Le mot est formé sur les racines grecques « *sarx* », « chair », et « *phagein* », « manger ». *Cf.* Noëlie Vialles, *Le Sang et la chair, les abattoirs des pays de l'Adour*, Paris, Maison des sciences de l'homme, 1987.

2. Certains aliments sont tellement transformés industriellement qu'il est très difficile de déterminer leur nature exacte de par leur apparence, leur texture ou

blement tendance à privilégier les produits transformés, tels que les steaks hachés ou bien la viande hachée qui entre directement dans la composition des plats cuisinés, comme les lasagnes ou les hachis parmentiers industriels vendus en grandes surfaces par exemple. Or cette tendance peut être considérée à la fois comme la cause et la conséquence d'une forme de dégoût croissant, chez une grande partie des consommateurs des produits de l'industrie, pour la nature animale de leur alimentation.

En réalité, la tendance « sarcophagique » des sociétés occidentales contemporaines semble s'inscrire dans un processus de plus longue durée et qui lui serait antérieur, soit : celui que Norbert Elias a nommé le « processus de civilisation[1] ». Au cours de ce long processus historique, les sociétés européennes modernes tendent à refouler l'animalité, tant celle qui est présente en l'homme lui-même que celle des animaux. Cela signifie, plus précisément, que ces sociétés ont eu tendance à contrôler et à canaliser les pulsions les plus grossières de l'être humain, notamment l'agressivité et

---

leur goût. Il convient ici de mentionner le cas particulier de la « viande séparée mécaniquement » (« VSM »), laquelle est une sorte de pâte alimentaire obtenue à partir des sous-produits de l'industrie de la viande, notamment des résidus de chair récupérés sur les carcasses de poulet. Sa commercialisation sous le nom de « viande » est interdite en Europe, et ses qualités nutritives sont très inférieures à celles de la « vraie » viande. Or elle entre pourtant dans la composition de nombreux produits transformés, comme les « *nuggets* de poulet », les cordons bleus industriels ou encore les charcuteries bon marché (saucisses pour hot-dogs, pâtés industriels, etc.). Par ailleurs, la transformation industrielle des aliments permet aussi les fraudes, comme celle qui a touché la firme Findus en 2013, de la viande de cheval ayant alors été commercialisée sous la dénomination de viande de bœuf.

1. L'*opus magnum* de Norbert Elias est incontestablement : *Über den Prozess der Zivilisation*, publié à Bâle en 1939, puis réédité en 1969 ; il a été traduit en français sous le titre *La Civilisation des mœurs*, *op. cit.* Il est à noter que le mot « *Prozess* », utilisé dans le titre allemand, désigne un processus dynamique (tout comme l'anglais « *process* »), ce que le titre français ne rend que très imparfaitement. Voir *supra*, p. 164, note 3.

la violence, le désir sexuel ainsi que l'appétit de nourriture – et spécialement bien sûr: de nourriture carnée. N. Elias s'est tout particulièrement intéressé, en effet, à la manière de consommer de la viande dans la haute société européenne moderne, c'est-à-dire d'abord la société de cour aristocratique des premiers siècles de la modernité (de la fin du Moyen Âge au XVIIIe siècle), puis la société bourgeoise des siècles suivants (XIXe et XXe siècles). Car « l'attitude des hommes face à l'alimentation carnée est à certains égards révélatrice du dynamisme des rapports humains et de leurs structures psychiques[1] ».

L'évolution de la manière de consommer de la viande dans la haute société européenne entre le Moyen Âge et l'époque moderne semble montrer clairement, selon le sociologue, une tendance à repousser progressivement l'animalité loin de la table. « Dans les couches supérieures de la société médiévale, on portait sur la table des animaux entiers, ou d'énormes quartiers de viande. C'était la façon habituelle de servir les poissons, les oiseaux – parfois avec leurs plumes –, les lièvres, moutons et veaux. Le gros gibier, les porcs, les bœufs étaient entiers rôtis à la broche. L'animal était dépecé sur la table. C'est pourquoi les manuels du savoir-vivre insistent jusqu'au XVIIe siècle et parfois jusqu'au XVIIIe siècle sur la nécessité, pour un homme bien élevé, de savoir découper les animaux[2]. » Nous retrouvons ici un trait qui était déjà caractéristique des sociétés grecque et romaine antiques: l'art de découper la viande faisait alors partie du « savoir vivre », de la bonne éducation dont devait témoigner l'« honnête homme » de l'époque. Bien plus, comme le souligne Platon dans le *Phèdre*, l'art de dépecer la chair de l'animal, selon les articulations ou les muscles de son corps, relèverait d'un esprit de justice ou d'une forme d'éthique, et même d'une forme de sagesse sus-

1. N. Elias, *La Civilisation des mœurs*, Pocket, *op. cit.*, p. 251.
2. *Ibid.*, p. 253-254.

ceptible d'inspirer le philosophe[1]. Or cet art du découpage de la viande à la table (ou bien au vu des convives, comme dans l'Antiquité) a cessé, au cours du XVIIe siècle européen selon N. Elias, de faire partie des savoir-faire qu'un gentilhomme se devait de maîtriser, au même titre que la chasse, l'escrime ou la danse. Le sociologue note que cette évolution s'explique, entre autres, par la spécialisation des tâches tendant progressivement à réserver la découpe de la viande à des artisans bouchers ou des commerçants – loin de la table donc, voire loin de la cuisine.

Dès avant l'époque industrielle qui est la nôtre, l'évolution du mode de production et de consommation de la viande dans la haute société européenne moderne traduisait ainsi déjà un certain adoucissement des mœurs et refoulement des pulsions les plus grossières. Il resterait à se demander ce qui est cause et conséquence ici : est-ce l'évolution des mœurs qui entraîne l'évolution des pratiques, ou bien l'inverse ? En réalité, cette question semble vaine et oiseuse, tant il apparaît clairement que les deux processus, l'évolution du mode de production et de consommation, d'une part, l'évolution des mœurs et des mentalités, d'autre part, marchent de pair et se renforcent mutuellement[2].

De cette évolution historique des manières de table touchant particulièrement l'alimentation carnée il ressort qu'elle a entraîné un « déplacement du seuil de la sensibilité[3] », lequel a amené les couches supérieures de la société occidentale, celles qui sont réputées « les plus civilisées », à considérer que la vue d'un animal mort à table, ou même des parties découpées de son corps ne faisait plus partie de la vie « normale ». « L'orientation de cette

1. Platon, *Phèdre*, 265e, in *Œuvres complètes*, *op. cit.*, p. 1282.

2. Quant à nous, nous n'avons séparé ces deux aspects : l'organisation matérielle de la production et de la consommation de viande, d'une part, et les représentations mentales, symboliques et spirituelles de l'animal, d'autre part, que pour la commodité de notre propos.

3. N. Elias, *La Civilisation des mœurs*, *op. cit.*, p. 256.

évolution ne saurait faire le moindre doute : alors que la norme du départ considérait la vue d'une bête tuée et son dépeçage sur la table comme agréables ou du moins comme nullement déplaisantes, l'évolution s'oriente vers une autre norme qui postule qu'on oublie autant que possible qu'un plat de viande a quelque rapport avec un animal mort[1]. » Norbert Elias a, en somme, clairement exposé la tendance sarcophagique des sociétés occidentales modernes, laquelle n'a fait que se renforcer ensuite, au cours du XXe siècle et jusqu'à l'orée du XXIe siècle. Notons encore que le sociologue consacre également quelques pages à l'usage du couteau pendant les repas. Cet instrument de table était indispensable au repas médiéval où chaque convive possédait et utilisait celui qu'il avait apporté, à titre personnel[2]. Or l'usage de cet instrument s'est entouré progressivement d'un « grand luxe de tabous[3] », écrit Elias, ce qui traduit là encore, selon ce dernier, le refoulement, durant l'époque moderne, des pulsions agressives liées à la possession de cet objet. « Le plus connu et le plus impératif, écrit-il, est de ne jamais porter le couteau à la bouche[4]. »

Nous nous arrêterons un instant, pour finir, sur le fait que le sociologue mentionne au passage la pratique végétarienne dont il précise qu'elle est le produit de la tendance sarcophagique. Or, pour lui, cette pratique, demeurée marginale au XXe siècle (et même, pourrait-on ajouter, au début du XXIe siècle), pourrait préfigurer l'avenir des sociétés européennes ou occidentales, si du moins la tendance sarcophagique poursuivait sa trajectoire historique sans discontinuer et sans rencontrer d'obstacles[5]. De fait, loin de s'opposer à la tradition historique occidentale, le végétarisme

1. *Ibid.*, p. 257.

2. Au lieu que le couteau soit fourni avec les autres couverts par l'hôte, comme c'est le cas sur les tables modernes.

3. N. Elias, *La Civilisation des mœurs*, *op. cit.*, p. 264.

4. *Ibid.*

5. *Ibid.*, p. 256.

moderne semble s'inscrire au contraire dans son sillage. Au lieu de s'opposer à l'humanisme occidental, le végétarisme contemporain n'en est finalement qu'un des « sous-produits » tardifs.

Dans ces conditions, le végétaro-animalisme actuel fait fausse route lorsqu'il prétend opposer son orientation « animaliste », « antispéciste » et « abolitionniste » à la tradition socioculturelle du monde occidental moderne et contemporain. Autrement dit, il n'est nullement nécessaire de se faire « antihumaniste » quand on prétend s'efforcer de réduire le niveau de violence et d'agressivité dans la société, que ce soit entre les humains ou bien vis-à-vis des animaux. Inversement, la civilisation occidentale, rationaliste et humaniste, ne justifie nullement de maltraiter les animaux, d'exhiber leurs souffrances ou de se réjouir de leurs malheurs. Un certain adoucissement des mœurs est lié en effet à notre histoire. L'évolution de nos mœurs alimentaires en témoigne tout particulièrement et significativement.

Pour autant, cela ne signifie pas que le végétarisme serait une obligation ou une nécessité historique à laquelle nous ne saurions échapper à l'avenir. Le processus de « décivilisation » examiné par N. Elias dans son dernier ouvrage posthume, *Les Allemands*, est là pour témoigner du fait qu'aucune évolution historique n'est jamais écrite, ni déterminable ni connaissable, à l'avance[1]. Si la théorie freudienne du refoulement, qui a inspiré Elias en grande partie, est exacte, alors cela signifie qu'il faut toujours se prémunir contre la possibilité d'un violent « retour du refoulé ». À trop vouloir chasser l'animal, celui qui est en nous comme celui qui est au-dehors, à vouloir l'expulser entièrement hors de notre monde humain au lieu d'essayer de l'apprivoiser ou de le domestiquer, on s'expose en effet au risque de voir ressurgir l'animalité lorsqu'on s'y attend le moins, et sous une forme qui est susceptible de nous surprendre, voire de nous heurter violemment.

1. Norbert Elias, *Les Allemands* (1989), traduit par M. de Launay, Paris, Le Seuil, 2017.

2.

La nouvelle sensibilité des Européens envers la souffrance animale

La sensibilité envers la souffrance des animaux n'est pas un phénomène qui serait apparu *ex nihilo* dans les sociétés occidentales modernes et contemporaines. On la trouve déjà par exemple chez Montaigne, lequel s'inspirait en l'occurrence de Plutarque. « Je ne voy pas égorger un poulet sans desplaisir, et ois impatiemment gemir un lievre sous les dents de mes chiens[1] », écrivait ainsi l'auteur des *Essais*. « Je m'émerveille moi, quelle affection, quel courage, ou quelle raison eut donc l'homme qui le premier approcha de sa bouche une chair meurtrie, qui osa toucher de ses lèvres la chair d'une bête morte, et comment il fit servir à sa table des corps morts et en putréfaction, et faire viande et nourriture des membres qui peu devant bêlaient, mugissaient, marchaient et voyaient. Comment purent ses yeux souffrir de voir un meurtre ? de voir tuer, écorcher, démembrer une pauvre bête[2] ? » Toutefois, que ce soit dans l'Antiquité ou même encore à la Renaissance, la pitié envers les bêtes est un phénomène social

1. M. de Montaigne, *Les Essais* (1580), Livre II, chapitre 12, Paris, PUF, « Quadrige », 1992, p. 429.
2. Plutarque, *Manger la chair ?*, *op. cit.*, p. 35-36.

marginal et minoritaire, car réservé à une élite intellectuelle, philosophique et savante.

Ce qui est propre à la société occidentale, aux temps modernes et surtout contemporains, c'est l'extension à de larges franges de la population de la compassion envers les animaux. Si Plutarque se réclamait de la notion religieuse de métempsycose, d'origine pythagoricienne, pour dénoncer la nourriture carnée, cette croyance était alors « ésotérique » : elle était enseignée dans le secret de certaines écoles philosophiques dont l'entrée était réservée à une élite sociale. Au contraire, la religion chrétienne devait s'imposer dans tout le monde occidental à partir de la fin de l'Antiquité, non seulement dans l'élite sociale, mais aussi dans les couches populaires, en diffusant ainsi largement des idées profondément novatrices, en rupture avec les mœurs antiques.

Il est vrai que le christianisme s'est toujours montré très ambivalent à l'égard de la consommation de viande et de la condition animale, comme on l'a vu. S'il autorise, d'un côté, la consommation de viande, même et surtout celle qui n'est pas issue des sacrifices rituels, d'un autre côté, il considère l'alimentation carnée comme une pratique qui reflète la corruption de l'humanité après la « chute ». Et si le christianisme réserve le salut de l'âme après la mort aux seuls humains à l'exclusion des bêtes, il n'en considère pas moins que la cruauté envers les animaux est le reflet de la méchanceté de l'âme humaine. Comme on l'a vu également, Élisabeth de Fontenay accuse, quant à elle, la religion chrétienne d'avoir favorisé la domination de l'homme sur la nature et les animaux, et ainsi d'avoir en quelque sorte encouragé la croissance exponentielle de la consommation de viande dans le monde occidental moderne et contemporain[1]. Pourtant, d'un autre côté, on peut considérer que la diffusion de la doctrine chrétienne dans les sociétés occidentales y a été un facteur historique d'adoucis-

1. É. de Fontenay, *Le Silence des bêtes*, *op. cit.*, p. 278. Voir *supra*, p. 118.

sement des mœurs, donc de réduction de la violence aussi bien entre les humains que vis-à-vis des animaux.

Machiavel déplorait ainsi que ses contemporains ne fussent pas aussi « féroces » que les Anciens, et il en imputait la responsabilité à la religion chrétienne, en prenant pour exemple et pour preuve le fait que celle-ci a aboli les sacrifices animaux de l'Antiquité. « Les païens [...] étaient plus acharnés dans leurs actions. On peut l'observer dans nombre de leurs institutions, en commençant par la magnificence de leurs sacrifices, par comparaison avec l'humilité des nôtres, où la pompe est plus délicate et magnifique, mais où rien n'est féroce ni violent. Chez eux, ne manquaient ni la pompe ni la magnificence dans les cérémonies, mais il s'y ajoutait le sacrifice, sanglant et horrible, puisqu'on y tuait quantité d'animaux. Ce spectacle terrible rendait les hommes pareils à lui[1]. »

L'historien britannique Keith Thomas a établi, quant à lui, la filiation religieuse et chrétienne de la nouvelle sensibilité envers le sort des animaux qui apparaît en Angleterre dès la fin du XVIIe siècle. « On a fait remonter, écrit-il, la généalogie intellectuelle de l'"homme sensible" aux pasteurs latitudinariens de la Restauration qui, en réaction contre Hobbes, enseignent que les instincts innés de l'homme sont bons et qu'il n'est pas naturel de prendre plaisir à être cruel[2]. » L'historien britannique considère en

---

1. Nicolas Machiavel, *Discours sur la première décade de Tite-Live* (1531), Livre II, chapitre 2, traduit par C. Bec, Paris, Robert Laffont, « Bouquins », 1996, p. 299.

2. K. Thomas, *Dans le jardin de la nature*, *op. cit.*, p. 229. La Restauration anglaise correspond à la période du retour des Stuart sur le trône d'Angleterre, à la suite de la première révolution anglaise, avec le règne de Charles II, de 1660 à 1685, puis celui de Jacques II, de 1685 à 1688, avant que n'éclate la « glorieuse révolution » de 1689. Les latitudinaires sont des théologiens anglicans libéraux et « non conformistes », réclamant une grande « latitude » ou liberté dans l'interprétation de la Bible, comme Samuel Parker, Isaac Barrow, Samuel Clark ou Gilbert Burnet.

outre que le latitudinarisme chrétien serait à l'origine du courant philosophique de l'utilitarisme anglais, lequel a exercé et exerce encore aujourd'hui une grande influence sur les mouvements végétariens et animalistes contemporains[1].

C'est la doctrine de Jeremy Bentham[2] qui a vu dans la sensibilité à la souffrance des animaux le nouveau fondement de la moralité qu'il voulait instituer. Selon cette doctrine, le fait que les animaux soient privés de raison n'affecte nullement leur droit à la compassion ou à l'empathie de la part des autres êtres sensibles, à commencer par les humains. Il s'agit ainsi d'étendre la sphère des droits et des devoirs moraux, de déplacer la « ligne de démarcation » qui nous sépare traditionnellement des bêtes : « Qu'y a-t-il d'autre qui oblige à tracer la ligne infranchissable ? Est-ce la faculté de raisonner, ou peut-être la faculté de discourir ? Mais un cheval ou un chien adulte est, au-delà de toute comparaison, un animal plus raisonnable, mais aussi plus susceptible de relations sociales qu'un nourrisson d'un jour ou d'une semaine, ou même d'un mois. [...] La question n'est pas : "peuvent-ils raisonner ?" ni "peuvent-ils parler ?", mais "peuvent-ils souffrir ?"[3]. » S'il est vrai, comme l'affirme la doctrine utilitariste, que tous les êtres vivants ont tendance à rechercher le plaisir et à éviter la souffrance, et s'il est vrai que la morale consiste à rendre possibles le maximum de plaisir et le minimum de souffrance pour tous les êtres vivants, alors la distinction traditionnelle entre l'humain et l'animal perd sa signification et sa valeur. Et l'homme perd ainsi son droit de faire souffrir les animaux, du moins de façon gratuite ou inutile.

1. *Ibid.*

2. Philosophe et théoricien du droit anglais (1748-1832), il est considéré comme le père du courant de pensée utilitariste.

3. Jeremy Bentham, *Introduction aux principes de la morale et de la législation* – cité dans Jean-Baptiste Jeangène Vilmer, *Anthologie d'éthique animale*, Paris, PUF, 2011, p. 109. Cet extrait célèbre très souvent cité par les animalistes l'est aussi par K. Thomas, *Dans le jardin de la nature*, *op. cit.*, p. 230.

Selon cette pensée séculière, il n'est même plus nécessaire d'invoquer la volonté de Dieu ni l'ordre de la Création, mais il n'est que de mettre en avant le fait que les animaux sont des êtres dotés de sensibilité, comme les humains, ce qui suffit à établir notre commune nature, et donc la communauté morale que nous formons avec les bêtes[1].

C'est en Angleterre, à Manchester, en 1847, qu'est née la première société végétarienne du monde, la Vegetarian Society[2], sous l'influence de groupes religieux protestants (les « Bible Christians ») partisans de la tempérance alimentaire. Or, comme le souligne l'historien Massimo Montanari : « Ce ne put être un hasard si le nouveau mouvement végétarien avait trouvé précisément son premier centre à Manchester, qui était une des capitales de l'industrie anglaise et l'un des lieux de plus grande concentration du travail et de l'argent[3]. » Ce que suggère ici l'historien italien, c'est que les nouveaux défenseurs anglais des droits des animaux, issus de l'élite sociale britannique, n'étaient pas tous mus par des motifs éthiques, mais que le mouvement en faveur des animaux et du végétarisme pouvait aussi comporter une dimension de distinction sociale, voire de mépris de classe de la part de la bourgeoisie britannique, alors en pleine ascension économique, sociale et politique. C'est apparemment aussi l'avis de K. Thomas qui écrit : « La pression qui s'est exercée au XVIIe et au XVIIIe siècle en faveur de l'élimination des sports cruels provenait en grande partie du désir de discipliner la nouvelle classe ouvrière

1. En se fondant sur cette conception de l'animal en tant qu'être doté de « sensibilité », c'est-à-dire d'une capacité à ressentir le plaisir et la souffrance, les animalistes contemporains ont forgé le néologisme de *« sentience »*, afin de faire concurrence au mot « conscience », une faculté qui est traditionnellement réservée à l'humain.

2. Elle s'est appelée quelques années plus tard la Manchester Vegetarian Society, en raison d'une scission avec la London Vegetarian Society.

3. M. Montanari, *La Faim et l'abondance*, *op. cit.*, p. 208.

en lui imposant des normes en ce qui concerne l'ordre public et des habitudes plus laborieuses. [...] On peut ainsi considérer la création de la S.P.C.A. comme encore un mouvement bourgeois destiné à civiliser les classes inférieures[1]. » Et, en 1868, le philosophe utilitariste John Stuart Mill, disciple de Jeremy Bentham, pourtant proche du nouveau courant d'idées en faveur des droits des animaux, a même refusé la vice-présidence de cette organisation en raison du fait qu'elle se limitait à poursuivre les délits commis « par les classes sans influence dans la société[2] ».

Ainsi, paradoxalement, le mouvement anglais de compassion envers les animaux qui s'est développé au cours du XIXe siècle semble-t-il être, au moins en partie, la marque d'une conscience de classe bourgeoise qui légitimait le mépris envers les classes populaires inférieures. Or ce sentiment de supériorité a pu également nourrir un certain européocentrisme, voire un certain chauvinisme anglais à l'égard des autres peuples moins avancés dans le reste du monde, notamment ceux que l'on appelait au XIXe siècle les « sauvages ». « La sympathie portée au-delà de la sphère de l'homme, écrivait ainsi Charles Darwin à la même époque, c'est-à-dire le sentiment d'humanité envers les animaux inférieurs, semble être une des acquisitions morales les plus récentes. Les sauvages apparemment ne la ressentent pas, sauf à l'égard de leurs animaux familiers[3]. »

Par ailleurs, la nouvelle bourgeoisie urbaine anglaise ne devait guère manifester de sympathie non plus pour les mœurs de l'an-

---

1. K. Thomas, *Dans le jardin de la nature*, *op. cit.*, p. 243. L'acronyme S. P. C. A. signifie : *Society for the Prevention of Cruelty to Animals* (« Société pour la prévention de la cruauté envers les animaux »), une société de protection des animaux créée en Angleterre en 1824, la première du genre au monde.

2. Cité par K. Thomas, *Dans le jardin de la nature*, *op. cit.*, p. 243.

3. Charles Darwin, *La Filiation de l'homme et la sélection liée au sexe* (1871), traduit par M. Prum (coord.), Paris, Honoré Champion, « Champion Classiques », 2013, chapitre IV, p. 266.

cienne aristocratie rurale et guerrière, en particulier pour son loisir préféré qui était la chasse. À ce sujet, K. Thomas note que, si les sports cruels mettant en jeu des animaux qui étaient traditionnellement prisés par les classes populaires et ouvrières anglaises, comme les combats de coqs, le harcèlement de taureaux *(« bull-baiting »)* ou de chevaux *(« horse-baiting »)* par des chiens[1], ont bien été proscrits au début du XIXe siècle, les loisirs cynégétiques de l'aristocratie anglaise en revanche, comme la chasse au renard ou la chasse à courre, ont quant à eux été préservés[2].

En France, la nouvelle sensibilité envers les animaux s'est diffusée également dans l'opinion publique dès le XIXe siècle, comme en témoigne notamment la fameuse loi Grammont de 1850. Jacques Delmas de Grammont, général de cavalerie et homme politique français, a en effet donné son nom à une loi, votée par l'Assemblée nationale législative le 2 juillet 1850, qui rendait passibles de sanctions judiciaires les mauvais traitements infligés publiquement aux animaux domestiques. Quelques années auparavant, en 1845, avait été créée en France la S.P.A. : la Société protectrice des animaux. Il s'agissait alors notamment de protéger les chevaux d'attelage contre les abus commis sur la voie publique, particulièrement en ville où ils étaient susceptibles de heurter la sensibilité des citadins.

Or cette évolution des mœurs avait été anticipée et préparée en France, dès le XVIIIe siècle, par la pensée du philosophe Jean-Jacques Rousseau. Ce dernier, en mettant en avant le sentiment de la *pitié* en tant que vertu fondamentale et première chez l'homme, car supposée innée et non acquise dans la société, défendait lui aussi la compassion envers les animaux en tant que nouvel impératif moral de l'« honnête homme » européen moderne. « Il semble, en effet, que si je suis obligé de ne faire

1. Les fameux *« bulldogs »*.

2. K. Thomas, *Dans le jardin de la nature*, *op. cit.*, p. 242.

aucun mal à mon semblable, c'est moins parce qu'il est un être raisonnable que parce qu'il est un être sensible ; qualité qui, étant commune à la bête et à l'homme, doit au moins donner à l'une le droit de n'être point maltraitée inutilement par l'autre[1]. » Dans son livre consacré à l'éducation, l'*Émile*, J.-J. Rousseau citait un long passage du traité de Plutarque, *De esu carnium (Manger la chair ?)*, et il invoquait, comme ce dernier, la nature en tant qu'elle serait susceptible de fixer des règles à nos appétits : « Une des preuves que le goût de la viande n'est pas naturel à l'homme est l'indifférence que les enfants ont pour ce mets-là, et la préférence qu'ils donnent tous à des nourritures végétales, telles que le laitage, la pâtisserie et les fruits, etc.[2]. »

Quant à Voltaire, son « positionnement » sur la question animale et végétarienne semble plus ambigu, incertain et hésitant. On peut douter, en effet, de la sincérité de sa compassion envers les animaux comme de son végétarisme, qu'il semble pourtant défendre dans certains de ses écrits, quand on sait qu'il donnait par ailleurs de riches réceptions, dans sa propriété de Ferney, où l'abondance de nourritures carnées contribuait largement à la réjouissance des convives[3]. « Enfin, il n'est que trop certain, écrivait-il néanmoins, que ce carnage dégoûtant, étalé sans cesse dans nos boucheries et dans nos cuisines, ne nous paraît pas un mal, au contraire, nous regardons cette horreur, souvent pestilentielle comme une bénédiction du Seigneur et nous avons encore des prières dans lesquelles on le remercie de ces meurtres. Qu'y

---

1. Jean-Jacques Rousseau, *Discours sur l'origine et les fondements de l'inégalité parmi les hommes* (1755), Préface, Paris, Gallimard, « Bibliothèque de la Pléiade », 1964, p. 126.

2. *Id.*, *Émile ou de l'éducation* (1762), Paris, Flammarion, « GF », 1966, p. 196. Doit-on préciser que le laitage n'est en rien un aliment « végétal » ?

3. *Cf.* Christiane Mervaud, *Voltaire à table*, Paris, Éditions Desjonquères, 2015.

a-t-il pourtant de plus abominable que de se nourrir continuellement de cadavres[1] ? »

Or c'est bien le même gentilhomme de Ferney qui avait pris la défense, dans un article de son *Dictionnaire philosophique* consacré au Carême, d'un homme ayant mangé de la viande de cheval pendant le jeûne quadragésimal imposé par l'Église catholique. « Croira-t-on que chez les papistes il y ait eu des tribunaux assez imbéciles, assez lâches, assez barbares, pour condamner à la mort de pauvres citoyens qui n'avaient commis d'autres crimes que d'avoir mangé du cheval en carême ? Le fait n'est que trop vrai : j'ai entre les mains un arrêt de cette espèce[2]. » Ainsi tiraillé entre sa détestation du pouvoir de l'Église catholique et son rejet des mœurs sanguinaires de l'ancienne « noblesse d'épée », le « penseur organique » de la bourgeoisie française ascendante du XVIIIe siècle ne pouvait qu'osciller entre le désir de s'affranchir de l'interdit religieux de la consommation de viande, d'une part, et le refus de céder à l'appétit « carnassier » pour les pauvres proies animales, d'autre part.

1. Voltaire, « Il faut prendre un parti » (1775), in *Pensées végétariennes*, Paris, Fayard/Mille et une nuits, 2020, p. 10.

2. *Id.*, *Dictionnaire philosophique* (1764), article « Carême » (ajouté en 1769), édité par A. Pons, Paris, Gallimard, « Folio classique », 1994, p. 111.

3.

Les révolutions scientifiques contemporaines et la réévaluation de la place de l'humain dans la nature

La théorie de l'évolution, exposée par le biologiste anglais Charles Darwin dans son maître livre *L'Origine des espèces* en 1859[1], constitue une révolution scientifique majeure. Celle-ci a entraîné un bouleversement de la conception que l'homme se faisait traditionnellement de lui-même, de sa place dans la nature, ainsi que de sa relation aux autres êtres vivants. Cette théorie a particulièrement remis en cause les idées humanistes qui constituent le fonds commun de la tradition de pensée occidentale et qui trouvent leurs sources, d'une part, dans la philosophie gréco-romaine antique, d'autre part, dans la pensée religieuse judéo-chrétienne. Dans un autre de ses ouvrages, *La Filiation de l'homme*, Charles Darwin écrit : « La différence entre l'esprit de l'homme et celui des animaux supérieurs, aussi grande soit-elle, est certainement une différence de degré et non de nature[2]. » Cette proposition a fait l'objet d'abondantes reprises, citations et commentaires de toutes

1. Charles Darwin, *L'Origine des espèces par le moyen de la sélection naturelle ou la préservation des races favorisées dans la lutte pour la vie* (1859), traduit par A. Berra, Paris, Honoré Champion, « Champion Classiques », 2009.

2. *Id.*, *La Filiation de l'homme et la sélection liée au sexe*, *op. cit.*, p. 270.

sortes, notamment de la part des militants végétaro-animalistes. Les animalistes prétendent tirer leur propagande des écrits scientifiques de Darwin sans y ajouter de jugement de valeur. Or c'est pourtant bien à une réflexion sur les «valeurs», et non à une réflexion purement scientifique, que nous invite le militantisme végétaro-animaliste, dès lors que celui-ci entend contester la position hégémonique qu'occuperait l'homme au sommet de la hiérarchie des êtres vivants.

Le biologiste français Pascal Picq s'est attaché tout particulièrement à souligner l'importance de la théorie darwinienne de l'évolution, dans la mesure où elle conduirait selon lui à remettre en cause la *«scala naturae*[1] », c'est-à-dire l'échelle des êtres vivants. Cette dernière consiste, depuis les travaux d'Aristote (IVe siècle avant notre ère), à classer et hiérarchiser l'ensemble des créatures dotées de vie (*«ta zoa»* en grec: les «vivants») selon un critère de valeur, du plus insignifiant au plus important. Il s'avère qu'un tel classement, qui conduit invariablement à placer l'homme au sommet de la hiérarchie des êtres, a dominé la science de la nature sous des formes variées et sans cesse réinventées, depuis l'Antiquité jusqu'à l'époque moderne et même contemporaine, c'est-à-dire jusqu'à la fin du XXe siècle. Enfin Darwin vint, qui mit «bon ordre» dans cette incurie. Plus exactement, il fallut encore attendre, après Darwin et la lignée de ses disciples, qui furent eux aussi rattrapés par la coupable tentation hiérarchique et anthropocentriste comme Julian Huxley, l'invention de la «systématique moléculaire», dans les années 1970, pour qu'enfin la conception hiérarchisée du monde du vivant fût définitivement renversée.

«Au lieu, comme dans la systématique évolutionniste, de partir d'une conception de l'évolution et de classer en conséquence, écrit Pascal Picq, on part des classifications obtenues par la systématique moléculaire et on s'efforce de reconstituer l'évolution

1. Littéralement en latin: l'«échelle de la nature».

qui a livré ces classifications. [...] Procéder ainsi requiert d'abandonner toute considération hiérarchique des relations entre les espèces. Cette révolution systématique, qui montre que les chimpanzés sont plus proches de nous que les autres grands singes est aussi une révolution philosophique. Toutes les espèces non pas de la Création mais de l'évolution se situent au même niveau de l'arbre de la vie[1]. »

En résumé : pas une tête ne doit dépasser ! Ainsi le veut la science. De manière très caractéristique, P. Picq se réclame de l'héritage du structuralisme, un courant de pensée qui est né en France dans les années 1960, dans le champ des sciences humaines et sociales[2] et qui tend à récuser toute mise en perspective historique globalisante ou totalisante, pour lui substituer la mise en évidence d'une sorte de logique formelle, basée sur une combinatoire d'éléments ou de signes opposés sur le modèle de la linguistique saussurienne, afin de rendre compte du réel. « La démarche structuraliste de la systématique, écrit encore P. Picq, se détache du tout pour reconstruire l'unité du vivant depuis ses parties, tissant des relations de parenté dégagées de tout *a priori* sur les espèces. [...] L'Homme et l'animal n'existent plus. L'Homme fait partie du règne animal et, parmi les animaux, les singes, surtout les grands singes, se montrent bien plus proches de lui que les autres animaux. Mettre de l'ordre dans la nature, définir la place de l'homme dans l'arbre du vivant devrait suffire à récuser le triste argumentaire scolastique de ces philosophes archaïques qui prétendent dégager l'homme de l'animalité en logeant à la même enseigne le ver de terre, l'oiseau, le chimpanzé... fables ridicules[3]. »

---

1. Pascal Picq, *Nouvelle histoire de l'homme*, Paris, Perrin, « Tempus », 2007, p. 78-79.

2. Un courant de pensée représenté notamment par Claude Lévi-Strauss, dont il sera question un peu plus loin.

3. P. Picq, *Nouvelle histoire de l'homme*, *op. cit.*, p. 80-81.

Cet argumentaire est bien entendu du pain bénit pour les animalistes et autres végétariens et véganes militants qui s'attachent systématiquement à en reprendre les formules afin de pousser leur avantage. On les retrouve par exemple sous la plume du philosophe français Jean-Baptiste Jeangène Vilmer, lequel déplore le fait que la langue française continue à imposer l'usage des mots « humain » et « animal », contre l'évidence scientifique de l'absence de différence entre ces deux catégories d'êtres vivants. « Qu'en est-il de l'homme ? demande-t-il. Biologiquement, il est un animal, même si son utilisation du mot témoigne d'une part qu'il s'en exclut et d'autre part qu'il le méprise. Le mot "animal" est effectivement utilisé pour "animal autre que l'homme", comme un antonyme qui en vient à désigner précisément ce qui n'est pas humain. [...] Il faudrait pour être précis parler d'animal humain et d'animal non humain. Ce volume ne fera pas exception : nous sacrifierons la précision à la commodité et nous utiliserons le mot « animal » pour désigner l'animal non humain, et le mot "humain" ou "homme" (masculin neutre qui ne renvoie pas au mâle mais à l'espèce humaine) pour désigner l'animal humain[1]. »

Roland Barthes, une autre figure du structuralisme, ne disait-il pas que la langue est fasciste[2] ? Voici donc que les végétaro-animalistes sont contraints d'utiliser le langage des oppresseurs des animaux pour s'exprimer ! Qu'à cela ne tienne, ceux-ci s'évertuent sans relâche à souligner l'inanité de la distinction homme-animal, et ce avec tant d'acharnement que l'on en vient à se demander si une telle distinction n'aurait pas quelque pertinence, ne serait-ce qu'en raison de son refus obstiné de s'effacer devant

1. J.-B. Jeangène Vilmer, *Éthique animale*, *op. cit.*, Introduction, p. 12.

2. « La langue, comme performance de tout langage, n'est ni réactionnaire ni progressiste, elle est tout simplement fasciste ; car le fascisme, ce n'est pas d'empêcher de dire, c'est d'obliger à dire » (Roland Barthes, « Leçon inaugurale au Collège de France, 7 janvier 1977 », in *Œuvres complètes*, tome V, Paris, Le Seuil, 2002, p. 432).

les attaques répétées de ses adversaires… Le philosophe Jeangène Vilmer reprend lui aussi l'argument selon lequel l'homme ne serait pas si différent des animaux, et particulièrement des chimpanzés avec lesquels « nous partageons 99 % de notre ADN[1] ». L'argument relativiste, directement emprunté à Darwin, de la simple « différence de degré » entre l'homme et l'animal, par opposition à la différence de nature que les humanistes anthropomanes voudraient imposer dans les esprits, est également repris[2].

Ici deux objections peuvent être évoquées toutefois. Premièrement, même une différence de l'ordre de 1 % de l'ADN peut suffire à causer et à expliquer de grandes différences comportementales et cognitives entre l'homme et nos proches cousins simiesques. Deuxièmement, il peut sembler « curieux », pour ne pas dire contradictoire, de prétendre combattre l'anthropocentrisme en soulignant la proximité de certains animaux avec nous autres humains, et ainsi d'accorder un privilège à l'espèce des chimpanzés dans l'ordre du vivant, au prétexte que cette espèce serait la plus proche de la nôtre. N'est-ce pas là rétablir subrepticement en effet la fameuse « chaîne des êtres » que le savant Pascal Picq aimerait tant pouvoir éliminer définitivement de nos représentations et de nos pensées, à nous autres humains qui sommes si imbus de nous-mêmes et de notre prétendue supériorité sur les animaux ?

Il existe pourtant un scientifique français contemporain, neurobiologiste et professeur au Collège de France, qui ne semble pas partager l'enthousiasme des animalistes pour la relativisation et l'effacement de la frontière entre l'humanité et l'animalité. Alain Prochiantz tend en effet à montrer que, tout en adhérant

1. J.-B. Jeangène Vilmer, *Éthique animale*, *op. cit.*, Introduction, p. 12.

2. *Ibid.* On retrouve aussi cet argument sous la plume d'Aymeric Caron, qui rapporte les propos du directeur de la LFDA (la Ligue française des droits de l'animal), Thierry Auffret van der Kemp : « Il n'y a pas entre les autres animaux et nous de différence de nature, mais seulement de degré » (A. Caron, *No steak*, *op. cit.*, p. 230).

à la théorie darwinienne de l'évolution qui fait consensus dans la communauté scientifique, donc en acceptant l'idée d'une continuité du vivant et d'une appartenance de l'humain au règne animal, on peut soutenir *également par ailleurs* l'idée que l'humain se distingue bel et bien de tous les autres animaux par certaines capacités, en particulier sociales et cognitives, qu'il semble être le seul à posséder à ce jour et jusqu'à preuve du contraire.

« Qu'il s'agisse de langage (syntaxe et grammaire), de pensée symbolique, de réflexion sur soi-même, de planification à long terme, de mémoire autobiographique, de théorie de l'esprit, d'activités artistiques et littéraires, de croyances plus ou moins superstitieuses comme les religions, les humains ont des performances sans commune mesure avec celles des chimpanzés, pourtant les singes qui leur sont les plus proches génétiquement[1]. »

Ici, la proximité génétique entre l'être humain et le chimpanzé ne sert pas à relativiser mais au contraire à souligner la différence entre les deux catégories d'êtres vivants : il s'agit de s'étonner du fait qu'avec seulement 1 % de patrimoine génétique distinct, l'humain ait réussi à développer tant de facultés et à accomplir tant de réalisations avec lesquelles nos proches cousins ne peuvent aucunement rivaliser. Le scientifique met notamment en cause le concept de « cultures animales » qui est au cœur de l'argumentaire animaliste contemporain, ou du moins il en relativise fortement la portée. « Ce n'est pas nier l'existence des cultures animales que de ne pas mettre au même niveau la brindille à termites des chimpanzés et la chapelle Sixtine[2]. » A. Prochiantz conclut ainsi le propos de son ouvrage : « Être ET ne pas être un singe, le ET majuscule soulignant que nous sommes ET à la fois ne sommes pas des singes[3]. »

---

1. Alain Prochiantz, *Singe toi-même*, Paris, Odile Jacob, 2019, p. 27.
2. *Ibid.*, p. 303.
3. *Ibid.*, p. 312.

L'éthologue et animaliste Dominique Lestel, auteur du livre *Les Origines animales de la culture*, prétend quant à lui que les développements contemporains de l'éthologie, c'est-à-dire la science du comportement animal, auraient conduit à une remise en cause de la distinction nature-culture et, du même coup, à la distinction homme-animal. Il va même jusqu'à affirmer que « les anthropologues ne savent pas ce qu'est la culture[1] » ! Il nous semble plutôt qu'un « coup de force » naturaliste conduit certains savants contemporains, travaillant dans les domaines des sciences naturelles et de la biologie, à pratiquer une forme de réductionnisme et à se croire autorisés à imposer de façon hégémonique leur propre conception de la « culture ». En vérité, un nouveau *paradigme naturaliste*, c'est-à-dire de réduction des faits sociaux et culturels à des déterminismes biologiques ou physicochimiques, tend aujourd'hui à s'imposer dans les sciences en général. Ce paradigme s'appuie sur les progrès rapides des neurosciences[2] et des biotechnologies[3], et il ouvre des possibilités de manipulation scientifique du vivant telles que l'humanité ne les a encore jamais vues ni connues. Or il est sérieusement à craindre qu'il ne nous conduise moins à une réhabilitation ou revalorisation de l'animal, de son statut et de ses droits, qu'à un abaissement et une dévalorisation de l'humain, de son statut et de ses droits au rang de ceux des animaux.

---

1. Dominique Lestel, *Les Origines animales de la culture*, Paris, Flammarion, 2001 ; « Champs », 2003, Introduction, p. 9.

2. Depuis les travaux pionniers de Jean-Pierre Changeux au début des années 1980. *Cf. L'Homme neuronal*, Paris, Fayard, 1983.

3. Plus précisément encore, on parle aujourd'hui de la « convergence NBIC » : nanosciences, biotechnologies, informatique et sciences cognitives tendent ainsi à converger vers une forme de savoir technoscientifique unifié qui doit permettre, dans un tout proche avenir, un contrôle scientifique du vivant, humain compris, absolument inédit dans l'histoire. *Cf.* Jean-Michel Besnier, *Demain les posthumains*, Paris, Hachette, 2009.

Dans le domaine des sciences humaines et sociales, la remise en cause de la distinction nature-culture, de même que celle de la hiérarchie de l'humanité et de l'animalité a été mise en œuvre dès les années 1960, notamment dans le courant structuraliste dont nous avons déjà parlé. Claude Lévi-Strauss a violemment mis en cause la tradition de pensée humaniste occidentale, qu'il jugeait responsable de graves « manquements » au respect des droits des peuples ou des êtres vivant aux marges du monde occidental – que ce soient les peuples « premiers » d'Amérique, d'Afrique et d'Asie, autrefois qualifiés de « sauvages » par les colonisateurs européens, ou bien les minorités nationales sur le sol européen, comme les Juifs européens, ou bien encore les animaux dans le monde moderne et contemporain industrialisé. Se référant à Jean-Jacques Rousseau, l'anthropologue évoque le sentiment de la pitié comme fondement d'une morale qui ne serait ni exclusive ni surplombante, mais qui permettrait d'instituer une communauté harmonieuse des êtres vivants.

« Seul Rousseau a su s'insurger contre cet égoïsme [...]. Car l'unique espoir, pour chacun de nous, de n'être pas traité en bête par ses semblables, est que tous ses semblables, lui le premier, s'éprouvent immédiatement comme êtres souffrants, et cultivent en leur for intérieur cette aptitude à la pitié qui, dans l'état de nature, tient lieu "de loix, de mœurs, et de vertu", et sans l'exercice de laquelle nous commençons à comprendre que, dans l'état de société, il ne peut y avoir ni loi, ni mœurs et ni vertu[1]. »

Dans la lignée de Rousseau relativisant la différence homme-animal, Lévi-Strauss suggère que la reconnaissance de l'identité de l'être humain et des autres êtres vivants pourrait constituer le socle d'une nouvelle communauté morale fondée sur le sentiment de la pitié. Cette relativisation de la différence entre le monde

---

1. Claude Lévi-Strauss, « Jean-Jacques Rousseau, fondateur des sciences de l'homme », in *Anthropologie structurale*, II, Paris, Plon, 1973, p. 54.

naturel et le monde culturel est en outre l'un des fils conducteurs des travaux de l'ethnologue et anthropologue. Ses travaux sur le totémisme, par exemple, tendent à remettre en cause l'idée selon laquelle les croyances et les représentations des peuples indigènes relèveraient d'une pensée primitive ou « arriérée » en comparaison de celle des Occidentaux. La « pensée sauvage », pour reprendre le titre d'un des célèbres ouvrages de Lévi-Strauss, s'avère une pensée complexe, obéissant à des règles extrêmement sophistiquées qui traduisent une façon différente de celle des Occidentaux d'envisager les relations de l'humain avec son environnement naturel. Le totémisme se présente en effet comme un mode de pensée consistant à établir « une homologie postulée entre deux séries parallèles: celle des espèces naturelles et celle des groupes sociaux[1] », en relativisant par là leurs différences, ou bien en faisant paradoxalement des systèmes de différences des moyens d'identification.

C'est une même inspiration que l'on retrouve encore chez un autre anthropologue et ethnologue français, professeur au Collège de France, Philippe Descola[2]. Dans une perspective comparative, ce dernier propose ainsi, dans son ouvrage *Par-delà nature et culture*[3], de distinguer quatre catégories de structures cognitives permettant d'organiser les relations entre l'être humain et son environnement naturel: l'animisme, le totémisme, l'analogisme et le naturalisme. Selon la première catégorie, l'animisme (que l'on rencontre chez les peuples de chasseurs-cueilleurs notamment), les humains et les animaux seraient dotés à égalité d'une intériorité psychique, mais ils différeraient sur le plan de l'apparence physique. Selon la deuxième catégorie, le totémisme, il y aurait continuité à la fois psychique et physique entre les groupes

1. *Id.*, *La Pensée sauvage* (1962), Paris, Plon, « Pocket », 2014, p. 269.

2. Philippe Descola, né en 1949 à Paris, est un anthropologue français, spécialiste des Indiens Achuar. Il a été professeur au Collège de France de 2000 à 2019.

3. Philippe Descola, *Par-delà nature et culture*, Paris, Gallimard « NRF », 2005.

humains et les groupes animaux. Selon la troisième catégorie, l'analogisme, il y aurait des réseaux de correspondance symboliques entre tous les êtres vivants. Enfin, selon le naturalisme, seuls les humains seraient dotés d'une intériorité psychique qui les distingueraient des animaux, en revanche humains et animaux seraient similaires par leurs caractéristiques corporelles et physiologiques. La dernière catégorie est typique de la modernité occidentale, consécutive notamment à la révolution mécaniste et cartésienne du XVIIe siècle qui tend à considérer la nature en général et les corps vivants en particulier, y compris celui de l'homme, comme une espèce de « machinerie », tandis que la pensée serait un privilège réservé aux seuls humains.

Or la typologie de Philippe Descola a précisément pour but et pour effet de relativiser la conception dite « naturaliste », propre à la modernité technique et scientifique occidentale moderne. Il s'agit d'en faire un cas particulier, au sein d'une sorte d'ontologie des vivants beaucoup plus vaste, qui permet notamment d'inclure des modes de représentation alternatifs, issus de sociétés n'ayant pas suivi la même trajectoire historique que la nôtre. « Voir les Achuar traiter les plantes et les animaux comme des personnes m'a bouleversé : ce que j'ai d'abord considéré comme une croyance était en réalité une manière d'être au monde, qui se combinait avec des savoir-faire techniques, agronomiques, botaniques, éthologiques très élaborés[1] », affirmait ainsi l'anthropologue en 2015.

En d'autres termes, Descola relativise encore la distinction nature-culture ou homme-animal, en en faisant une vision parmi

---

1. *Id.*, « Les Achuar traitent les plantes et les animaux comme des personnes », *Télérama*, 18 janvier 2015. Les Achuar sont un peuple amérindien d'Amazonie, résidant à la frontière entre le Pérou et l'Équateur, étudié par l'anthropologue français. Vivant de la chasse et de la cueillette, ils ont développé une ontologie animiste, selon la terminologie de P. Descola, qui consiste à prêter une intériorité psychique ou une « âme » aux êtres vivants, plantes comme animaux.

d'autres de la relation que les humains peuvent nouer avec leur environnement. Au fond, il s'agit de remettre en cause le primat ou l'hégémonie du modèle techno-scientifique moderne qui légitime l'emprise de l'homme sur la nature et sur les autres êtres vivants, et donc leur exploitation dans le cadre d'une économie industrielle et capitaliste d'origine occidentale, mais désormais mondialisée. « L'échange (de type marchand), écrit l'anthropologue, ou la protection (des citoyens par l'État) sont ainsi des valeurs centrales des démocraties modernes, mais dont les avantages ne s'étendent guère jusqu'aux non-humains repoussés à la périphérie des collectifs par leur défaut de conscience réflexive et de sens moral[1]. »

En définitive, l'anthropologie contemporaine, qui tend à réinscrire l'humain dans un ensemble plus vaste dont il ferait partie et à souligner son interdépendance avec tous les êtres vivants, constitue bien l'une des sources du mouvement végétaro-animaliste contemporain. Or cette pensée soulève beaucoup de questions et d'interrogations. Il resterait ainsi à se demander si la relativisation de la modernité scientifique et technique par l'entreprise anthropologique de Descola ne risque pas de se retourner contre cette entreprise elle-même. S'il est vrai que le savoir occidental n'est qu'un savoir parmi d'autres et qui ne vaut pas mieux que les savoirs amérindiens par exemple, à quoi bon faire de l'anthropologie ? Et quelle peut être la portée de celle-ci, dès lors que le savoir occidental s'avère être une production régionale parmi d'autres ? D'autre part, s'il est vrai, d'après le paradigme naturaliste de la science contemporaine, que l'homme ne se distingue guère de l'animal, quelle valeur faut-il accorder au discours scientifique naturaliste sur l'être humain ? D'où parlent les scientifiques qui tendent aujourd'hui à se rejoindre dans l'affirmation que l'humain ne serait pas différent des animaux ou des autres êtres vivants, depuis quelle position de « surplomb » ?

1. P. Descola, *Par-delà nature et culture, op. cit.*, Épilogue, p. 539.

III.

ÉMINCÉ DE LÉGUMISTES SAUTÉS AU WOK(E) :

l'idéologie « végétaro-animaliste », ses contradictions, ses errances et ses outrances

La mouvance intellectuelle et politique que nous avons appelée «végétaro-animaliste» constitue une sorte de nébuleuse qui comprend plusieurs dimensions. Cette mouvance n'a pas un caractère clairement unifié ni totalement cohérent, mais elle se déploie en une grande pluralité de théories et d'argumentaires qui peuvent relever soit de la science, soit de la philosophie, soit de la métaphysique voire de la théologie, soit de l'éthique, soit de la pensée économique, soit de la pensée politique, soit encore de la diététique ou même de la gastronomie, etc. Cette mouvance a également une histoire qui s'étire sur plusieurs décennies.

Corine Pelluchon a retracé, dans un entretien, une brève histoire de la pensée animaliste, en repérant principalement trois étapes dans l'histoire récente: «Il y a trois vagues de la question animale et je m'inscris dans la troisième[1].» Premièrement, il y aurait la dénonciation du «spécisme» par la pensée antispéciste, qui est née dans les années 1970 et dont le représentant le plus connu est Peter Singer. Il y aurait ensuite la «deuxième vague

1. Corine Pelluchon, «Philosophie des corps et de la corporéité», in A. Wald Lasowski (dir.), *Panorama de la pensée d'aujourd'hui*, *op. cit.*, p. 214 *sq.*

[…] représentée par Jacques Derrida, dans *L'Animal que je suis*, publié en 2006, après la mort du philosophe, et Élisabeth de Fontenay dans *Le Silence des bêtes* (1998)[1] ». Enfin, la « troisième vague », à laquelle se rattache C. Pelluchon elle-même, « est liée à la politisation de la question animale, comme on le voit avec le livre de W. Kymlica et S. Donaldson, *Zoopolis, A Political Theory of Animal Rights* (2011)[2] ».

Bien entendu, la mouvance végétaro-animaliste a des précurseurs bien plus lointains et anciens, puisqu'on peut la faire remonter jusqu'aux penseurs antiques tels que Pythagore, Plutarque ou bien Porphyre, comme nous l'avons déjà vu précédemment. Aux débuts de l'époque moderne, c'est en lecteur de Plutarque que Montaigne prend la défense des animaux. Au XVIIIe siècle, Jean-Jacques Rousseau défend également le végétarisme et condamne la cruauté envers les animaux. Or le végétaro-animalisme contemporain se différencie de ses prédécesseurs par le fait qu'il entend politiser la question animale et en faire le motif d'une radicale transformation de la société et du monde contemporain. L'allusion, dans le titre de cette partie, au *« wokisme »*, c'est-à-dire à ce courant de pensée d'origine protestante américaine qui en appelle régulièrement à des réformes de la société ou au « réveil » des chrétiens, indique en outre que le végétaro-animalisme comporte une dimension nettement religieuse – y compris en Europe, et notamment en France.

Nous examinerons dans les pages qui suivent les différents types d'arguments développés par la pensée végétaro-animaliste, à travers ses principaux courants et représentants successifs, afin de tenter d'en mesurer la valeur. Beaucoup de ces arguments nous paraissent en réalité très outranciers, c'est-à-dire qu'ils répondent souvent, selon nous, plus à une volonté de « faire du bruit » (ou

1. C. Pelluchon, « Philosophie des corps et de la corporéité », art. cit., p. 215.
2. *Ibid.*, p. 216.

du «*buzz*») dans le débat public qu'au souci de l'exactitude et de la vérité, quand ils ne sont pas tout simplement absurdes ou contradictoires entre eux. Nous avons choisi de traiter successivement différents aspects de l'argumentaire animaliste: nous les avons classés en «quatre plats argumentatifs» – des plats dont la qualité «gustative» nous semble très inégale, voire douteuse.

Nous examinerons tout d'abord le «plat éthique et métaphysique», en nous penchant plus particulièrement sur la question de l'humanisme qui est bien souvent la cible des végétaro-animalistes. Puis nous examinerons le «plat économique et politique», les militants «anti-viande» ayant pour habitude de prendre pour cible soit l'industrie de la viande en régime capitaliste, soit l'économie agro-pastorale (l'élevage) post-néolithique, en tant que modes de production supposés être la cause de l'oppression des animaux. Ensuite, nous aborderons le «plat écologique et climatique», la production et la consommation de viande étant régulièrement accusées par leurs adversaires de tous les maux environnementaux. Enfin, nous nous intéresserons au «plat diététique et gastronomique», les végétaro-animalistes s'employant souvent à essayer de montrer que la viande ne serait ni bonne pour la santé ni indispensable pour faire bonne chère.

1.

Le plat argumentatif éthique et métaphysique : une soupe antihumaniste amère

La question de l'humanisme est au cœur de la réflexion des animalistes. Plus exactement : l'humanisme est une cible privilégiée des défenseurs contemporains de la cause animale. Cela confirme l'idée selon laquelle toute réflexion sur les animaux implique une réflexion sur l'humain – et réciproquement. Bien plus, toute réévaluation du statut et des droits des animaux ne peut manquer de mettre en question le statut et les droits de l'être humain. Et, dans la mesure où la défense des animaux s'inscrit dans un combat plus large en faveur de la nature, c'est-à-dire dans le courant écologiste, elle en partage de nombreux traits. Or l'écologie peut comporter une dimension antihumaniste, du moins dans sa version radicale ou « profonde », telle que la représente le philosophe Arne Naess[1].

La philosophe française Anne Dalsuet s'est intéressée à cet antihumanisme, tel qu'il a été formulé dans un article de Naess daté de 1972 et intitulé : « Écologistes, encore un effort pour être

---

1. Philosophe norvégien (1912-2009), fondateur du courant de « l'écologie profonde » ou *« deep ecology »*.

antihumanistes[1] ». Selon A. Dalsuet, le courant écologiste radical ou « profond » refuse de considérer la nature comme un simple « environnement », comme un « entourage » dans lequel évoluerait l'humanité et qu'il s'agirait pour celle-ci de protéger, afin de mieux préserver en dernier ressort ses propres conditions de vie. Tout à l'inverse, il s'agit de repenser la situation de l'humain comme un être faisant partie de la nature, conformément à une conception holistique, et de remettre en question son droit de conquête et de domination sur les êtres vivants ou non vivants qui l'entourent. Alors que l'écologie « environnementaliste » est qualifiée par A. Naess de « superficielle », car elle ne remet pas en cause la place centrale de l'existence humaine sur la terre, l'écologie dite « profonde », au contraire, refuse cette vision anthropocentriste et fait de l'humain un simple élément au sein du tout de la nature. En définitive, A. Dalsuet légitime cette version de l'antihumanisme promue par A. Naess : « Nous ne pouvons en effet que refuser cette acception de l'humanisme pour défendre son antihumanisme de principe. [...] Finalement, il s'agit de faire de cet antihumanisme un principe discriminant, nous délivrant d'une conception dominatrice de l'homme qui le définit comme un être économique, produisant, consommant et exploitant les ressources naturelles[2]. »

Ce que recèle cette conception « antihumaniste » de l'écologie contemporaine, c'est une mise en cause de la domination technique et planétaire de l'humain sur la nature. Hans Jonas, qui a été l'élève de Martin Heidegger et adhère à la critique heideggérienne de la technique, a mis en question l'attitude « prométhéenne[3] » de

1. Anne Dalsuet, *Philosophie et écologie*, Paris, Gallimard, 2010, p. 197 *sq*.

2. *Ibid.*, p. 198.

3. Référence au mythe grec (hésiodique notamment) de Prométhée, ce personnage dont nous avons déjà parlé précédemment au sujet du partage de la viande à Mékonè. Or il s'agit ici de mettre en avant un autre épisode : celui où Prométhée vole à Zeus le feu et le savoir-faire technique pour le remettre aux

l'humanité moderne comme étant la cause d'une nouvelle inquiétude écologique dans son maître ouvrage *Le Principe responsabilité* (1979). « Le Prométhée définitivement déchaîné, auquel la science confère des forces jamais encore connues et l'économie son impulsion effrénée, réclame une éthique qui, par des entraves librement consenties, empêche le pouvoir de l'homme de devenir une malédiction pour lui[1]. »

H. Jonas se réfère à un autre texte antique : le chœur de l'*Antigone* de Sophocle. Or ce chant rend hommage à l'intelligence et au savoir-faire technique de l'être humain : « Il est bien des merveilles en ce monde, il n'en est pas de plus grande que l'homme[2]. » Cependant, le philosophe note que cet éloge de l'homme n'est pas dénué d'ambiguïté : s'il paraît témoigner d'une forme de « vantardise immodeste » au premier abord, il ne serait pas exempt d'une certaine « anxiété » selon lui. Le courant écologiste contemporain en général et le courant animaliste en particulier mettent ainsi en cause l'idée humaniste et anthropocentriste selon laquelle l'humain aurait un droit à dominer et exploiter la nature en raison de ses capacités intellectuelles et techniques supérieures à celles des autres êtres vivants. Sous ce jour, la consommation de chair animale n'apparaît que comme un cas particulier de l'exploitation des animaux. Or, en mettant en cause le carnivorisme, il s'agit bien pour les animalistes de remettre en cause l'humanisme et toutes ses implications indissociablement philosophiques, morales et politiques.

Un penseur occidental moderne est devenu en particulier, si l'on peut dire, la « bête noire » des militants animalistes, à savoir

---

humains. La morale de ce récit est ambivalente : en accordant un grand pouvoir aux humains, le fils du Titan Japet menace aussi de dérégler l'ordre naturel du *cosmos* dont les dieux olympiens sont les garants.

1. Hans Jonas, *Le Principe responsabilité* (1979), traduit par J. Greisch, Paris, Le Cerf, 1990 ; rééd. Flammarion, « Champs essais », 2013, Préface, p. 15.

2. *Ibid.*, p. 22.

René Descartes. Comme l'écrit Corine Pelluchon, ce dernier est souvent considéré par les animalistes comme le «*bad boy*[1]» de la philosophie occidentale. L'auteur du *Discours de la méthode* est souvent accusé en effet par les défenseurs des animaux d'être responsable des élevages d'animaux industriels actuels, en raison principalement de sa célèbre théorie des «animaux-machines» – une théorie qui paraît emblématique de la démesure prométhéenne par laquelle l'humanité prétend dominer la nature au moyen de la technoscience. «Je ne reconnais, affirmait Descartes, aucune différence entre les machines que font les artisans et les divers corps que la nature seule compose[2].» Pour le philosophe rationaliste, les animaux seraient dépourvus de la faculté de penser, réservée à l'être humain. En revanche, les corps organiques vivants, ceux des animaux comme celui de l'homme, fonctionneraient sur le modèle des machines ou des «automates» fabriqués par les humains, c'est-à-dire en étant mus par des causes efficientes purement matérielles, sans qu'il soit besoin pour expliquer leur mouvement de faire intervenir un principe métaphysique tel que l'«âme».

La pensée «mécaniste» de Descartes avait ainsi notamment pour but et pour effet de débarrasser la science moderne des notions obscures qui embarrassaient la pensée scolastique du Moyen Âge. Cette dernière se fondait sur la métaphysique d'Aristote, laquelle considérait les corps vivants comme dotés d'un principe d'animation (ou «âme») agissant en vertu de causes finales[3].

1. C. Pelluchon, «Philosophie des corps et de la corporéité», art. cit., p. 217

2. René Descartes, *Les Principes de la philosophie* (1644), Paris, Gallimard, «Bibliothèque de la Pléiade», 1953, Quatrième partie, article 203, p. 666.

3. La distinction entre «cause efficiente» et «cause finale» est une distinction classique en philosophie qui provient de la philosophie d'Aristote (laquelle distinguait en tout quatre causes: matérielle, formelle, efficiente et finale). La cause efficiente est une cause extérieure qui permet de rendre raison d'un effet (elle permet de répondre à la question: «pourquoi?» ou «à cause de quoi?»); la cause finale

C'est donc ce principe métaphysique et obscur qui était éliminé par la nouvelle science cartésienne. S'il est vrai, comme le rappelle Élisabeth de Fontenay, que la « fable des machines » n'incitait nullement Descartes à priver les animaux de vie ou de sensation, mais seulement à les priver de la pensée et de la conscience[1], il n'en demeure pas moins que cette théorie a pu conduire à une réduction du corps animal à une simple chose inerte offerte à l'exploitation par les humains. Cette *réification* de l'animal est devenue patente chez les disciples de Descartes, comme chez le philosophe Nicolas Malebranche. C'est pour cette raison que l'héritage intellectuel de Descartes est régulièrement visé par les attaques des penseurs animalistes contemporains.

Aussi le philosophe Peter Singer le met-il en cause dans son ouvrage-manifeste de 1975, *La Libération animale* : « La dernière, la plus bizarre et – pour les animaux – la plus pénible des conséquences des doctrines chrétiennes émergea au cours de la première moitié du XVIIe siècle, dans la philosophie de Descartes[2]. » À son tour, Anne Dalsuet évoque le « lourd héritage cartésien[3] », dans son livre consacré à l'écologie déjà évoqué plus haut. De façon plus inattendue, on trouve également une mise en cause de l'auteur du *Discours de la méthode* sous la plume du philosophe Luc Ferry, lequel se trouve d'accord sur ce point avec les animalistes qu'il critique par ailleurs : « C'est avec Descartes que la "réification" de l'animal, sa transformation en simple chose mani-

---

est une cause extérieure qui permet de rendre raison d'un phénomène par son but ou sa finalité (elle permet de répondre à la question : « en vue de quoi ? » ou « à quelle fin ? »). La science cartésienne tend à éliminer les causes finales comme principe de connaissance.

1. É. de Fontenay, « Descartes, La fable des machines », in *Le Silence des bêtes*, *op. cit.*, p. 383.

2. Peter Singer, *La Libération animale*, *op. cit.*, p. 358.

3. A. Dalsuet, *Philosophie et écologie*, *op. cit.*, p. 82.

pulable et corvéable à merci, atteint sans nul doute son sommet dans la pensée moderne[1]. »

Qu'il nous soit permis ici de prolonger un peu la réflexion autour de Descartes, en guise sinon de plaidoyer en sa faveur, du moins d'éclaircissement de sa pensée. Le philosophe, en effet, n'est pas seulement l'auteur de publications sur des sujets touchant la métaphysique ou bien la physique et les sciences, mais il a également publié un livre touchant des questions éthiques : je veux parler ici du *Traité des passions de l'âme* de 1647. Dans ce texte, la pensée de Descartes semble très proche de l'idéal antique de la maîtrise de soi stoïcienne, c'est-à-dire de la domination des sentiments ou des « passions » par la raison et la volonté. Toutefois, le philosophe rationaliste a aussi critiqué la morale stoïcienne antique, notamment dans une de ses lettres à la princesse Élisabeth de Bohème, pour n'avoir pas assez pris en compte la dimension « passionnelle » ou émotionnelle de notre humaine nature.

En parlant du fondateur du courant de pensée stoïcien, Zénon de Citium, qui plaçait très haut l'idéal du Souverain Bien ou de la vertu, Descartes écrivait : « Il a représenté cette vertu si sévère et si ennemie de la volupté, en faisant tous les vices égaux, qu'il n'y a eu, ce me semble, que des mélancoliques, ou des esprits entièrement détachés du corps qui aient pu être de ses sectateurs[2]. » Aux yeux de Descartes, l'ascétisme stoïcien péchait par excès de zèle, en quelque sorte. Vu sous ce jour, Descartes se présente donc comme un penseur moderne qui annonce aussi bien Spinoza que Rousseau, lesquels ont bien mis en avant l'importance et le rôle des sentiments et des passions dans les conduites humaines. L'auteur du *Traité des passions* serait bien ainsi le précurseur d'une

1. L. Ferry, *Les Sept Écologies*, *op. cit.*, p. 244.

2. René Descartes, Lettre à Élisabeth du 18 août 1645, in *Correspondance avec Élisabeth*, Paris, Flammarion, « GF », 2018, p. 120.

tendance de fond de la pensée moderne qui consiste à réévaluer le rôle des « affects » dans la vie humaine, c'est-à-dire des sensations, et des sentiments donc, du plaisir et de la souffrance notamment.

Descartes va même, dans la lettre déjà citée, jusqu'à rendre hommage au philosophe du Jardin : « Enfin Épicure n'a pas eu tort, considérant en quoi consiste la béatitude, et quel est le motif, ou la fin à laquelle tendent nos actions, de dire que c'est la volupté en général, c'est-à-dire le contentement de l'esprit ; car, encore que la seule connaissance de notre devoir nous pourrait obliger à faire de bonnes actions, cela ne nous ferait toutefois jouir d'aucune béatitude, s'il ne nous en revenait aucun plaisir[1]. »

Nous n'irons certes pas jusqu'à dire que Descartes aurait inspiré le mouvement contemporain de compassion envers la souffrance des animaux, toutefois il n'est pas totalement indifférent aux sentiments et aux émotions, ni à la sensibilité dont il reconnaît qu'elle est partagée par tous les êtres vivants. « Je voudrais cependant indiquer que je parle de la pensée, non de la vie ou de la sensibilité : je ne refuse la vie à aucun animal, car je crois qu'elle consiste dans la seule chaleur du cœur ; je ne lui refuse même pas la sensibilité, dans la mesure où elle dépend d'un organe corporel[2]. »

Il n'est donc pas vraiment approprié selon nous d'user de ce ton sarcastique, léger et désinvolte avec lequel Luc Ferry semble se moquer de Descartes : « Sans être un grand savant, et déjà du temps de Descartes, il suffisait d'un peu de ce bon sens qu'il croyait pourtant la "chose du monde la mieux partagée" pour comprendre que les animaux peuvent non seulement communiquer mais souffrir[3]. » En réalité, Descartes est extrêmement pru-

1. *Ibid.*, p. 120.

2. *Id.*, Lettre à Morus (ou Henri More) du 5 février 1649, Paris, Gallimard, « Bibliothèque de la Pléiade », 1953, p. 1320.

3. L. Ferry, *Les Sept Écologies*, *op. cit.*, p. 248.

dent au sujet des animaux. Il ne dit pas, en effet, que ceux-ci ne penseraient pas, mais plus exactement que l'on ne peut pas prouver qu'ils pensent en se basant sur les observations que l'on peut faire d'eux. « Jamais cependant jusqu'à ce jour, écrit-il, on n'a pu observer qu'aucun animal en soit venu à ce point de perfection d'user d'un véritable langage c'est-à-dire d'exprimer soit par la voix, soit par les gestes quelque chose qui puisse se rapporter à la seule pensée et non à l'impulsion naturelle[1]. »

Loin d'être « la bévue la plus funeste de toute l'histoire de la philosophie moderne[2] », comme l'affirme péremptoirement L. Ferry, la théorie cartésienne des animaux-machines est en réalité un principe méthodologique sur lequel s'est basé tout le développement de la pensée scientifique occidentale moderne – et qui sera repris notamment au XIXe siècle par le savant Claude Bernard. Il s'agit en effet d'une hypothèse théorique sur laquelle peut et doit se baser l'étude scientifique des êtres vivants, dans la mesure où celle-ci doit tendre à écarter par principe toute croyance ou « projection imaginaire » qui serait fondée sur l'idée d'âme – c'est-à-dire le genre de croyance qui caractérise ce que l'on appelle précisément l'« animisme ». En ce sens, la théorie de Descartes est parfaitement exemplaire du mode de pensée que l'anthropologue Philippe Descola a nommé le « naturalisme », par opposition justement au mode de pensée animiste[3].

---

1. R. Descartes, Lettre à Morus (ou Henri More) du 5 février 1649, citée *supra*, p. 237, note 2.

2. L. Ferry, *Les Sept Écologies*, *op. cit.*, p. 249.

3. Voir *supra*, p. 221 *sq*. Il convient de bien noter que le mot « naturalisme » est utilisé ici dans un sens très particulier, lequel n'a rien à voir avec ce que l'on entend habituellement par ce mot – et c'en est même l'opposé. Le « naturalisme » cartésien ou occidental (au sens de Descola) suppose en effet une *séparation* de l'homme et des autres êtres vivants du point de vue de la pensée (mais non du corps), tandis que le « naturalisme », au sens ordinaire, consiste à postuler une proximité, voire une identité, entre l'humain et les animaux.

Il est donc très étonnant et paradoxal que l'on reproche aujourd'hui à la pensée de Descartes d'avoir encouragé l'anthropocentrisme[1], alors qu'elle a eu principalement pour rôle et pour effet de le faire reculer dans la pensée et dans les sciences, ainsi que de remettre en cause le « finalisme » qui tend à considérer l'existence de tout être en fonction des finalités qui sont celles de l'humain. Comme l'écrivait Spinoza, un des plus importants disciples de Descartes, la nouvelle science cartésienne devait amener les hommes à cesser de « considérer toutes les choses existant dans la Nature comme des moyens à leur usage[2] », comme de croire que les herbes et les animaux avaient été créés en vue de leur alimentation.

En débarrassant le savoir des fausses croyances animistes qui risquaient de constituer des « obstacles épistémologiques », des freins au progrès de la connaissance scientifique de la nature, Descartes offrait en revanche aux humains la possibilité de jouir de la nature, et plus précisément de se repaître de la chair animale sans en éprouver de crainte ou de scrupule moral. « Si bien, concluait-il, que mon opinion est moins cruelle envers les bêtes qu'elle n'est pieuse envers les hommes qui ne sont plus asservis à la superstition des pythagoriciens et qui sont délivrés du soupçon de crime toutes les fois qu'ils mangent ou qu'ils tuent des animaux[3]. » Pour le penseur rationaliste, la nature n'est ni bonne ni mauvaise, elle est seulement soumise aux lois nécessaires de la causalité efficiente et elle se tient ainsi en dehors du champ de la moralité, lequel relève de la liberté humaine (ou du « libre arbitre »). En définitive, il y a bien chez Descartes un profond parti pris huma-

1. C'est-à-dire la tendance à attribuer aux animaux des caractéristiques qui sont propres aux humains, comme de leur attribuer la capacité de penser par analogie avec celle des humains.

2. Baruch Spinoza, *Éthique*, Livre I, Appendice, traduit par Ch. Appuhn, Paris, Flammarion, « GF », 1965, p. 62.

3. R. Descartes, Lettre à Morus (ou Henri More) du 5 février 1649, citée *supra*, p. 237, note 2.

niste qui consiste à considérer l'homme comme un être composé à la fois d'une âme et d'un corps, et qui doit chercher à concilier cette double dimension de son être, sans céder à un réductionnisme matérialiste qui le rabaisserait au niveau infrahumain (celui des bêtes) ou à un ascétisme spiritualiste qui viserait trop haut (au niveau des dieux ou de la divinité).

Mais revenons à la pensée animaliste. Celle-ci s'appuie principalement sur l'argumentaire de l'« antispécisme », une théorie très en vogue aujourd'hui dont Peter Singer est à la fois l'initiateur et le représentant le plus connu dans le monde entier. L'antispécisme se définit en réalité négativement comme une antithèse du *spécisme* qu'il vise à combattre[1]. Le spécisme lui-même est une manière de penser et une attitude que P. Singer compare au racisme et au sexisme, et qui consiste à manifester, dans ses pensées comme dans ses paroles, une préférence pour les êtres vivants appartenant à la même espèce que la sienne. « Le spécisme, écrit Singer, est un préjugé ou une attitude de parti pris en faveur des intérêts des membres de sa propre espèce et à l'encontre des intérêts des membres des autres espèces. [...] Si la possession d'un degré supérieur d'intelligence n'autorise pas un humain à en utiliser un autre pour ses propres fins, comment pourrait-elle autoriser les humains à exploiter les non-humains dans le même but[2] ? »

Les antispécistes réclament donc que les humains cessent de manifester une préférence pour l'espèce humaine qui les conduit à croire qu'ils ont le droit d'exploiter et de maltraiter les autres espèces vivantes. Tous les animaux devraient être traités avec une *égale considération*, quelle que soit leur espèce. Singer dis-

1. Peter Singer précise, dans une note de son livre-manifeste *La Libération animale* (1975), qu'il doit le mot « spécisme » (« *speciesism* » en anglais) au philosophe Richard Ryder qu'il a rencontré à l'Université d'Oxford, en Angleterre, en 1970, et il ajoute également que ce mot est désormais passé dans l'usage courant en anglais (*op. cit.*, note n° 5 du chapitre I, p. 429).

2. P. Singer, *La Libération animale*, *op. cit.*, p. 73.

tingue l'égalité de traitement de l'égale considération : celle-ci permet en effet que l'on traite de façon inégale certaines espèces vivantes en fonction de certains critères, tels que l'intérêt notamment, pourvu que l'on manifeste une égale considération envers toutes. Ainsi les animaux considérés comme « nuisibles », comme les lapins sauvages qui seraient susceptibles de porter atteinte aux récoltes du jardinier, devraient-ils être traités selon le principe de l'égale considération. « Le problème, écrit Singer, est de trouver comment protéger nos propres ressources alimentaires essentielles tout en respectant les intérêts de ces animaux dans la mesure du possible[1]. » Le philosophe suggère que ces animaux soient stérilisés plutôt que tués, et notamment empoisonnés par les jardiniers, comme c'est souvent le cas. Il s'agit donc de chercher une solution au cas par cas, qui tienne compte de l'intérêt des animaux à égalité avec ceux des humains, « dans la mesure du possible ». Cette éthique égalitaire se fonde sur le principe, inspiré de l'utilitarisme de J. Bentham, selon lequel les êtres vivants sont tous des êtres dotés de sensibilité, donc capables de ressentir du plaisir et de la souffrance. Il est nécessaire de minimiser la souffrance pour le maximum possible d'êtres vivants sur la terre, au-delà donc des limites de la seule humanité. Selon Singer, le critère de la minimisation de la souffrance constitue un principe nécessaire et suffisant pour fonder l'éthique.

Reste que cette philosophie comporte de nombreuses zones d'ombre ainsi que des incohérences et des contradictions. En réalité, c'est le principe premier de l'antispécisme qui porte en lui-même une grave contradiction qui en invalide le sens, la valeur et la portée. Car le principe éthique selon lequel aucun être vivant ne devrait manifester de préférence pour sa propre espèce ne peut s'appliquer, en réalité, qu'à l'humanité elle-même. « Il faut admettre pourtant, écrit Singer, que l'existence d'animaux carni-

1. *Ibid.*, p. 407.

vores pose problème à l'éthique de libération animale[1]. » Les prédateurs carnivores témoignent en effet, dans le monde sauvage, d'une préférence claire pour leur propre espèce, en évitant de se manger entre eux le plus souvent, mais en attaquant des proies appartenant à d'autres espèces que la leur. Moyennant quoi l'antispécisme instaure bel et bien une différence de traitement entre l'être humain et les autres êtres vivants. L'antispécisme est autocontradictoire ou, plus précisément, il relève de ce que l'on peut appeler une *contradiction performative.*

En effet, l'acte d'énonciation du principe antispéciste entre en contradiction avec le contenu même de ce principe. En affirmant que l'humain ne doit pas faire de différence entre les individus appartenant à sa propre espèce et les autres, un antispéciste produit *ipso facto* une différence entre les humains et les autres êtres vivants. Car il énonce un principe moral que seul un être humain peut formuler, comprendre et éventuellement accepter, non seulement parce qu'il est le seul à pouvoir parler et penser, mais aussi parce qu'il est le seul être vivant à pouvoir adopter une attitude de « non-préférence » pour soi-même – ou autrement dit une attitude *altruiste.* « Il reste pourtant, écrit encore Singer dans le dernier chapitre de son livre, que la libération animale exigera des êtres humains un altruisme plus grand que tout autre mouvement de libération[2]. » Toutes les espèces vivantes sont spécistes, mais seul l'être humain peut éventuellement *vouloir* ne pas l'être – ce qui suppose de reconnaître l'existence d'une faculté en l'homme, la volonté, qui est le « propre » de notre espèce et qui

---

1. P. Singer, *La Libération animale, op. cit.*, p. 396. Singer, s'il a l'honnêteté de poser la question, ne propose cependant aucune solution claire à ce problème dans son livre, se bornant à suggérer que « l'intervention humaine puisse améliorer la situation des animaux » *(ibid.)*, ce qui revient à reconnaître à l'humain *un droit sur les autres animaux*, en contradiction avec le principe de base selon lequel l'humain ne devrait pas se considérer comme supérieur aux autres espèces.

2. *Ibid.*, p. 428.

nous différencie des animaux. « L'antispécisme, résume le philosophe Francis Wolff, n'a pas besoin qu'on le réfute : il le fait très bien tout seul parce qu'il entre nécessairement en contradiction avec ses propres principes. L'attitude qui entend dénoncer radicalement l'anthropocentrisme est radicalement anthropocentriste[1]. »

Cette contradiction, qui est au cœur de l'animalisme, était déjà en réalité un problème pour la pensée évolutionniste de Charles Darwin, ce penseur auquel les animalistes contemporains aiment à se référer si souvent, en occultant cependant certains aspects de la théorie de l'évolution lorsqu'ils sont susceptibles de leur déplaire. Le savant anglais, en effet, tout en soutenant qu'il n'y a aucune raison de considérer que l'humain appartiendrait à un règne différent ou séparé de celui des animaux, affirmait néanmoins que, « de toutes les différences existant entre l'homme et les animaux inférieurs, c'est le sens moral ou conscience qui est de loin la plus importante », et, par conséquent, que « l'homme est à coup sûr le seul à pouvoir être classé comme être moral »[2]. De fait, le problème de la place de l'homme dans la nature et celui de la juste relation de celui-ci aux autres êtres vivants ne sauraient être traités ni résolus par la pensée scientifique et biologique. Car ces problèmes comportent une dimension à la fois éthique et métaphysique et ils relèvent, par conséquent, de choix existentiels et de jugements de valeur dépendant d'une réflexion philosophique qui est l'affaire de l'humanité et d'elle seule.

---

1. Francis Wolff, *Notre humanité, d'Aristote aux neurosciences*, Paris, Fayard, 2010, p. 336.

2. Ch. Darwin, *La Filiation de l'homme*, *op. cit.*, p. 231-251. Le philosophe Patrick Tort a tenté de résoudre cette contradiction théorique en invoquant un « effet réversif de l'évolution », lequel réintroduit une rupture entre la nature biologique et la civilisation humaine basée sur la morale (*cf.* Patrick Tort, « L'anthropologie inattendue de Charles Darwin », in *La Filiation de l'homme*, *op. cit.*, p. 51 *sq.*).

Quant à l'idéologie animaliste, elle prétend imposer à l'ensemble de la société des choix éthiques et métaphysiques comme si ceux-ci relevaient du savoir scientifique, donc en instrumentalisant et en usurpant l'autorité de la science, tout en occultant la nature éthique et philosophique de tels choix. Sous le prétexte fallacieux du respect des animaux, la pensée animaliste tend ainsi à rabaisser l'humain, à nier son statut métaphysique et ses droits moraux, et du même coup à supprimer ses droits à penser et à déterminer par lui-même les choix qui doivent gouverner sa propre existence.

2.

Le plat argumentatif économique et politique : un brouet antimoderne, antilibéral et anticapitaliste indigeste

Un second argumentaire de la pensée animaliste contemporaine consiste à s'attaquer à l'industrie agro-alimentaire, plus particulièrement à la production industrielle de viande dont les usines de Chicago constituent à la fois le prototype et l'archétype[1]. Or cette production industrielle de viande, dont le modèle a été forgé aux États-Unis au XIXe siècle, est visée en réalité par une accusation très grave : celle d'avoir été le prodrome des crimes commis par les nazis, c'est-à-dire principalement du crime que l'historien Raoul Hilberg a appelé « la destruction des Juifs d'Europe » et que l'on nomme aujourd'hui en France la *Shoah*[2]. Le lien entre les *« Yards »* de Chicago et le camp d'extermination d'Auschwitz a été établi par de nombreux penseurs contemporains qui se rattachent plus

1. Voir *supra*, p. 170 *sq.*

2. Raoul Hilberg, *La Destruction des Juifs d'Europe* (1961), traduit par A. Charpentier, P.-E. Dauzat et M.-Fr. de Paloméra, Paris, Fayard, 1988 ; rééd. Gallimard, 2006. Le mot d'origine hébraïque *Shoah* (« anéantissement ») a été introduit dans la langue française, pour désigner l'extermination systématique des Juifs par l'Allemagne nazie durant la Seconde Guerre mondiale, par le film documentaire éponyme de Claude Lanzmann, sorti en 1985. Ce mot s'est substitué à l'usage du mot « holocauste », toujours en usage dans les pays anglo-saxons.

ou moins à la mouvance animaliste, ou bien qui témoignent *a minima* d'une certaine sensibilité envers la souffrance animale.

Nous l'avons déjà dit, l'historien américain Charles Patterson fait le rapprochement entre l'abattage des animaux en usine et le massacre des Juifs d'Europe dans les camps de la mort nazis d'une manière tout à fait claire et explicite dans son livre *Un éternel Treblinka*, publié aux États-Unis en 2002, dont le sous-titre dans la version anglaise est : « Notre manière de traiter les animaux et l'holocauste[1] ». Ayant d'abord établi un lien entre la mise en place des premières chaînes de montage automobile par Henry Ford et les usines de production de viande de Chicago, l'historien Patterson fait ensuite un autre lien entre Ford et le massacre des Juifs d'Europe. « Non seulement développa-t-il la méthode de chaîne que les Allemands utilisèrent pour tuer les Juifs, mais il lança également une féroce campagne antisémite qui aida à la mise en œuvre de la Shoah[2]. » Il y aurait ainsi, selon cet historien, une véritable *chaîne causale* ayant conduit de la mise à mort industrielle des animaux, dès le milieu du XIXe siècle à Chicago, à la mise à mort en masse des Juifs d'Europe par les nazis, en plein cœur de l'Europe au XXe siècle. Patterson établit un parallèle non seulement entre les méthodes industrielles du meurtre de masse mises en œuvre dans les deux cas, mais aussi entre les méthodes eugénistes et les expérimentations pseudo-scientifiques déployées aussi bien par les ingénieurs de l'industrie agro-alimentaire américaine que par les savants nazis ayant œuvré dans les camps de la mort. Le *Reichsführer-SS* Heinrich Himmler, qui était ingénieur agronome et avait dirigé une exploitation avicole dans les années 1920, aurait ainsi appliqué « les méthodes et les principes de l'élevage aux humains[3] ».

1. Ch. Patterson, *Un éternel Treblinka*, *op. cit.*
2. *Ibid.*, p. 115.
3. *Ibid.*, p. 153.

Cette nazification de l'industrie agro-alimentaire est étayée également par de nombreux penseurs auxquels Patterson se réfère d'ailleurs, comme Theodor W. Adorno. « C'est le Juif allemand Theodor Adorno, écrit Patterson, qui a déclaré qu'Auschwitz a commencé à l'abattoir quand les gens se sont dit : "Ce ne sont que des animaux"[1]. » Le philosophe Adorno écrivait lui-même : « Il y a un lien entre l'attitude inconsciente à l'égard des actions honteuses dans les États totalitaires et l'indifférence envers les cruautés perpétrées sur les animaux, présente même dans les États libres. Les deux phénomènes s'alimentent de l'adhésion tacite des masses à tout ce qui se passe normalement[2]. »

Ce qu'il faut comprendre ici, c'est que les simples mangeurs de viande des sociétés démocratiques contemporaines, qui semblent avoir un comportement ordinaire et pacifique, seraient en réalité les complices passifs et inconscients d'un véritable système politique criminel, comparable à celui qui a été mis en place par les régimes totalitaires, tels que le régime hitlérien en particulier. D'un point de vue philosophique, il s'agit au fond d'établir une filiation qui relierait la modernité scientifique et technique occidentale, laquelle trouve ses fondements dans la philosophie idéaliste, celle de R. Descartes notamment[3], à la mise en place d'une production industrielle de viande dans le monde moderne, puis à l'apparition des camps de concentration et surtout d'extermination dans l'Europe du XXe siècle.

Commentant Adorno, Jacques Derrida retrace lui aussi ce lien : « La haine contre l'animal "tabou" serait un trait général de l'idéalisme et du transcendantalisme. Adorno avait noté cette affinité entre la prétention transcendantale et ce projet de maîtrise

1. *Ibid.*, p. 114.

2. Theodor W. Adorno, *Minima moralia : réflexions sur la vie mutilée* (1951), § 68, traduit par É. Kaufholz et J.-R. Ladmiral, Paris, Payot, 2003, p. 142.

3. Voir *supra*, p. 233 *sq.*

de l'homme sur la nature et sur l'animalité. [...] Adorno va d'un coup très loin : pour un système idéaliste, les animaux jouent virtuellement le même rôle que les Juifs pour un système fasciste, dit-il. Les animaux seraient les Juifs des idéalistes qui ne seraient ainsi que des fascistes virtuels. Et ce fascisme commence quand on insulte un animal, voire l'animal dans l'homme. L'idéalisme authentique consiste à insulter l'animal dans l'homme ou à traiter un homme d'animal[1]. » L'incrimination de la production industrielle, en tant qu'elle porterait la marque du désir « prométhéen » de domination totale de la nature au moyen de la technoscience, indique une influence de la critique heideggérienne de l'« arraisonnement » technique – une influence que l'on a retrouvée également chez Hans Jonas[2].

Cette idée est résumée par un autre philosophe français de moindre envergure que les précédents, Patrice Rouget, dont le livre est préfacé par la philosophe animaliste Florence Burgat : « Le processus industriel institue donc dans l'ordre réel la même rupture radicale avec la nature que l'humanisme métaphysique dans l'ordre conceptuel. L'irréductibilité anthropologique, inventée et revendiquée par l'humanisme métaphysique, se trouve ainsi confirmée[3]. »

Cette comparaison ou bien ce lien de filiation (la pensée animaliste oscillant en réalité entre deux modes de raisonnement) entre l'abattage industriel des animaux et le crime de masse perpétré par les nazis contre les Juifs nous semble, en réalité, extrêmement problématique et très contestable. Il y a là en effet quelque chose qui s'apparente à ce que Leo Strauss appelait la *« reductio ad Hitlerum*[4] ». Pour le dire autrement : le raisonnement consistant à

---

1. Jacques Derrida, *L'Animal que donc je suis*, Paris, Galilée, 2006, p. 143.

2. Voir *supra*, p. 232-233.

3. P. Rouget, *La Violence de l'humanisme*, *op. cit.*, p. 111.

4. Leo Strauss, *Droit naturel et histoire* (1953), traduit par M. Nathan et É. de Dampierre, Paris, Flammarion, « Champs », 1986, p. 51.

affirmer que, puisque les nazis ont employé des méthodes industrielles pour commettre le massacre en masse des Juifs d'Europe, alors toute méthode industrielle est génocidaire, est un sophisme. En effet, répétons-le, ce n'est pas parce que tous les humains sont mortels que tous les mortels sont des humains.

On doit également se garder de toute vision *téléologique* de l'histoire qui tendrait à montrer qu'un événement aurait été en quelque sorte « écrit à l'avance », comme inscrit « en germe » dans le passé, et qui conduirait à expliquer cet événement en fonction de phénomènes antérieurs dont il serait la conséquence nécessaire. C'est là une illusion rétrospective qui oublie la dimension contingente et par conséquent imprévisible des événements historiques, de sorte que les hommes d'une époque ne sauraient être tenus pour responsables des événements survenus aux époques suivantes.

D'autre part, un tel rapprochement entre l'abattage industriel des animaux et la *Shoah* (ou entre « Chicago » et « Auschwitz ») est choquant sur le plan moral, on l'a vu, dans la mesure où il revient à *animaliser* les Juifs, alors même que l'animalisation était un procédé utilisé par les nazis eux-mêmes afin de discréditer et insulter leurs victimes. Pire encore, retirer l'humanité à leurs victimes juives était en outre, pour les criminels nazis, une façon de maquiller ou de dissimuler leur crime, en le faisant passer pour un simple « abattage » animal. Charles Patterson a rappelé, à juste titre, que les nazis avaient pour habitude d'exprimer leur haine des Juifs et d'insulter ces derniers en les affublant de noms d'animaux, en les traitant de « rats », de « singes », de « cochons » ou encore de « chiens ». « Cette utilisation du vocabulaire animalier pour avilir et déshumaniser les victimes, écrit-il, associée aux conditions abominablement dégradantes des camps, facilitait la tâche des SS, puisque traiter les prisonniers comme des animaux finissait par leur donner l'aspect et l'odeur d'animaux[1]. »

1. Ch. Patterson, *Un éternel Treblinka*, *op. cit.*, p. 83.

En somme, le risque est ici celui de la *relativisation* de la Shoah, un risque contre lequel Élisabeth de Fontenay a mis en garde tous ceux qui seraient tentés d'utiliser une telle comparaison. « Oui les pratiques d'élevage et de mise à mort industrielle des bêtes, écrit-elle, peuvent rappeler les camps de concentration et même d'extermination, mais à une condition : que l'on ait préalablement reconnu un caractère de singularité à la destruction des Juifs d'Europe, ce qui donne pour tâche, ajoutait-elle, de transformer l'expression figée "comme des brebis à l'abattoir" en une métaphore vive[1]. »

En utilisant cette métaphore biblique et en évoquant le concept de « métaphore vive », emprunté à Paul Ricœur, É. de Fontenay rappelait le risque que comporte toute métaphore animale de dénier à des hommes leur humanité et de servir en réalité à leur abaissement, avant et *afin* d'ouvrir la voie à leur exploitation ou à leur massacre. Il n'est pas certain que les animalistes d'aujourd'hui aient entendu ni compris cet avertissement.

Ainsi, par exemple, Patrice Rouget n'hésite-t-il guère à faire le parallèle, en se déclarant autorisé à le faire parce que « cette passerelle tendue entre deux horreurs est installée aujourd'hui » et que « des noms dignes de respect, non suspects de mauvaise foi ou de parti pris idéologique, l'ont bâtie pièce à pièce pour que nous osions la franchir. Singer, Lévi-Strauss, Derrida, Adorno, Horkheimer [...] »[2]. Aussi peut-il écrire : « Ce qui rapproche irrésistiblement les crimes des camps nazis et l'enfer de l'abattoir, c'est le processus industriel qui est à l'œuvre dans les deux cas, *de la même manière et pour les mêmes raisons*[3]. »

On fera toutefois crédit à Corine Pelluchon de se montrer réservée, quant à elle, au sujet d'une telle comparaison, dont beaucoup de défenseurs des animaux d'aujourd'hui usent et

1. É. de Fontenay, *Le Silence des bêtes*, *op. cit.*, Avant-Propos, p. 13.
2. P. Rouget, *La Violence de l'humanisme*, *op. cit.*, p. 139.
3. *Ibid.*, p. 142. Souligné par nous.

abusent *ad nauseam* : « Pour moi, le massacre quotidien des animaux d'élevage et l'extermination par les nazis des Juifs et de tant d'autres êtres humains ne peuvent faire l'objet d'une analogie, parce que le crime n'est pas le même : les animaux ne sont pas les victimes de la Solution finale, de ce programme d'éradication : ils sont exploités, et on les fait naître pour pouvoir les consommer[1]. »

La mise en cause de la production industrielle contemporaine, à travers la mise en cause de l'abattage en masse des animaux, vise, plus largement, à incriminer la société moderne occidentale en général, c'est-à-dire la société bourgeoise, capitaliste, individualiste et utilitariste. Il s'agit d'instiller dans l'opinion publique l'idée ou du moins le soupçon que celle-ci aurait des liens étroits et nécessaires avec le nazisme. La faiblesse de cette argumentation, c'est qu'elle occulte (délibérément ou non) une dimension tout à fait essentielle de l'idéologie nazie, à savoir son hostilité profonde envers l'humanisme sous toutes ses formes (judéo-christianisme, kantisme, philosophie des Lumières, etc.), envers l'individualisme, la société bourgeoise et la démocratie parlementaire. La propagande idéologique nazie repose en effet sur une exaltation « romantico-naturaliste » de la race nordique, de la terre et du sang allemands, c'est-à-dire aussi de la « nature allemande », de la forêt germanique « primitive » et des animaux sauvages qui y vivent.

Paraphrasant et commentant les textes des principaux théoriciens du nazisme, comme le juriste nazi Hans Frank, Johann Chapoutot écrit ainsi : « La race nordique a été égarée, éloignée d'elle-même par une acculturation (judéo-chrétienne, puis humaniste, *aufklärerisch*[2], libérale…) qui a constitué une véritable dénaturation. Au commencement des temps, la race nordique

1. *Pour l'amour des bêtes*, correspondance entre Corine Pelluchon et Jocelyne Porcher, Paris, Éditions Mialet-Barrault, 2022, p. 61-62.

2. Cet adjectif fait référence à l'*Aufklärung*, le terme allemand pour désigner la philosophie des Lumières, dont Emmanuel Kant (1724-1804) fut l'un des principaux représentants en Allemagne au XVIIIe siècle. Note ajoutée par nous.

était proche de sa naissance, donc de la nature : elle agissait en conformité avec la nature en elle et autour d'elle. Revenir à l'origine de la race, c'est donc retrouver la nature, ses commandements, ses normes[1]. »

Dans *Le Nouvel Ordre écologique*, Luc Ferry s'est penché sur une loi du IIIe Reich hitlérien qui constitue selon lui l'une des principales avancées du droit en matière de protection des animaux dans le monde contemporain : la loi du 24 novembre 1933 sur la protection des animaux *(« Tierschutzgesetz »)*[2]. Or le philosophe se demande pourquoi il n'en est quasiment jamais fait mention dans l'abondante littérature écologique et animaliste contemporaine. De fait, il y a un risque réel de voir la pensée écologiste et animaliste souffrir de ce rapprochement avec l'une des pires idéologies racistes et criminelles de l'histoire. Entendons-nous bien : il n'est nullement question pour nous ici d'amalgamer les défenseurs de la nature ou des animaux avec le racisme, la violence criminelle ou avec le nazisme. En revanche, il n'est pas inintéressant de comprendre, en examinant l'exemple historique du nazisme, que la défense de la nature et des animaux ne nous prémunit en rien contre la tentation du racisme ou de la violence criminelle envers les humains. Contrairement à ce que prétendent souvent les animalistes[3], prévenir la cruauté des humains envers les animaux ne

1. Johann Chapoutot, *La Révolution culturelle nazie*, Paris, Gallimard, « TEL », 2017, p. 105.

2. Luc Ferry, *Le Nouvel Ordre écologique, l'arbre, l'animal et l'homme*, Paris, Grasset, 1992, Deuxième partie, chapitre 2, p. 147-168.

3. Ceux-ci puisent souvent leurs sources chez les grands auteurs. Ainsi peut-on lire dans l'*Émile* de Jean-Jacques Rousseau cette phrase elle-même inspirée de Plutarque : « Il est certain que les grands mangeurs de viande sont en général cruels et féroces plus que les autres hommes ; cette observation est de tous les lieux et de tous les temps » (*op. cit.*, p. 196). Or c'est là un *lieu commun*, un *topos* ou un stéréotype littéraire qui ne résiste guère à l'examen des faits. Le cas du végétarisme de Hitler est le contre-exemple le plus souvent cité, et ce à juste titre, car il est le plus saisissant dans l'histoire récente.

nous garantit nullement contre la violence des humains envers d'autres humains. Et il arrive même que ce soit le contraire.

À cet égard, le cas du nazisme constitue un exemple instructif. Il convient ici de mentionner au passage la question du végétarisme du chef du IIIe Reich, Adolf Hitler. Cette question est souvent prise en otage par des joutes verbales et rhétoriques qui tendent soit à délégitimer cette pratique en l'associant à l'un des pires régimes criminels de l'histoire, soit, à l'inverse, à relativiser la valeur et l'importance de ce choix alimentaire chez le *Führer* afin de « sauver » le régime sans viande. Si c'est bien un fait historique avéré que Hitler a fait le choix d'une alimentation végétarienne vers l'âge de quarante et un ans, cette option traduit des motivations obscures et incertaines où se mêlent les raisons diététiques et les obsessions racistes[1]. Il est vrai que le choix alimentaire du chef nazi a pu être instrumentalisé par le régime politique totalitaire à des fins de propagande. Néanmoins, quoi qu'il en soit de ses motivations profondes que nous ignorons, il n'en reste pas moins vrai que la compassion affichée par les nazis pour le sort des animaux traduit une certaine « sensibilité » bien réelle dans la population allemande, et qui puise ses racines dans l'histoire longue de l'Allemagne, dans une certaine vision du monde (ou « *Weltanschauung* ») romantique et naturaliste caractéristique du monde germanique.

Comme l'écrit le journaliste et essayiste, végétarien et animaliste, Franz-Olivier Giesbert : « Que le régime hitlérien ait utilisé le combat pour le bien-être animal à des fins de propagande, c'est une évidence. On ne peut pourtant pas nier, encore hélas pour la cause, qu'il a fait preuve d'une certaine "compassion" sur cette question[2]. » D'autre part, pour en revenir à la loi nazie du

1. *Cf.* Johann Chapoutot, « Hitler était-il végétarien ? », *L'Histoire*, dossier : « Manger de la viande », *op. cit.*, p. 53.

2. Franz-Olivier Giesbert, « Le vrai faux végétarisme de Hitler », in *Id.*, *L'animal est une personne, pour nos sœurs et frères les bêtes*, Paris, Fayard, 2014, p. 117.

24 novembre 1933, celle-ci commence par ce préambule : « Dans le nouveau *Reich* il ne devra plus y avoir de place pour la cruauté envers les bêtes[1]. » Cela ne peut manquer de nous laisser perplexes, surtout si l'on s'avise, comme nous l'avons rappelé plus haut, que les Juifs massacrés dans les camps de la mort nazis l'ont été en ayant été traités d'animaux par les SS. On rappellera aussi que la législation allemande sur les animaux entraînait du même coup l'interdiction de l'abattage rituel juif *(« shehita »).* « Dès le 21 avril 1933, écrit Élisabeth Hardouin-Fugier, est proclamée une loi qui interdit tout abattage d'animal à sang chaud sans étourdissement préalable (le cas de l'animal à sang froid est traité ailleurs). La *shehita* se trouve donc indirectement interdite, et il s'agit évidemment d'une législation antisémite[2]. »

Luc Ferry a montré la filiation « romantico-naturaliste » de la législation nazie sur les animaux de 1933, qui a pu être inspirée par une certaine esthétique post-rousseauiste du « sentiment de la nature[3] ». Cette législation a même pu être influencée par l'idéologie américaine de la *« wilderness[4] »*, laquelle a reçu, via Ralph Waldo Emerson[5], l'influence de la *« Naturphilosophie »* alle-

1. Phrase citée par L. Ferry, *Le Nouvel Ordre écologique*, *op. cit.*, p. 147.

2. Élisabeth Hardouin-Fugier, « La protection juridique de l'animal en Allemagne (1800-1933). Naissance, jalons et concepts », in Marc Cluet (dir.), *L'Amour des animaux dans le monde germanique, 1760-2000*, Rennes, Presses universitaires de Rennes, 2006, p. 148.

3. L. Ferry, *Le Nouvel Ordre écologique*, *op. cit.* p. 152-155.

4. Terme difficilement traduisible en français, il désigne le « monde sauvage », c'est-à-dire les immenses espaces naturels américains qui ont profondément marqué l'identité culturelle des États-Unis, depuis l'époque des premiers pionniers jusqu'à l'époque contemporaine, où cette notion imprègne la pensée écologiste américaine, notamment chez un penseur américain comme Aldo Leopold (1887-1948).

5. Philosophe et écrivain américain (1803-1882), il est le fondateur du courant dit « transcendentaliste », un courant romantique, panthéiste et mystique qui

mande de Schelling[1], issue de l'idéalisme allemand post-kantien. Or le point le plus important à nos yeux, ici, c'est que la législation nazie du 24 novembre 1933 s'avérait tout à fait *novatrice* dans la mesure où elle affirmait défendre les droits des animaux « pour eux-mêmes », et non par rapport aux intérêts des humains. Contrairement à l'écologie traditionnelle dite « environnementaliste », c'est-à-dire *humaniste*, qui entend défendre et protéger la nature afin de mieux préserver le « cadre de vie » des humains[2], la législation nazie de 1933 entendait renverser le paradigme anthropocentriste et affirmer les droits de la nature indépendamment de ceux de l'humanité. Vue sous ce jour, cette législation rejoignait l'une des thèses principales de la *« deep ecology »*[3].

Au paragraphe 1 de la loi nazie de protection des animaux, il est ainsi écrit : « Du point de vue pénal, on ne fera donc aucune différence, ni entre les animaux domestiques et d'autres types d'animaux, ni entre les animaux inférieurs et supérieurs, ou encore entre des animaux utiles et nuisibles pour l'homme[4]. » Nous retrouvons ici l'une des revendications les plus fortes de la philosophie animaliste et écologiste contemporaine : le refus de considérer les animaux du point de vue des intérêts de l'être humain. Élisabeth Hardouin-Fugier écrit en ce sens : « C'est un événement capital pour l'entrée de l'animal dans le droit humain, qu'accentuera la jurisprudence, même si l'état de fait n'a guère

---

entend puiser dans le sentiment de la nature une inspiration morale pour l'humanité. Il a beaucoup influencé le philosophe Henry David Thoreau (1817-1862).

1. Friedrich Wilhelm von Schelling (1775-1854), philosophe allemand, il est l'un des principaux représentants du courant de l'idéalisme allemand, proche du romantisme.

2. C'était le cas par exemple de la loi Grammont de 1850, évoquée précédemment (voir p. 209), qui protégeait uniquement les animaux domestiques et seulement des atteintes contre ceux-ci commises en public.

3. Voir *supra*, p. 231-232.

4. Texte cité par L. Ferry, *Le Nouvel Ordre écologique*, *op. cit.*, p. 160.

changé. […] Une comparaison avec l'État français contemporain ne pouvait qu'augmenter le prestige de la loi du 24 novembre 1933. Les protecteurs français se trouvent enlisés dans l'immobilisme d'une ancienne protection législative "par ricochet", conservant son allure moralisatrice […]. L'entrée de l'animal dans le bastion juridique si soigneusement fortifié par l'homme constitue une véritable révolution culturelle[1]. »

Il est difficile, en somme, d'ignorer cette loi nazie du 24 novembre 1933 quand on s'intéresse au droit des animaux dans le monde contemporain, et tout particulièrement lorsqu'on défend des thèses animalistes visant à promouvoir une nouvelle « morale non anthropocentrée ». Or il est difficile également de ne pas se questionner sur les implications possibles de ces thèses, dans la mesure où elles conduisent à une remise en cause radicale de l'humanisme, et de la vision anthropocentriste que celui-ci implique. Jusqu'où est-on prêt à défendre les animaux ? Et comment s'assurer que la défense des animaux ne portera pas atteinte aux droits fondamentaux des humains ? Ce sont là en effet des questions tout à fait sensées et parfaitement légitimes au regard des enseignements que l'on peut tirer de l'histoire récente de l'Europe.

Au fond, la mise en cause de la société industrielle contemporaine témoigne d'une contradiction, bien mise en évidence par Keith Thomas, entre la sensibilité de la bourgeoisie urbaine et le mode de production industriel dont dépend sa richesse. C'est là un « dilemme humain » qui constitue sans doute l'une des contradictions majeures auxquelles doit faire face le monde occidental moderne et contemporain. « Comment concilier, demande K. Thomas, les exigences physiques de la civilisation avec les valeurs et sentiments nouveaux que cette même civilisation avait engendrés ? […] C'est ainsi que les sensibilités nouvelles et les

---

1. É. Hardouin-Fugier, « La protection juridique de l'animal en Allemagne », art. cit., p. 152.

bases matérielles de la société humaine se sont de plus en plus opposées. Un mélange de compromis et de dissimulation a permis jusqu'ici de n'avoir pas à résoudre complètement ce conflit. Mais on ne peut pas toujours user de faux-fuyants, et il est bien certain que la question se reposera. Cette question forme l'une des contradictions sur lesquelles on peut dire que repose la civilisation moderne[1]. » Pour le dire en termes marxistes, tout se passe comme si la « superstructure idéologique », c'est-à-dire les modes de pensée, les mœurs et les mentalités d'une partie de la population, entrait en contradiction avec « l'infrastructure économique », c'est-à-dire avec les modes de production de la richesse dont dépend la société.

Cette dissociation est très manifeste dans la remise en cause contemporaine de l'élevage animal par les militants animalistes – sans parler des touristes urbains qui se déclarent souvent importunés, lorsqu'ils se rendent à la campagne, par les nuisances liées aux activités agricoles et pastorales. Jean-Pierre Digard a mis en évidence, dès les années 1990, ce qu'il a appelé un « phénomène animal de compagnie », c'est-à-dire la tendance, très marquée dans les populations urbaines, à ne considérer l'existence des bêtes qu'au travers du prisme de leur animal familier ou « de compagnie ». Or cette tendance revêt un caractère prédominant dans la mesure où la possession d'animaux de compagnie est elle-même devenue un *phénomène de masse* dans les sociétés occidentales contemporaines. Cette situation entraîne le développement d'un véritable *« pétichisme »* selon l'anthropologue, qui a forgé ce néologisme à partir du mot anglais *« pet »*, désignant un animal de compagnie[2] : il faut entendre par là qu'un véritable *fétichisme*

1. K. Thomas, *Dans le jardin de la nature*, *op. cit.*, p. 390-393.

2. Jean-Pierre Digard, *L'Homme et les animaux domestiques. Anthropologie d'une passion*, Paris, Fayard, 1990 ; rééd. 2009, p. 232.

de l'animal de compagnie s'est développé au cours des dernières décennies dans le monde occidental.

Nous touchons ici en réalité au cœur de la contradiction du mouvement animaliste contemporain. Celui-ci s'appuie en effet sur *l'affection* que les propriétaires d'animaux de compagnie vouent à leur « compagnon à quatre pattes » (puisqu'il s'agit en majorité de chiens et de chats[1]) pour dénoncer, par contraste, le traitement infligé aux animaux domestiques dits « de rente », c'est-à-dire ceux qui sont utilisés soit pour les services, soit pour les « biens » ou « produits » qu'ils peuvent fournir. « Le chômage doré qui va de pair avec la fonction de l'animal de compagnie, écrit J.-P. Digard, a pour corollaire, dans la société occidentale contemporaine, la marginalisation voire l'exclusion ou la péjoration des animaux "utilitaires"[2]. »

Ainsi, il y aurait, d'un côté, les animaux que l'on garde près de soi pour leur témoigner de l'affection et avec lesquels on aurait une relation « désintéressée », et il y aurait, de l'autre côté, les animaux que l'on maintient sous la domination (ou le joug) de l'humain afin de les exploiter soit pour leur force motrice (ce qui est de moins en moins le cas dans les sociétés occidentales contemporaines), soit pour les produits qu'ils peuvent fournir au moyen de leur corps (chair, lait, laine, cuir, peaux et fourrures, etc.). « La diffusion du modèle de l'animal de compagnie, écrit encore J.-P. Digard, dont la caractéristique universelle est de ne servir à rien d'autre qu'à la compagnie de son maître, entraîne la diffusion simultanée dans le public d'un idéal de sous-utilisation voire de non-utilisation des animaux[3]. »

---

1. On dénombrait 7,6 millions de chiens domestiques et 14,2 millions de chats domestiques en France en 2021.

2. J.-P. Digard, *L'Homme et les animaux domestiques*, *op. cit.*, p. 235.

3. *Id.*, *L'animalisme est un antihumanisme*, Paris, CNRS-éditions, 2018, p. 19.

Ce n'est donc pas un hasard si l'un des ouvrages majeurs de la pensée animaliste contemporaine, *Zoopolis, une théorie politique des droits des animaux*, de Will Kymlica et Sue Donaldson, propose un nouveau modèle de société où les animaux domestiques de rente sont appelés progressivement à disparaître, pour ne laisser la place qu'à trois catégories animales résiduelles : les animaux de compagnie, les animaux sauvages et les animaux dits liminaires. « Cela ne signifie pas, écrivent ces deux auteurs, qu'il n'y aura plus de vaches, simplement qu'il y en aura peu. Il y aura sans doute toujours des personnes désireuses d'avoir des vaches de compagnie (ou des cochons de compagnie), mais dans la mesure où ces animaux seront désormais moins "utiles" (dans des conditions de non-exploitation), leur reproduction diminuera, et ils seront de moins en moins nombreux à faire partie de la communauté des humains et des animaux[1]. » Faire disparaître un grand nombre d'espèces animales pour le bien de ceux-ci et des humains qui vivent et travaillent avec eux, tel est l'idéal prescrit par ces deux penseurs animalistes. « Adieu veau, vache, cochon, couvée », comme l'écrivait La Fontaine[2]. Nous touchons bien là au cœur du paradoxe de l'animalisme contemporain.

Les animalistes ont, en tout cas, beau jeu de « surfer » sur une tendance sociale qui est devenue en effet majoritaire dans les sociétés occidentales contemporaines urbanisées et industrialisées, et notamment en France. Or cette tendance, le *« pétichisme »*, repose largement, en réalité, sur une fausse appréciation des réalités économiques et sociales, donc sur une illusion ou une « fausse conscience ». En effet, l'animal de compagnie n'est pas un être qui vivrait « librement » ou « pour soi », il n'est pas réellement « inutile », puisqu'il rend un service à son maître, en lui assurant une

1. Will Kymlica et Sue Donaldson, *Zoopolis, une théorie politique des droits des animaux* (2011), traduit par P. Madelin, Paris, Alma éditeurs, 2016, p. 197.

2. Jean de La Fontaine, « La laitière et le pot au lait », *Fables*, 1668.

forme de compagnie, de présence et d'affection, ce qui n'est certainement pas sa vocation première en tant qu'être vivant. En outre, cet animal est en réalité un « bien », qui a été soit acheté soit reçu en cadeau, et donc qui appartient à un maître et à un propriétaire qui en tire une certaine jouissance. Ajoutons que cet animal doit se nourrir et qu'une industrie de la *« pet food »* s'est mise en place, dans nos sociétés, afin de garantir son bien-être alimentaire – sans parler de l'ensemble des soins et services marchands qui sont aujourd'hui rendus aux animaux de compagnie[1]. En outre, l'alimentation des chiens et des chats carnivores est assurée grâce aux animaux de boucherie, dont on récupère les restes, notamment les abats, pour en faire des « croquettes ». On est donc loin ici du « désintéressement » supposé de l'existence de nos chers « compagnons à quatre pattes ». La relation prétendument « désintéressée » aux animaux de compagnie repose sur un système économique et social qui en assure la viabilité et la pérennité.

Mais il y a pire : l'animal de compagnie est de plus en plus intégré désormais à la famille, de sorte que cet être dit « familier » tend à devenir un être « familial », au point d'être quasiment considéré dans beaucoup de foyers d'aujourd'hui comme une sorte d'enfant (ou bien, dans certains cas, comme un substitut d'enfant). Cette *anthropomorphisation* de nos « compagnons à fourrure » tend par conséquent à leur retirer leur statut d'animal pour les intégrer à l'humanité. Est-ce là ce que l'on doit entendre par « respect » de l'animal ? Tandis que l'animal de compagnie est *désanimalisé*, car élevé au rang de l'humain ou du quasi-humain, à l'autre bout de la chaîne sociale, l'animal domestique de rente est également désanimalisé, mais en sens inverse : il est rabaissé au rang d'objet ou de « matière première » pour l'industrie (de la viande, du lait,

1. Il existe aujourd'hui par exemple des assurances-vie pour animaux de compagnie.

du cuir, etc.)[1]. Par quelque côté que l'on considère la question, il semble que l'animal ait de moins en moins sa place *en tant que tel* dans la société contemporaine. De ce point de vue, l'animalisme ne célèbre l'animal que pour mieux accompagner sa disparition, et la prétendue « compassion » envers la souffrance animale n'est qu'un écran de fumée qui masque (assez mal) le processus de disparition des bêtes hors du monde humain.

Notons encore que cette contradiction, qui n'est pas une mince affaire, est patente dans les pratiques et les discours des militants animalistes, où elle relève de ce que l'on pourrait appeler, pour reprendre la formule de la militante animaliste Ophélie Véron, une « dissonance cognitive[2] ». Ainsi la militante Corine Pelluchon a-t-elle témoigné à de nombreuses reprises son attachement pour sa chatte domestique « Boulie ». « Quand on donne à manger à son animal – je le fais avec ma chatte Boulie qui ronronne en mangeant quand je suis à côté d'elle –, on apprend cela : l'amour de la vie est originaire, ce que l'appétit comme désir d'incorporer les nourritures, plaisir à les goûter et à en retirer de la force exprime de manière exemplaire[3]. » Nous ne pouvons que souscrire à ce constat : manger est l'un des grands plaisirs de la vie. En revanche, il nous paraît assez contradictoire de promouvoir et défendre le véganisme, quand on donne des croquettes issues des résidus de viande de boucherie à son animal préféré, lequel est un carnivore invétéré – et même pire : un *carnassier*. « Avoir un chat, écrit Jocelyne Porcher, est bien une aporie du point de vue du véganisme. Comment être végane en nourrissant un chat avec des produits issus des abattoirs ? [...] Les chats sont carnivores et

---

1. Comme nous l'avons vu précédemment, p. 195.

2. O. Véron, *Planète végane*, *op. cit.*, p. 68. Il s'agit pour la militante végane d'accuser, bien entendu, les carnivores de ne pas être cohérents avec eux-mêmes. Nous lui retournons le compliment ici.

3. C. Pelluchon, « Philosophie des corps et de la corporéité », art. cit., p. 211.

participent d'ailleurs, et sans que cela soit justifié par la faim, à la disparition de 75 millions d'oiseaux en France chaque année[1]. » Si C. Pelluchon convient que son affection pour sa chatte carnivore constitue bien un problème et même une contradiction, elle n'en tire pas toutes les conclusions qui s'imposent, me semble-t-il. « J'estime que cette affection qui nous lie excuse ma contradiction sans l'effacer[2] », écrit-elle.

Il y a là une difficulté qui dépasse en effet le cadre seulement personnel ou psychologique, mais qui tient à l'idéologie animaliste elle-même, laquelle tire parti et profit d'une certaine « sensibilité » partagée par la population, alors même que celle-ci est en contradiction totale avec les réalités du monde économique et social. Sans élevage et sans animaux de boucherie, il serait en effet impossible de nourrir les millions d'animaux de compagnie, en particulier les chiens et les chats qui font le bonheur des familles occidentales.

Au demeurant, un animaliste contemporain comme Gary Francione[3] considère, quant à lui, que le principal problème de la relation qui lie les humains aux animaux tient à la notion de propriété qui conduit à considérer les bêtes comme des biens marchands. En théoricien conséquent de l'« abolitionnisme », ce dernier défend ainsi l'idée que les humains devraient renoncer à posséder un animal quel qu'il soit. Or il est pour le moins douteux que les heureux propriétaires de chiens et de chats domestiques, s'ils tendent généralement à considérer les thèses animalistes avec une certaine sympathie, accepteraient les conséquences d'une telle doctrine si elle était réellement mise en œuvre.

---

1. J. Porcher in *Pour l'amour des bêtes*, *op. cit.*, p. 76.
2. C. Pelluchon in *ibid.*, p. 88.
3. Philosophe et juriste américain, né en 1954, défenseur des droits des animaux et promoteur du véganisme.

3.

Le plat argumentatif écologique et climatique : un potage astringent

Parmi les nombreuses accusations dont l'industrie de la viande fait aujourd'hui l'objet de la part d'un certain nombre de militants ou de sympathisants de la cause animaliste et écologiste, celle de polluer l'environnement naturel n'est pas la moindre. En 2006, un rapport de la FAO (la *Food and Agriculture Organization*, ou Organisation des Nations unies pour l'alimentation et l'agriculture) a fait grand bruit dans les *mass media* en affirmant que l'élevage animal serait responsable de l'émission de 18 % des gaz à effets de serre (GES) résultant de l'ensemble des activités humaines. Les médias n'ont pas manqué de relever que ce calcul incluait notamment les rots et pets des ruminants herbivores, principalement les vaches qui émettent de cette façon de grandes quantités de méthane dans l'atmosphère, un gaz à effet de serre qui contribue au phénomène du réchauffement climatique.

Or, en réalité, ce calcul a depuis été révisé à la baisse, de sorte que la même FAO évaluait l'impact de l'élevage sur l'émission de GES à 14,5 % en 2013, dont 60 % provenant de l'élevage bovin[1]. On peut et on doit s'interroger ici sur une stratégie de commu-

1. *Cf.* René Laporte, « Le monde a faim de viande », art. cit., p. 61-62.

nication médiatique, de la part des militants de la cause animale, qui consiste à relayer des chiffres afin de frapper l'opinion, alors même que les études scientifiques d'impact sont sujettes à caution et à révision, en raison de modes de calcul extrêmement complexes et reposant sur des critères variables. À tout le moins, de tels chiffres doivent être manipulés avec précaution, et non reçus comme des « vérités d'évangile ». C'est pourtant bien ainsi que de nombreux journalistes et essayistes, sympathisants de la cause animale, s'emparent de données scientifiques pour en faire des vérités indiscutables.

Le journaliste Fabrice Nicolino reprend ainsi les chiffres de la FAO publiés dans le rapport de 2006, sans recul ni distance critique, sans aucune nuance non plus évidemment, mais il en tire immédiatement la seule conclusion qui lui semble devoir s'imposer : « Ce seul bilan suffirait à condamner l'élevage, du moins dans sa forme industrielle et concentrée[1]. » Il n'est nullement envisagé, par exemple, que l'on puisse améliorer l'élevage, afin justement de faire baisser les émissions qui contribuent au dérèglement du climat. Comme dit la sagesse populaire : « Qui veut noyer son chien l'accuse de la rage. » Tout se passe ici comme si la condamnation de l'élevage industriel était l'objectif fixé *a priori*, de sorte que l'instruction d'un dossier à charge devrait en découler nécessairement.

Rappelons que les « gaz à effet de serre » (ou GES) sont ceux qui, en s'accumulant dans l'atmosphère, emprisonnent les rayonnements infrarouges du soleil et contribuent à réchauffer le climat de la terre. Parmi ces gaz, on compte le dioxyde de carbone (CO_2), le méthane (CH_4), l'ozone (O_3), ou encore le protoxyde d'azote (N_2O). L'élevage contribue aux émissions mondiales de CO_2 à hauteur de 2 ou 3 %. En revanche, il contribue aux émissions mondiales de GES à hauteur de 14,5 %, comme on l'a dit

1. F. Nicolino, *Bidoche*, *op. cit.*, p. 187.

plus tôt, principalement sous la forme de méthane (ou CH4) produit par les animaux d'élevage, en particulier les ruminants (bovins, ovins et caprins). Ce méthane provient soit de l'éructation, soit des déjections des herbivores polygastriques[1]. Encore faut-il regarder les chiffres en détail. « Au total, écrit Jean-Michel Lecerf, les bovins produiraient près des trois quarts des gaz à effet de serre du secteur élevage, les petits ruminants (ovins, caprins) 7 %. En revanche, les porcs et les volailles, qui fournissent près des trois quarts de la viande dans le monde, produisent ensemble moins de 20 % des gaz à effet de serre[2]. »

Quoi qu'il en soit, les chiffres concernant les GES sont à relativiser et nuancer. Car, comme l'écrit encore le médecin-nutritionniste, « il existe [...] des marges de progrès et des pistes d'amélioration[3] ». En effet, nous y reviendrons plus loin, l'élevage des ruminants requiert principalement des pâturages, donc des espaces de prairie qui offrent des avantages significatifs en termes de capture des GES, compensant en grande partie les émissions de ces animaux.

Par ailleurs, l'élevage intensif pose le problème de la production de nitrates, liés notamment au rejet de lisier par les exploitations porcines. Cette pollution tend, d'une part, à infiltrer les nappes phréatiques souterraines, et donc les sources d'eau potable à destination des humains, d'autre part, à causer le développement excessif d'algues et autres plantes aquatiques dans les lacs et les rivières, un phénomène connu sous le nom d'« eutrophisation » (les nitrates étant un nutriment essentiel pour les plantes en raison de l'azote qu'ils contiennent).

---

1. Comme les bovins, ovins et caprins, contrairement aux herbivores monogastriques comme les chevaux ou les lapins. Les cochons et les poules sont des omnivores monogastriques.

2. Jean-Michel Lecerf, *La Viande, un peu, beaucoup, passionnément ou pas du tout ?*, Paris, Buchet-Chastel, 2016, p. 98.

3. *Ibid.*

Ensuite, l'agriculture et l'élevage entraînent une forte consommation d'eau, de sorte que ces productions sont accusées d'accaparer des ressources qui pourraient être affectées à la consommation humaine. L'élevage à lui seul consommerait entre 10 et 15 % des ressources hydriques de la planète. René Laporte indique que, d'après la plateforme collaborative Water Footprint Network, il faudrait plus de 15 000 litres d'eau pour produire 1 kilogramme de viande de bœuf. Or l'ingénieur relativise et nuance immédiatement ce chiffre en précisant qu'il inclut à 96 % les eaux de pluie stockées dans les sols et que le vrai chiffre serait plus proche de 300 litres d'eau pour 1 kilo de viande[1].

En ce qui concerne les hormones et les antibiotiques utilisés par l'élevage, là encore il faut examiner la question en détail, en évitant les jugements hâtifs ou à l'emporte-pièce. J.-M. Lecerf rappelle à cet égard qu'« en France, le recours aux hormones à des fins de croissance animale est interdit[2] » et que, « depuis 2006, l'usage d'antibiotiques en vue d'améliorer la croissance et la performance des animaux, toutes espèces confondues, est interdit dans l'Union européenne[3] ». Les antibiotiques ne sont ainsi utilisés par les éleveurs que pour le traitement des maladies, soit à titre préventif, soit à titre curatif. Ce qui peut éventuellement poser le problème des résidus présents dans les produits animaux, sachant que ceux-ci sont étroitement contrôlés.

Enfin l'élevage animal pose, plus largement, la question de l'utilisation des terres agricoles ainsi que celle des inégalités Nord-Sud, dans la mesure où un grand nombre de terres agricoles des pays de l'hémisphère Sud sont affectées aujourd'hui à la production de nourriture pour le bétail des pays de l'hémisphère Nord, notamment à la production de tourteaux de soja ou de maïs, au

---

1. R. Laporte, « Le monde a faim de viande », art. cit., p. 60.
2. J.-M. Lecerf, *La Viande…*, *op. cit.*, p. 102.
3. *Ibid.*, p. 103.

détriment de la forêt et des cultures vivrières locales. Comme l'indique encore le docteur Lecerf, c'est surtout la production de la viande de volaille et de porc (des animaux monogastriques) dans les pays du Nord qui s'avère dépendante des protéines végétales produites dans les pays du Sud, l'élevage bovin faisant surtout appel au pâturage et au fourrage[1].

En tout état de cause, les arguments écologiques et climatiques qui sont souvent utilisés aujourd'hui dans le débat public par les végétaro-animalistes, pour mettre en cause l'élevage et la production de viande dans le monde, peuvent et doivent être examinés avec une certaine distance critique, en évitant de céder aux anathèmes et autres condamnations péremptoires. Aucun de ces arguments, en effet, ne justifie que l'on *renonce totalement* à l'élevage ou à la consommation de viande dans un avenir plus ou moins proche. Il est possible d'envisager des solutions afin d'améliorer les conditions d'élevage des animaux de manière à préserver leur bien-être ainsi que la qualité de l'environnement naturel. Cela peut passer il est vrai par une certaine réduction de la consommation de viande, notamment dans les pays occidentaux, où l'on observe une surconsommation de produits carnés, tandis que les pays émergents qui sont de moindres mangeurs de viande devraient voir leur consommation augmenter dans les prochaines décennies. En résumé, comme l'écrit J.-M. Lecerf, « en France, et plus largement en Europe, il faut privilégier la production d'une viande de qualité, payée un prix plus élevé au producteur, avec un recours croissant à une alimentation issue de productions locales, dans une agriculture plus intégrée[2] ».

1. *Ibid.*, p. 96.
2. *Ibid.*

4.

Le plat argumentatif diététique et gastronomique : un entremets acide

La viande étant attaquée aujourd'hui de toutes parts, un nouveau « front » s'est ouvert également, depuis quelques années, du côté de la santé publique. Alors que la chair animale pouvait encore être considérée dans les monastères du Moyen Âge comme un aliment susceptible de soutenir la santé vacillante des malades[1], elle est à présent accusée d'être l'un des principaux vecteurs de maladies dans les sociétés occidentales contemporaines. La consommation de viande, spécialement celle de viande rouge, serait-elle mauvaise pour la santé ? C'est ce que suggèrent certaines études scientifiques récentes, largement relayées dans la presse et les médias, et surtout bien entendu par les adeptes du régime végétarien ou végane.

Là encore, le journaliste Fabrice Nicolino n'y va pas par quatre chemins : « Et si ça fichait le cancer[2] ? » demande-t-il. Un certain nombre d'études scientifiques alimentent et renforcent la suspicion autour de la viande, particulièrement de la viande rouge, c'est-à-dire celle des animaux d'élevage, principalement :

1. Voir *supra*, p. 146.
2. F. Nicolino, *Bidoche*, *op. cit.*, chapitre 11, p. 197 *sq.*

des bovins et des ovins, ainsi que des équidés, en incluant le porc mais en excluant la volaille et le lapin. Or il convient d'embler de préciser que ces études sont basées sur l'*épidémiologie*, ce qui signifie qu'elles établissent un *risque* ou une *probabilité*, en s'appuyant sur l'observation de corrélations statistiques, mais qu'elles ne permettent en aucun cas d'établir un *lien causal certain* entre la consommation de viande et telle ou telle maladie. En outre, le risque est toujours évalué de manière relative, en pourcentage d'augmentation par rapport à un risque de base.

Un rapport de l'Organisation mondiale de la santé (OMS) du 26 octobre 2015 a fait grand bruit en classant la viande rouge ainsi que la viande transformée (ou *« processed meat »* en anglais), c'est-à-dire la charcuterie, comme des « cancérogènes probables[1] ». Un autre organisme, le CIRC (Centre international de recherche sur le cancer, une agence intergouvernementale basée à Lyon), a relayé cette information, or sa reprise médiatique a alors singulièrement manqué de nuance ou de précision, et même d'exactitude.

Comme l'écrit J.-M. Lecerf : « Quand, à l'automne 2015, le CIRC a communiqué sur le lien entre viande-charcuterie et cancer, les propos retransmis par la presse n'étaient ni prudents ni justes : "la viande donne le cancer du côlon" ou "les charcuteries provoquent le cancer du côlon". Il eût été plus exact de dire : la consommation excessive de viande rouge (supérieure à 100 grammes par jour, en poids cuit) ou de charcuterie (supérieure à 50 grammes par jour) est associée à une petite augmentation (plus de 15 à 20 %) du risque de cancer du côlon[2]. » Le médecin-nutritionniste rappelle, pour donner un ordre de comparaison, que la consommation de cigarettes augmente le risque de cancer de 500 %[3].

1. https://www.who.int/fr/news-room/questions-and-answers/item/cancer-carcinogenicity-of-the-consumption-of-red-meat-and-processed-meat

2. J.-M. Lecerf, *La Viande…*, *op. cit.*, p. 71.

3. *Ibid.*

En d'autres termes, il est *probable* qu'une consommation excessive de viande rouge, de l'ordre de plus de 100 grammes par jour, ce qui est assez important, provoque le déclenchement d'un cancer du côlon (ou bien du rectum) chez certaines personnes susceptibles de développer cette maladie, soit pour des raisons génétiques soit en raison de leur mode de vie ou de causes liées à leur environnement. De plus, là encore, il convient de nuancer et préciser les choses. Le risque de cancer peut être dû, en effet, à d'autres causes associées à la consommation de viande, comme le régime alimentaire global, c'est-à-dire le fait notamment de manger trop peu de fruits et légumes ou de céréales complètes, car ces aliments apportent des fibres qui jouent un rôle protecteur pour le microbiote intestinal; ou bien comme le style de vie (sédentarité, obésité, défaut d'exercice physique, tabagisme, alcoolisme, etc.).

D'autre part, le médecin-nutritionniste Lecerf met en avant le rôle joué par les *modes de cuisson*. Ainsi, nous retrouvons ici la fameuse dualité du rôti et du bouilli, dont l'anthropologie a tant souligné le rôle structurant dans les régimes alimentaires de nombreuses sociétés humaines. Il semble que le fait de rôtir ou griller la viande, notamment au barbecue, induise la formation de substances chimiques potentiellement dangereuses car cancérogènes, comme les amines hétérocycliques ou les hydrocarbures aromatiques polycycliques, tel le benzo(a)pyrène[1]. Inversement, la cuisson bouillie ou mijotée semble limiter les risques, car elle n'induit pas la production de ces substances. Serait-ce une justification par la science contemporaine du bien-fondé des théories diététiques hippocratiques, selon lesquelles la cuisson des aliments devait permettre de rendre l'aliment conforme à la nature de l'organisme en corrigeant ses vices ou en éliminant sa toxicité ? J.-M. Lecerf note en tout cas que l'utilisation de condiments lors

1. *Ibid.*

de la cuisson de la viande, comme l'ail ou l'oignon notamment, ou bien d'épices, peut jouer un rôle protecteur. L'art culinaire du Moyen Âge, avec sa « folie des épices » en particulier, n'aurait donc pas eu que des défauts.

Pour ce qui est du risque cardiovasculaire, c'est-à-dire le risque d'hypertension ou le risque de maladies coronariennes telles que l'infarctus du myocarde, il apparaît là aussi que le lien avec la consommation de viande n'est nullement certain. Bien plus, des études récentes ont remis en cause l'idée d'un lien entre la consommation d'acides gras saturés, d'une part, c'est-à-dire les graisses qui sont présentes dans les produits animaux tels que la viande notamment (mais aussi le lait et les produits laitiers) et qui élèvent le taux de cholestérol dans le sang (le cholestérol dit « LDL » ou le « mauvais cholestérol »), et les risques de maladies cardiovasculaires, d'autre part. Comme l'écrit le docteur Lecerf, « s'ils sont issus de produits laitiers, on observe une diminution importante du risque cardiovasculaire ; s'ils sont issus de produits carnés, on remarque une augmentation de ce risque. [...] Cela tend à démontrer que les acides gras saturés ne seraient pas seuls en cause dans le risque cardiovasculaire en général[1] ».

C'est ici le lieu d'évoquer un fait surprenant qui a été désigné sous l'appellation de « paradoxe français » (ou *« french paradox »*) par les diététiciens américains dans les années 1990, à savoir le fait que la population française, pourtant grosse consommatrice de viande ainsi que de produits carnés chargés en graisses animales, comme le foie gras, soit pourtant moins touchée que la population américaine par les maladies coronariennes[2]. Il semblerait, là encore, que la seule consommation de viande ou de produits carnés n'explique pas tout, mais que des facteurs tels que le régime alimentaire global (incluant la consommation de

1. *Ibid.*, p. 70.
2. *Cf.* Cl. Fischler, *L'Homnivore*, *op. cit.*, p. 201.

légumes notamment, mais aussi celle de vin), ou bien le style de vie permettent de rendre compte de l'apparition ou non de certaines maladies dans la population. Et l'on pourrait faire la même remarque au sujet des autres risques mis en évidence par les études médicales basées sur l'épidémiologie, comme les risques de diabète ou d'obésité supposés liés à une consommation de viande trop élevée.

En définitive, les autorités internationales de santé telles que l'OMS recommandent de ne pas consommer plus de 500 grammes de viande rouge par semaine (en poids cuit), ce qui représente 70 grammes par jour. Nous sommes loin de l'abstention de viande, d'autant que la volaille n'est pas concernée par ces restrictions. Ces recommandations plaident plutôt en faveur d'une certaine *modération* de la consommation de viande, en association avec d'autres aliments tels que des légumes, des légumineuses et des céréales, ainsi que des condiments qui peuvent jouer un rôle protecteur pour l'organisme. Or la viande se consomme rarement seule, et la tradition gastronomique française offre la possibilité de préparer des plats équilibrés qui intègrent précisément ces aliments protecteurs à titre de « garnitures ».

IV.

PIÈCE DU BOUCHER :
pour un carnivorisme humaniste, raisonné et tempérant

« Défendre son bifteck » : cette expression, passée dans le langage courant, signifie que l'on défend ses intérêts économiques ou son niveau de vie. Elle s'est substituée à l'expression « défendre son pain » qui apparaît aujourd'hui vieillie et dépassée. Cela traduit bien le changement de modèle alimentaire qui a accompagné l'essor des sociétés occidentales contemporaines, à la suite des révolutions industrielles successives au cours des XIXe et XXe siècles. Chacun connaît la célèbre scène du film de John Ford, *L'homme qui tua Liberty Valance*[1], où le cow-boy Tom Doniphon (joué par l'acteur John Wayne) se trouve aux prises avec le bandit Liberty Valance (joué par l'acteur Lee Marvin). Celui-ci ayant fait un croche-pied à Ransom Stoddard (joué par James Stewart), le steak que ce dernier s'apprêtait à servir à Tom Doniphon est tombé à terre. *« That's my steak, Valance! »* (« C'est mon steak Valance ! ») s'écrie alors Doniphon. Le face-à-face tendu entre les deux hommes traduit dès lors l'affrontement entre l'ordre légal et le monde civilisé, défendu par Doniphon, et le monde de la

1. *The Man Who Shot Liberty Valance*, film américain en noir et blanc réalisé par John Ford, sorti en salles en 1962.

violence sauvage, représenté par le hors-la-loi Valance. Or il n'est pas anodin pour notre propos que cet affrontement ait pour enjeu un *steak de bœuf*. La viande, et spécialement la tranche de bœuf, est devenue en effet le *symbole par excellence*, dans le monde contemporain, d'un certain niveau de vie dans le cadre d'une société moderne et civilisée, économiquement prospère et pacifiée par le droit.

Ce n'est donc pas par hasard que les végétaro-animalistes s'en prennent aujourd'hui à la consommation de viande, car ils s'en prennent ainsi en réalité au *standard de vie* des classes moyennes et populaires occidentales. Les attaques répétées de la députée écologiste Sandrine Rousseau contre cette consommation alimentaire, et notamment contre le « virilisme » du barbecue[1], reviennent à dénoncer le style de vie des salariés, employés et ouvriers qui vivent majoritairement en habitat pavillonnaire, dans les zones périurbaines ou rurales – et qui s'autorisent ainsi à faire griller de temps en temps une pièce de bœuf ou bien des saucisses dans leur jardin. Or il est permis de se demander si les attaques actuelles contre la consommation de viande, de la part d'une certaine fraction de la bourgeoisie française urbaine prétendument « progressiste », ne sont pas l'expression d'un mépris de classe ou même, comme à l'époque du triomphe de la bourgeoisie anglaise de l'ère victorienne, une tentative pour « discipliner » les classes moyennes et populaires[2]. Quel meilleur moyen, en effet, pour assujettir les gens que de leur imposer un régime alimentaire strict ? C'est cer-

1. « Il faut changer de mentalité pour que manger une entrecôte cuite sur un barbecue ne soit plus un symbole de virilité », a ainsi déclaré Sandrine Rousseau le 27 août 2022, lors des Journées d'été du parti Europe-Écologie-les-Verts (EELV).

2. Nous avons déjà vu plus haut, en nous appuyant sur l'ouvrage de l'historien anglais Keith Thomas, *Dans le jardin de la nature*, comment la bourgeoisie anglaise du XIXe siècle a pu promouvoir le végétarisme et réprimer la cruauté envers les animaux afin de « civiliser les classes inférieures » (*op. cit.*, p. 243 – voir *supra*, p. 208-209).

tainement le meilleur instrument de *police des mœurs* qui se puisse concevoir !

D'autre part, les attaques du « front anti-viande » portent aussi sur le « principe d'incorporation », en vertu duquel le mangeur s'attribue symboliquement les qualités de l'aliment, ou plus particulièrement de l'animal qu'il ingère. « Le sauvage, écrivait l'anthropologue écossais George Frazer, croit communément que, en mangeant la chair d'un animal ou d'un homme, il acquiert les qualités non seulement physiques, mais aussi morales et intellectuelles qui sont caractéristiques de cet animal ou de cet homme[1]. » De fait, les citoyens des sociétés occidentales contemporaines pensent-ils différemment lorsqu'ils savourent une pièce de bœuf grillée ? Ne croient-ils pas s'approprier les qualités attachées à l'image du bœuf : la force, le courage et la virilité[2] ? Pour autant, il convient de se demander si les végétariens, en s'abstenant de la chair des animaux pour leur préférer celle des légumes ou des fruits, ne reproduisent pas la même croyance. Ne croient-ils pas, eux aussi, pouvoir s'approprier en les incorporant les qualités qu'un certain imaginaire attache aux végétaux, comme la non-violence, la douceur, voire une certaine féminité ?

Aussi vaudrait-il mieux s'affranchir de ces représentations fantasmatiques et pseudo-religieuses pour considérer que ce qui compte, avant tout, dans la pratique alimentaire, c'est à la fois le bien-être, la diététique et le plaisir de manger, sans condamner aucun aliment qui serait supposé mauvais en lui-même – sans quoi on risquerait de céder à une vaine superstition, à des croyances magiques. Manger de la viande n'est pas un acte héroïque ni « viril », mais ce n'est pas non plus un acte condam-

1. James George Frazer, *Le Rameau d'or* (1890), traduit par N. Belmont et M. Izard, Paris, Robert Laffont, « Bouquins » (1911), 1984 – cité par Cl. Fischler, *L'Homnivore*, 1990, *op. cit.*, p. 66.

2. Et cela bien que le bœuf soit en réalité un taureau castré, ou que la majeure partie de la viande bovine soit issue de vaches.

nable ou mauvais en soi : c'est avant tout un choix alimentaire qui vise la santé et le plaisir des consommateurs.

Tous les arguments généralement avancés contre la consommation de viande, comme les arguments pseudo-humanistes, voire antihumanistes (« c'est cruel envers les animaux »), socio-économiques (« c'est injuste car inégalitaire »), environnementaux (« c'est mauvais pour la planète »), ou bien encore diététiques (« c'est mauvais pour la santé »), ne seraient en somme que de faux prétextes. Il n'est nullement prouvé scientifiquement à l'heure actuelle que l'abolition de la consommation de viande entraînerait une amélioration de la santé publique ou de la qualité de l'environnement naturel. C'est même sans aucun doute le contraire qui se produirait. Car l'alimentation carnée offre de nombreux avantages, tant pour l'économie que pour la santé des consommateurs, ou même pour la préservation de la nature, sans parler évidemment du plaisir gastronomique.

1.

Le carnivorisme humaniste entre deux écueils : ni puritanisme ni cynisme

Le carnivorisme humaniste, tempérant et responsable que nous voulons défendre et promouvoir dans le présent ouvrage doit se garder de deux écueils, deux dangers ou excès symétriques mais inverses l'un de l'autre que l'on pourrait nommer d'après les deux monstres marins Charybde et Scylla, qui menacent la navigation d'Ulysse et de ses compagnons dans l'*Odyssée* d'Homère. Le premier de ces dangers relève de ce que nous pouvons appeler le *puritanisme végétarien ou végane*, qui pèche par *excès de pureté* en voulant imposer à l'humanité et même aux animaux, comme nous le verrons, un mode de vie supposé parfaitement éthique. Le second danger tient, à l'inverse, à *une forme de cynisme* consistant à *endosser l'impureté morale*, voire à assumer une « éthique de la cruauté », en justifiant celle-ci par le fait que l'homme ne serait en son fond rien d'autre qu'un animal, comparable notamment aux prédateurs sauvages. Nous estimons pour notre part que ces deux options philosophico-militantes extrémistes, qui se rattachent d'ailleurs l'une et l'autre à l'*animalisme*, se répondent et se renforcent mutuellement.

L'aspiration à une forme de perfection morale absolue et le rejet total de notre nature animale trouvent leur contrepartie et leur complément indispensable dans l'assomption pure et simple de l'animalité la plus sauvage et la plus cruelle. Et ainsi, il semble que le débat public se trouve comme ballotté sans fin entre ces deux polarités qui se repoussent autant qu'elles s'appellent l'une l'autre. Du reste, le désir éperdu de s'élever au-dessus de la condition humaine ordinaire ne conduit bien souvent qu'à s'abaisser en réalité au-dessous d'elle, en vertu d'un paradoxe bien connu, qui a été formulé autrefois par le philosophe Montaigne et qui est devenu depuis lors un lieu commun littéraire souvent repris, et malheureusement aussi souvent confirmé par les faits. « Les philosophes, écrivait l'auteur des *Essais*, veulent se mettre hors d'eux-mêmes et échapper à l'homme. C'est une folie : au lieu de se transformer en anges, ils se transforment en bêtes ; au lieu de se hausser, ils s'abaissent complètement. Ces dispositions transcendantes m'effraient comme les lieux élevés et inaccessibles ; […] Et sur le trône le plus élevé du monde, nous ne sommes encore assis que sur notre cul[1]. » L'humanisme carnivoriste, quant à lui, consiste à soutenir l'idée selon laquelle l'homme serait une créature « moyenne », intermédiaire entre les dieux ou les anges (c'est-à-dire la perfection éthique), d'une part, et les bêtes féroces (la cruauté et le goût du sang), d'autre part. Mi-animal, mi-divin, l'être humain doit comprendre et accepter sa place en tant qu'être du « juste milieu ». Si la nature ne lui assigne aucune règle de vie de sorte qu'il doit trouver par lui-même son propre chemin moral, l'homme ne peut toutefois s'affranchir totalement des lois naturelles qui lui imposent certaines contraintes physiques et physiologiques. La culture doit *régler* la nature, mais elle ne saurait ni s'y conformer totalement ni l'effacer complètement.

Ce n'est donc pas un hasard si le penseur humaniste qu'était Montaigne reconnaissait ne pas dédaigner les plaisirs de la table, qu'il goûtait néanmoins avec tempérance et de préférence en

---

1. M. de Montaigne, *Essais* (1580), Livre III, chapitre XIII, adaptation en français moderne par A. Lanly, Paris, Gallimard, « Quarto », 2009, p. 1346-1 347.

bonne compagnie. Quant à l'abstinence de nourriture prônée par certains philosophes au prétexte de la supériorité de l'esprit sur la chair, le philosophe la rejetait fermement, mais considérait que les nourritures de l'esprit et celles du corps, loin de devoir être opposées, devaient au contraire se marier[1]. « Or donc, écrivait Montaigne, pour voir, faites-vous dire un jour les occupations et les idées que cet homme-là [le sage philosophe] met dans sa tête et pour lesquelles il détourne sa pensée d'un bon repas et regrette l'heure qu'il emploie à se nourrir ; vous trouverez qu'il n'y a rien d'aussi fade parmi les mets de votre table que ce bel entretien de son âme et vous trouverez que son discours intérieur et ses aspirations ne valent pas votre capilotade[2]. »

Nous avons déjà vu précédemment que l'animalisme antispéciste est confronté à une contradiction majeure, dans la mesure où il soutient simultanément deux thèses incompatibles : 1°) l'homme ne serait qu'un animal ou une simple espèce vivante comme les autres ; 2°) l'homme devrait adopter un comportement éthique de « non-préférence » pour sa propre espèce, qui le distinguerait ainsi en réalité de tous les autres animaux ou de toutes les autres espèces vivantes[3]. En ce sens, l'antispécisme soutient à la fois que l'humain *est* ET *n'est pas* une exception dans la nature. On pourrait voir ici une sorte de stratégie rhétorico-philosophique visant en réalité à *humilier* l'être humain pour l'inciter à faire preuve de repentance et ainsi à corriger son comportement. Il y aurait là une sorte de réminiscence du fameux paradoxe pascalien et chrétien selon lequel « la grandeur de l'homme est

1. Montaigne déclare pratiquer le jeûne occasionnellement, non par souci de frugalité comme Épicure, ou par pénitence religieuse chrétienne, mais « afin d'aiguiser [son] appétit pour le lendemain ». *Cf. Essais*, *op. cit.*, p. 1331.

2. *Essais*, *op. cit.*, p. 1346. Une capilotade (ou capirotade) est un terme méridional pour désigner le ragoût, c'est-à-dire un plat mijoté composé généralement de viande et de légumes.

3. Voir *supra*, p. 241-243.

grande en ce qu'il se connaît misérable[1] ». On pourrait ainsi formuler une nouvelle version animaliste de la célèbre Pensée : « La grandeur de l'homme est grande en ce qu'il se connaît animal. »

Autrement dit, sous prétexte d'abaisser l'humain au rang inférieur qui est celui de l'animal, la pensée animaliste aurait en réalité pour but plus ou moins avoué *d'élever* l'humain au-dessus de l'animal, pour en faire un être absolument *pur* sur le plan moral, mais d'une façon radicale et définitive – de telle sorte que l'animalité serait totalement abolie ou supprimée, tant en l'homme qu'en dehors de lui. Cette vue peut paraître excessivement spéculative, pourtant elle semble bien confirmée par les déclarations et publications des penseurs antispécistes eux-mêmes. Peter Singer reconnaît d'ailleurs, comme nous l'avons déjà dit plus haut, que l'existence des prédateurs carnivores pose un grave problème pour la pensée animaliste, et il se demande : « Devons-nous nous en préoccuper[2] ? »

De fait, ce problème représente pour la pensée antispéciste une objection majeure qui en révèle toute la contradiction. Comment peut-on en effet exiger de l'humain qu'il se comporte différemment des autres espèces, tout en prétendant qu'il ne serait qu'une espèce parmi d'autres ? Et pourquoi l'homme devrait-il renoncer à la prédation, puisque la nature est pleine de prédateurs ? En un sens, tout animal est un prédateur, non seulement les prédateurs carnivores ou carnassiers, mais aussi les *herbivores*, dans la mesure où ceux-ci se nourrissent d'autres êtres vivants. Contrairement aux végétaux qui se nourrissent de matière minérale puisée dans le sol, et qui sont appelés pour cette raison *autotrophes*, les animaux sont en effet *hétérotrophes*. Or, à la question, posée par P. Singer, de savoir si les animalistes antispécistes doivent « se préoccuper » du problème posé par l'existence des animaux carni-

---

1. Blaise Pascal, *Pensées*, Pensée n° 146 dans l'édition Sellier, Le Livre de Poche, 1999, p. 892.

2. P. Singer, *La Libération animale*, *op. cit.*, p. 396. Voir *supra*, p. 241-242.

vores, le philosophe fait une réponse pour le moins ambivalente et embarrassée. « On peut donc concevoir, écrit-il, que l'intervention humaine puisse améliorer la situation des animaux et soit ainsi justifiable. [...] Il est juste de dire que, sauf dans quelques cas très limités, nous ne pouvons pas et ne devons pas essayer de policer toute la nature[1]. » Finalement, le penseur antispéciste suggère qu'il faudrait *corriger la nature*, en faisant en sorte que les prédateurs carnivores fassent le moins de mal possible, c'est-à-dire en les empêchant autant qu'il est possible de tuer leurs proies[2], mais il ajoute également que cette correction devrait rester marginale ou exceptionnelle. Peter Singer ne propose donc aucune véritable solution au problème qu'il a lui-même soulevé.

Pourtant, tous les antispécistes n'expriment pas les mêmes réserves et n'ont pas la même retenue que le fondateur de l'antispécisme. Ainsi des militants animalistes et antispécistes proposent-ils aujourd'hui ouvertement de transformer radicalement la nature, et plus particulièrement de remédier au problème des prédateurs carnivores en modifiant leurs caractéristiques génétiques afin de les empêcher de nuire à leurs proies.

Le militant végétarianiste et animaliste André Méry écrit ainsi : « Le renard serait-il toujours un renard ? En aurait-il même l'aspect ? Je ne vois pas en quoi ces questions sont importantes. Si un "néo-renard" végétarien avait sa place dans l'écosystème, en quoi importerait-il qu'il ressemble à l'ancienne espèce ? Pourquoi la forme "renard" telle que nous la connaissons actuellement serait-elle à préserver pour l'éternité ? [...] Quant au lapin, comprendre quels mécanismes ont conduit cette espèce à avoir une fertilité élevée serait sans doute bien plus facile [...]. Je pense que des expérimentations parfaitement contrôlées et limitées sur les ani-

1. *Ibid.*, p. 396-397.

2. Il évoque, pour l'écarter aussitôt, l'hypothèse de « l'élimination des espèces carnivores » (*op. cit.*, p. 397).

maux peuvent être justifiables dans la mesure où c'est le bien de l'animal lui-même qui est en jeu[1]. »

Ce texte est évidemment « problématique » à plus d'un titre. Mais il a au moins le mérite de s'attaquer de front à la contradiction centrale qui sape la cohérence de l'animaliste antispéciste, en proposant de fabriquer des « néo-renards » et des « néo-lapins » grâce aux manipulations génétiques de ces animaux. En outre, il révèle quels sont les projets véritables ou les aspirations profondes des animalistes antispécistes, à savoir non pas seulement mettre un terme à la cruauté des humains envers les animaux, mais abolir toute cruauté dans le monde, ou autrement dit : supprimer le mal dans l'univers. On comprend qu'un tel projet n'est pas seulement éthique, mais véritablement métaphysique voire théologique. Il ne s'agit ici ni plus ni moins, en effet, que de se mettre à la place de Dieu pour corriger la nature ou la Création grâce aux nouvelles biotechnologies.

En proposant sa « révolution culturelle », André Méry invite à rompre avec ce qu'il appelle le « préjugé naturaliste », c'est-à-dire le préjugé selon lequel la nature serait intrinsèquement bonne. Moyennant quoi, il propose de soumettre la nature et l'ensemble des êtres vivants à des normes éthiques qui seraient définies par lui-même, consacrant ainsi la domination absolue de l'humanité sur tout ce qui existe afin d'instituer un monde supposé meilleur – voire parfait moralement. Ce fantasme de toute-puissance est devenu réalisable grâce aux possibilités offertes par les progrès scientifiques les plus récents. Et il trouve un écho favorable dans la sphère des défenseurs de la cause animale. La philosophe animaliste Vinciane Despret juge ainsi qu'« au-delà de son apparence un peu trop visionnaire, l'argument de l'auteur est intéressant[2] ».

---

1. André Méry, « Sur la prédation. Réponse à Philippe Laporte », *Cahiers antispécistes*, octobre 2000, n° 19, p. 35-44. Article disponible en ligne : www.cahiers-antispecistes.org/sur-la-predation-reponse-a-philippe-laporte/

2. Vinciane Despret, *Quand le loup habitera avec l'agneau*, Paris, Les empêcheurs de penser en rond-Le Seuil, 2002, p. 95.

Pour notre part, nous voyons ici un argument caractéristique de ce que nous avons appelé le puritanisme végétarien ou végane, lequel tend vers un idéal de pureté morale et entend modifier radicalement non seulement la nature humaine, mais la nature tout entière pour la conformer à cet idéal. Il n'y a rien de plus absurde ni de plus dangereux selon nous que ce rêve proprement insensé qui nous expose au danger du *nihilisme*[1]. Ce danger pointe d'ailleurs son nez chez d'autres militants antispécistes qui poussent un peu plus loin le raisonnement et proposent, quant à eux, une solution encore plus radicale: celle de supprimer totalement tous les animaux sauvages afin de mettre fin à leur souffrance. Ce courant de pensée est désigné par l'acronyme RWAS, signifiant: *«Reducing Wild Animal Suffering»*, «Réduire la souffrance des animaux sauvages». Quoi de plus efficace en effet pour réduire la souffrance dans le monde que d'éliminer purement et simplement les êtres vivants sensibles qui sont susceptibles d'éprouver cette souffrance?

La philosophe Estiva Reus défend un tel programme: «La pensée RWAS [...] doit conduire à préconiser de remédier à la souffrance des animaux sauvages en les faisant disparaître. "Aider" ces animaux signifie "faire qu'ils cessent d'exister". Ceci peut être réalisé par deux voies principales: leur élimination pure et simple (les tuer ou les empêcher de naître), leur transformation en des êtres foncièrement différents par l'ingénierie humaine[2].» À jouer ainsi aux apprentis sorciers, les animalistes antispécistes risquent bien de vérifier l'adage de Montaigne et Pascal, selon lequel «qui veut faire l'ange» finit toujours par «faire la bête».

1. Nous appellerons nihilisme ici le désir d'anéantissement total de tout ce qui est. Nietzsche voyait dans le nihilisme un affaiblissement de la volonté, une incapacité à hiérarchiser les valeurs ou un relativisme moral, et enfin un dégoût de l'être humain pour lui-même. Il semble que l'animalisme concentre en effet tous ces traits.

2. Estiva Reus, «Éliminer les animaux pour leur bien», *Les Cahiers antispécistes*, n° 41, mai 2018, p. 82-83.

À l'autre bout du spectre de la pensée animaliste, on trouve un tout autre discours qui propose une solution fort différente et parfaitement antithétique au problème de la prédation carnivore. Ce discours nous invite en effet à assumer, en tant qu'humains, notre condition d'animaux prédateurs et carnivores, au même titre que les autres espèces carnivores et prédatrices.

L'anthropologue et spécialiste d'éthologie animale Dominique Lestel propose ainsi de promouvoir un animalisme antispéciste *carnivoriste*. « Ira-t-on jusqu'à traiter les panthères de spécistes parce qu'elles refusent de manger l'une de leurs congénères ? Pourquoi alors l'homme serait-il spéciste si, pour se nourrir, il accepte de tuer une vache, mais non un homme ? Ou plus exactement, pourquoi serait-il plus spéciste que la panthère ? Je peux considérer que le fait d'accepter d'agir comme toutes les espèces prédatrices constitue la seule véritable position antispéciste, car je me reconnais ainsi moi-même comme membre d'une communauté animale, sans prétendre m'élever au-dessus des autres espèces[1]. »

En d'autres termes, la seule façon pour les humains d'être vraiment antispécistes, selon D. Lestel, ce serait d'accepter d'être des prédateurs carnivores comme les autres, donc de manger de la chair des animaux. L'argument est intéressant en ce qu'il montre le caractère parfaitement *réversible* de l'argumentaire des animalistes et des antispécistes. Lorsque ceux-ci affirment que l'être humain n'est pas différent des autres espèces vivantes, on peut en effet interpréter cette assertion de la façon suivante : l'humain doit pouvoir se comporter comme toutes les autres espèces animales prédatrices et carnivores. D'une part, en effet, comme on l'a dit : toutes les espèces vivantes sont prédatrices, même les herbivores[2]. D'autre part, l'être humain est omnivore, donc c'est un

1. Dominique Lestel, *Apologie du carnivore*, Paris, Fayard, 2011, p. 54-55.

2. Cela pose la question de savoir s'il peut être considéré comme mauvais moralement de manger des végétaux, dans la mesure où la nourriture végétale

carnivore occasionnel, comme ses proches cousins les chimpanzés notamment : et ainsi on ne voit pas au nom de quoi on accorderait à ceux-ci ce que l'on refuserait à celui-là.

De plus, D. Lestel confirme notre idée selon laquelle la « posture de l'innocence » qui est celle du végétarien éthique, et plus encore du militant végane, n'est qu'une *imposture* morale, dans la mesure où elle repose sur l'illusion ou la croyance (le *« wishfull thinking »*) selon laquelle l'être humain serait un être vivant totalement en dehors de la nature. « Il veut croire, écrit Lestel, que l'homme pourrait faire figure d'exception dans le monde en vivant de façon totalement autarcique, sans jamais tuer un autre être vivant, sans jamais l'irriter[1]. » Il est vrai, par exemple, que l'agriculture détruit de nombreuses espèces vivantes, ne seraient-ce que les espèces parasites ou « nuisibles » qui vivent aux dépens des récoltes, comme les petits rongeurs ou de nombreux insectes, sans parler des oiseaux qui se nourrissent de ces insectes, etc. On ne peut donc pas manger de fruits et de légumes sans tuer des animaux.

---

porte atteinte à l'intégrité des plantes. Ce débat, qui déborde le cadre de notre enquête sur la chair animale, peut prêter à sourire et sembler manquer de sérieux au premier abord, mais il s'avère redoutablement complexe à un examen plus approfondi. Selon le philosophe Jean-François Braunstein, il mobilise bien souvent chez les « carnivores impénitents » ce qu'il appelle ironiquement « l'argument du cri de la carotte » (*La Philosophie devenue folle, le genre, l'animal, la mort*, Paris, Grasset, 2018, p. 191-196). Or J.-Fr. Braunstein montre notamment que les végétariens et véganes ne font que déplacer la frontière du mangeable et du non-mangeable, en s'appuyant sur une conception du vivant qui demeure en définitive très anthropocentrée lorsqu'elle inclut les animaux et exclut les plantes. P. Singer aborde lui aussi cet argument dans son livre sur *La Libération animale*, mais il l'écarte comme « faible », faute de preuves sur la sensibilité des plantes (*op. cit.*, p. 409-410). Enfin, Florence Burgat a entrepris quant à elle de régler le problème simplement, en affirmant que les plantes ne seraient pas vraiment vivantes, car elles ne mourraient pas vraiment (*Qu'est-ce qu'une plante ? Essai sur la vie végétale*, Paris, Le Seuil, « La couleur des idées », 2020).

1. D. Lestel, *Apologie du carnivore*, *op. cit.*, p. 68.

Toutefois, nous considérons que l'éthologue va trop loin dans sa défense du carnivorisme, car elle repose en dernière analyse sur une forme de cynisme ou de relativisme moral. S'il est bien vrai, comme l'écrit Lestel, qu'« un principe de cruauté est au cœur de l'approche darwinienne du vivant[1] », en lien avec la théorie de la « sélection naturelle » selon laquelle les individus et les espèces les moins adaptés à leur environnement sont impitoyablement éliminés, il n'en demeure pas moins vrai également que Darwin supposait en l'homme une conscience morale qui distingue notre espèce de toutes les autres[2]. Certes, il est vrai aussi que, dans le camp des animalistes adeptes du régime sans viande, on trouve souvent des références à la théorie darwinienne de l'évolution qui servent à combattre l'humanisme anthropocentré, mais que, de manière générale, ces militants occultent fort opportunément la thèse de la « concurrence vitale » (ou *« struggle for life »*) qui fait pourtant partie intégrante de la conception darwinienne de la vie, pour lui préférer une approche compassionnelle. Ce biais tend à confirmer notre idée selon laquelle l'animalisme est moins une idéologie scientifique qu'une idéologie morale – et même religieuse. Quoi qu'il en soit, la proposition de D. Lestel, inversant la polarité, revient à prôner une sorte d'*immoralisme animaliste*, consistant à justifier la prédation, donc la cruauté et la violence généralisées de tous les animaux les uns envers les autres – humains compris.

En passant ainsi de Peter Singer à Dominique Lestel, c'est comme si on passait, en quelque sorte, de Pythagore de Samos à Diogène de Sinope. Ce dernier, philosophe représentant de l'école cynique, n'est-il pas connu, en effet, pour avoir mangé de la viande de poulpe crue, et ce afin de contester, à sa façon, le régime alimentaire traditionnel des Grecs qui imposait de manger une chair cuite sur le feu de l'autel et issue d'une bête tuée

1. *Ibid.*, p. 81.
2. Voir *supra*, p. 243.

selon le sacrifice rituel[1] ? N'est-ce pas là au fond, en revendiquant la liberté de manger de la chair crue, une manière, symétrique de celle des pythagoriciens végétariens[2], de contester l'ordre social traditionnel et ses normes morales ? Pour notre part, nous ne pouvons *plus du tout* suivre D. Lestel lorsque, pour défendre et illustrer son « éthique de la vie partagée » avec les animaux, fondée sur l'idée de « prédation généralisée », il fait par exemple cette proposition très choquante selon laquelle « on devrait pouvoir donner son corps à manger à des animaux[3] ». Sans doute est-ce là, de ma part, un reste de judéo-christianisme, mâtiné de philosophie gréco-romaine (d'aristotélisme et de stoïcisme) qui me conduit à refuser d'abandonner un corps humain en pâture à des bêtes : l'humanisme inclut en effet, dans le respect de la personne humaine, le respect dû également à sa dépouille *post mortem*. Cela signifie que, si l'humain a le droit de manger de la chair des animaux, la réciproque n'est pas vraie. Tant il est vrai que l'humanisme suppose une *exceptionnalité* de l'être humain par rapport à tous les autres êtres vivants dans la nature.

---

1. Cette audace alimentaire aurait cependant coûté la vie au philosophe, si l'on en croit le témoignage de Diogène Laërce : « On dit qu'il mourut vers les quatre-vingt-dix ans. De sa mort circulent différentes versions. Selon les uns en effet, c'est pour avoir mangé un poulpe cru qu'il fut attaqué par le choléra et qu'ainsi il trouva la mort. […] D'autres affirment que c'est en voulant partager avec des chiens un poulpe qu'il fut mordu au tendon du pied et qu'il en mourut » (*Vies et doctrines des philosophes illustres*, Paris, LGF, 1999, « Le livre de poche », p. 741-743).

2. Nous avons examiné plus haut la question du végétarisme chez Pythagore et chez les pythagoriciens, en montrant notamment que ce régime alimentaire, même s'il comportait bien une dimension contestataire à l'égard des habitudes alimentaires de la société grecque traditionnelle, n'était cependant pas figé selon des règles strictes et uniformes – certains adeptes pouvant, dans certaines circonstances et sous certaines conditions, manger de la chair animale. *Cf.* p. 98-102.

3. D. Lestel, *Apologie du carnivore*, *op. cit.*, p. 126.

Le carnivorisme humaniste récuse, en somme, l'animalisme sous ses deux formes antagonistes et complémentaires : le puritanisme végétarien ou végane, car il vise trop haut, et le cynisme carnivoriste, car il vise trop bas. Je me tiens, quant à moi, dans un *entre-deux* qui consiste à considérer que l'homme *est* ET *n'est pas* un animal : s'il partage en effet une nature physique commune avec les autres êtres vivants, il s'en distingue notamment par sa conscience morale, qui le rend capable d'agir en suivant des normes éthiques qu'il se donne à lui-même[1]. L'humanisme occidental antique et moderne repose, en son fond, sur une idéologie néolithique qui considère l'homme comme supérieur à l'animal, contrairement au système de représentation paléolithique qui pose l'humain à égalité avec les animaux, dans une sorte de relation horizontale fondée sur l'idée d'un échange généralisé entre tous les vivants[2]. Toutefois, cette supériorité affirmée de l'humain sur l'animal consiste avant tout à reconnaître les devoirs de l'homme envers l'animal, à commencer par le devoir de respect et donc aussi de protection envers tous les animaux qui sont placés sous sa domination – que ce soient les animaux domestiques ou bien les animaux sauvages.

---

1. Rappelons ici le principe de (non-)contradiction énoncé par Aristote dans la *Métaphysique* : « Il est impossible que le même appartienne et n'appartienne pas en même temps à la même chose et du même point de vue » (1005b, in P. Pellegrin (éd.), *Œuvres complètes*, Paris, Flammarion, 2014, p. 1786). Si nous disons que l'homme appartient à la nature physique par son corps, mais qu'il peut s'en affranchir par sa pensée, nous ne disons rien de contradictoire puisque nous distinguons *deux dimensions différentes* en l'homme. En revanche, si l'on affirme, comme le font les animalistes, que l'homme appartiendrait *en totalité* à la vie animale (sans pouvoir s'élever en rien au-dessus de l'animal), on ne peut sans se contredire affirmer en même temps qu'il pourrait s'en affranchir par ses choix moraux.

2. Au sujet du passage du Paléolithique au Néolithique, voir p. 76 *sq*.

2.

Plaidoyer en faveur de l'économie agro-pastorale

Les militants végétaro-animalistes ne se contentent nullement aujourd'hui de vouloir changer l'opinion publique afin de déclencher une prise de conscience collective concernant les droits des animaux. C'est là ce que l'on pourrait appeler la théorie des droits des animaux traditionnelle, laquelle repose sur une conception seulement *éthique* du droit de l'animal. Les militants dernière génération veulent aller beaucoup plus loin, leur objectif étant en effet à la fois social, économique et surtout *politique*.

L'objectif de la « troisième étape de la philosophie de l'animalité », déclare ainsi Corine Pelluchon, est « la reconstruction des relations entre les humains et les non-humains, mais aussi de la société tout entière, sur des bases nouvelles, liées au respect de la diversité et de l'altérité »[1]. Le mot important ici est bien celui de « reconstruction » : il s'agit ni plus ni moins de renverser ou détruire un ordre sociopolitique ancien ou traditionnel, jugé obsolète et dépassé car injuste, pour le remplacer par un nouvel ordre censé être plus juste. Autrement dit, l'animalisme est une

---

1. C. Pelluchon, Postface de *Zoopolis, une théorie politique des droits des animaux*, *op. cit.*, p. 367.

idéologie à portée révolutionnaire, néanmoins ses méthodes sont plutôt réformistes, puisqu'il s'agit d'opérer avant tout un changement des mentalités. L'un des objectifs de ses promoteurs, notamment, est de rendre suspecte toute relation humaine aux animaux qui ne serait pas purement « désintéressée », c'est-à-dire qui ne prendrait pas en compte les intérêts des animaux *pour eux-mêmes*, indépendamment des intérêts humains. C'est là ce que beaucoup d'entre eux nomment une éthique « non anthropocentrée ».

Sous ce jour, certains militants végétaro-animalistes n'hésitent pas à considérer que toute utilisation des animaux, quelle qu'elle soit et pour quelque fin que ce soit, relèverait d'une forme d'*exploitation*, c'est-à-dire d'un abus éthiquement condamnable ou d'une forme d'injustice. Ainsi, l'élevage animal et la chasse sont des pratiques tout particulièrement ciblées par le discours végétaro-animaliste. En ce sens, il ne resterait plus que deux types de relations possibles aux animaux qui soient moralement acceptables : l'affection que nous vouons à nos animaux de compagnie, d'une part, et la contemplation esthétique des animaux sauvages, qu'il conviendrait bien entendu d'observer de loin, par exemple à la jumelle, sans les déranger, d'autre part. Or, en réalité, certains militants végétaro-animalistes contemporains vont même encore plus loin, en considérant qu'il faudrait cesser d'entretenir des relations avec les animaux dits « de compagnie », de sorte qu'il ne resterait plus en réalité comme relation moralement acceptable aux animaux que celles que nous entretenons avec les animaux sauvages, c'est-à-dire des relations très limitées, voire nulles ou inexistantes.

Cette dernière approche plus radicale, dite « abolitionniste » ou « extinctionniste », a en réalité pour but de *mettre fin* à toute espèce de relation entre l'homme et l'animal, quelle qu'elle soit, ce qui devrait entraîner, à terme, la disparition des espèces domestiques dont il faudrait renoncer à assurer la reproduction. Elle est représentée, entre autres, par le théoricien américain des droits des animaux Gary Francione[1]. « Nous devrions cesser, écrit ce dernier, d'assurer la reproduction des animaux domestiques. J'applique ce principe non seulement aux animaux que nous utilisons pour l'alimentation, l'expérimentation, les vêtements, etc., mais aussi à nos animaux de compagnie. [...] Nous devons bien évidemment prendre soin des non-humains dont nous avons déjà assuré la reproduction, mais nous devons également faire notre possible pour qu'il n'en vienne plus au monde. [...] Il est insensé de dire que nous avons agi de manière immorale en domestiquant des animaux non humains tout en affirmant que nous avons aujourd'hui l'obligation de permettre qu'ils continuent de se reproduire[2]. »

Au fond, nous retrouvons ici *l'idéal de non-utilisation des animaux* dont Jean-Pierre Digard estime qu'il est lié, paradoxalement, à une généralisation abusive à l'ensemble du règne animal du mode de relation que l'humain entretien avec les animaux de compagnie – ou au « pétichisme[3] ». Nous ne devrions jamais utiliser les animaux, mais seulement les aimer ou les admirer, les vénérer même en quelque sorte. Les végétaro-animalistes, qui déclarent comme Corine Pelluchon que « la transition vers une société juste envers les animaux passe nécessairement par la sortie du capitalisme[4] », visent en réalité beaucoup plus loin, puisqu'il s'agit pour eux de remettre en cause la domestication et l'élevage des animaux issus de la révolution néolithique. Ces pratiques reposeraient en effet sur l'exploitation de l'animal ainsi que sur une conception hiérarchique de la relation entre l'homme et les

1. Déjà mentionné précédemment, voir *supra*, p. 262.

2. Gary Francione, « Les droits des animaux et la domestication des non-humains », 2007 (article disponible en ligne à l'adresse suivante : http://abolitionistapproach.com/2007/01/10/les-droits-des-animaux-et-la-domestication-des-non-humains/) – extrait cité dans W. Kymlica et S. Donaldson, *Zoopolis...*, *op. cit.*, p. 18.

3. Voir *supra*, p. 257.

4. Corine Pelluchon, *Manifeste animaliste*, *op. cit.*, p. 44.

autres espèces vivantes, dont découle toute la pensée éthique, juridique et politique occidentale, depuis l'Antiquité gréco-romaine et judéo-chrétienne jusqu'à la pensée moderne des droits de l'homme et du citoyen. Or c'est avec toute cette tradition de pensée qu'il s'agit désormais de rompre, si l'on en croit du moins le discours végétaro-animaliste, pour inventer de nouveaux modèles de relation aux animaux, ainsi qu'une nouvelle société plus juste et plus égalitaire.

Dans un article publié en 1964[1], l'anthropologue anglais Edmund Leach avait établi une typologie du monde animal en distinguant quatre catégories : 1) les animaux familiers (*« pets »* en anglais) ; 2) les animaux domestiques ou le bétail *(« cattle »)* ; 3) les animaux chassés ou le gibier *(« game »)* ; 4) les animaux sauvages *(« wild animals »)*. Selon lui, ces catégories correspondraient à des interdits ou « tabous » qui structureraient à la fois les comportements sociaux et la langue.

Plus précisément, les catégories animales correspondraient à des *tabous sexuels*, étant entendu que, comme le remarque Leach, mais comme l'ont noté également de nombreux anthropologues parmi lesquels on compte Claude Lévi-Strauss, l'action de manger est souvent associée à l'acte sexuel sur un plan symbolique[2]. C'est d'ailleurs la raison pour laquelle, selon Leach, les noms d'animaux servent généralement en anglais (mais aussi dans beaucoup d'autres langues, comme en français) à exprimer des grossièretés liées au sexe, et plus particulièrement des comportements sexuels prohibés. Ce n'est donc pas un hasard si *« bitch »*

---

1. Edmund Leach, « Aspects anthropologiques de la langue, injures et catégories d'animaux » (1964), in *L'Unité de l'homme et autres essais*, traduit par G. Durand, Paris, Gallimard, « NRF », 1980, p. 263-297.

2. « Rapport sexuel et rapport alimentaire sont immédiatement pensés en similitude, même aujourd'hui : pour s'en convaincre, il suffit de se reporter à des expressions argotiques telles que "faire frire", "passer à la casserole", etc. » (Cl. Lévi-Strauss, *La Pensée sauvage*, *op. cit.*, p. 130).

désigne à la fois la femelle du chien et une prostituée, si le mot *«pig»* renvoie au cochon et à un comportement sexuel déplacé, si *«pussy»* désigne la femelle du chat et le sexe féminin (ou bien *«coney»*, du latin *«cunniculus»*: à la fois le «petit lapin», son terrier et le vagin de la femme) et *«cock»* à la fois le coq et le sexe masculin, etc. L'anthropologue établit une corrélation entre le statut socioculturel des animaux, et notamment leur aptitude à être mangés ou non, et les catégories sociales qui permettent de distinguer les types de femmes avec lesquelles il est permis à un homme d'avoir des relations sexuelles ou non. On remarquera que les femmes sont elles-mêmes réparties entre quatre catégories: 1) les sœurs, 2) les cousines, 3) les voisines, 4) les étrangères. Seules les catégories 2 et 3 admettent la possibilité de relations sexuelles, mais il n'y a que la troisième catégorie qui admet la possibilité de relations sexuelles légitimes dans le cadre du mariage. En revanche, les sœurs sont interdites, en raison du tabou de l'inceste. De même, remarque Leach, seuls les animaux domestiques ou le bétail et le gibier sont consommables, c'est-à-dire les catégories 2 et 3, tandis que les animaux de compagnie et les animaux sauvages (catégories 1 et 4) ne le sont pas. Il existe cependant des classifications intermédiaires, c'est-à-dire que les animaux peuvent entrer dans deux groupes différents: par exemple, le lapin peut être soit un animal domestique soit un animal de compagnie, ou parfois un gibier et même un animal sauvage. Le cochon occupe une place entre-deux, à la fois animal familier (autrefois, à la ferme, il vivait dans une grande proximité avec la famille et était nourri avec les restes du repas familial) et animal domestique. C'est la raison pour laquelle ces animaux sont considérés comme «impurs[1]», et c'est ce qui expliquerait que leur nom corresponde à une injure à connotation obscène.

---

1. Nous avons vu précédemment que le «défaut classificatoire» qui frappe le cochon est également ce qui justifie l'interdit de consommer sa chair dans le

En définitive, Leach affirme qu'une certaine honte s'attache à la consommation de viande comme à l'acte sexuel, c'est pourquoi les noms d'animaux témoignent d'une forme de dénégation. « Notre traitement linguistique de ces catégories, écrit-il, reflète le tabou ou la valeur rituelle, mais ces deux termes sont simplement des mots porte-manteau qui recouvrent tout un complexe de sentiments et d'attitudes, l'impression, peut-être, que l'agression, qu'elle se manifeste dans la sexualité ou la mise à mort, est en quelque sorte une perturbation de l'ordre naturel des choses, une espèce d'impiété nécessaire[1]. »

De ces analyses, nous retiendrons principalement deux idées. Premièrement, nos représentations des animaux, et plus particulièrement le classement des animaux en catégories du mangeable et du non-mangeable reflètent la relation que nous, humains, avons avec eux, et notamment leur plus ou moins grande proximité avec nous[2]. Deuxièmement, cette classification, qui peut être observée dans de nombreuses cultures, traduit universellement la façon qu'ont les humains de se représenter le monde et leur place dans celui-ci, autrement dit elle correspond à des structures anthropologiques qui semblent invariables dans le temps et

---

judaïsme (dans cette religion, ce défaut repose sur une autre classification des animaux en fonction de leurs caractéristiques physiques). Voir p. 125-126.

1. E. Leach, « Aspects anthropologiques de la langue, injures et catégories d'animaux », art. cit., p. 289.

2. Notons à ce sujet qu'il n'y a donc aucune « dissonance cognitive » dans le fait que, de manière générale, nous ne mangeons pas du chien ou du chat, alors que nous mangeons du cochon ou du lapin, mais il y a au contraire une cohérence qui tient à la classification des animaux, que l'anthropologue Leach a mise en évidence, et aux raisons qui la fondent selon lui. Si les espèces animales ou les individus animaux peuvent parfois osciller entre deux ou plusieurs catégories, celles-ci jouent en revanche un rôle structurant pour la société. On ne mange habituellement pas les animaux qui sont trop proches de nous ni ceux qui sont trop éloignés, mais ceux qui se situent dans un entre-deux.

dans l'espace[1]. Or, en ne voulant retenir, en quelque sorte, que les catégories 1 et 4, voire seulement la quatrième catégorie pour les plus radicaux, les animalistes contemporains entendent pourtant remodeler rien de moins que la structure anthropologique des sociétés humaines, en supprimant toute relation utilitaire avec les animaux, c'est-à-dire toute relation qui aurait pour fonction de satisfaire l'une des fonctions vitales de la société, en l'occurrence l'alimentation[2].

Ainsi, le livre de Will Kymlica et Sue Donaldson, *Zoopolis, une théorie politique des droits des animaux*, traite-t-il le problème sociopolitique de notre relation aux animaux, en proposant de reconfigurer cette relation selon une distinction tripartite (et non plus quadripartite, comme dans le modèle de Leach que nous venons d'évoquer), en distinguant des animaux domestiques, des animaux liminaires et des animaux sauvages. En réalité, cette nouvelle « théorie politique des droits des animaux », ou théorie « zoopolitique », n'entend pas interdire absolument toute utilisation des animaux par l'homme, mais seulement leur exploitation – c'est-à-dire l'utilisation abusive et injuste. Par « exploitation », il faut entendre une utilisation qui ne tiendrait pas compte des

1. L'anthropologue anglais montre ainsi que la pertinence de sa classification peut s'observer aussi bien dans la société anglaise que dans la société kachin, une tribu vivant au nord-est de la Birmanie qu'il a pu étudier.

2. Il n'est sans doute pas anodin, au regard des observations anthropologiques de Leach, que l'alimentation carnée soit aujourd'hui remise en cause au même titre et au même moment que la reproduction humaine sexuée. Tout se passe en effet comme si les fonctions vitales et biologiques de l'humain, notamment l'alimentation et la reproduction sexuelle, étaient désormais considérées comme obsolètes et honteuses, voire répréhensibles dans les sociétés occidentales contemporaines. Tout cela a sans doute à voir avec ce que le philosophe Günther Anders a appelé la « honte prométhéenne » (*Cf. L'Obsolescence de l'homme* [1956], traduit par C. David, Paris, Éditions Ivrea, 2002, p. 37 *sq*). Il s'agit là, en tout cas, d'une mutation anthropologique aux implications très profondes.

intérêts des animaux eux-mêmes, mais qui subordonnerait ceux-ci à ceux des humains. Certes, de l'aveu même des auteurs, « il est souvent difficile de situer exactement la frontière entre les deux[1] ».

À tout le moins, il est certain que cette théorie exclut absolument l'élevage des animaux afin d'en faire de la viande de boucherie, comme elle exclut également la chasse. En ce qui concerne les « usages bénins », qui sont considérés comme acceptables car non injustes envers les animaux, il y a par exemple le fait de laisser paître les « citoyens moutons » afin de leur permettre de tondre la pelouse ou de fertiliser celle-ci par leurs excréments. Quant au fait de les tondre, cela doit être permis, mais seulement afin de soulager ces bêtes d'une laine qui risquerait de les accabler par son poids, et à condition que cette laine ne soit pas utilisée par les humains, mais déposée par exemple dans la forêt pour que les animaux sauvages puissent s'en servir[2].

On peut supposer que la conception éthique sous-jacente à ce modèle de « citoyenneté animale », appliquée à une espèce domestique comme le mouton, repose sur la transposition du célèbre impératif catégorique d'Emmanuel Kant. « Agis de telle sorte, demandait ce dernier, que tu traites l'humanité aussi bien dans ta personne que dans la personne de tout autre toujours en même temps comme une fin, et jamais simplement comme un moyen[3]. » De même qu'un humain, s'il utilise en quelque sorte un autre humain à titre de moyen, par exemple lorsqu'il le fait travailler comme employé salarié à son service, doit toujours prendre en considération les fins ou les buts propres à son employé, de même ne devrait-on utiliser les animaux qu'en prenant *aussi* en compte leurs fins ou leurs intérêts propres. Ce serait là le secret d'une uti-

---

1. W. Kymlica et S. Donaldson, *Zoopolis…*, *op. cit.*, p. 201.

2. *Ibid.*, p. 192-193.

3. Emmanuel Kant, *Fondements de la métaphysique des mœurs* (1785), traduit par V. Delbos, Paris, Delagrave, 1988, p. 150.

lisation des animaux qui ne serait ni abusive ni injuste, donc qui ne relèverait pas d'une exploitation.

Or on ne peut qu'être sceptique au sujet d'une théorie qui se veut « non anthropocentrée », mais qui utilise pourtant les catégories de la philosophie morale et politique traditionnelle, en la transposant aux animaux. Jusqu'à quel point les catégories de « citoyens », « résidents » et « étrangers » sont-elles applicables, en effet, aux catégories des animaux domestiques, des animaux liminaires et des animaux sauvages ? La citoyenneté animale ne saurait être pleine et entière, en effet, en l'absence de la capacité de défendre ou revendiquer soi-même ses droits au moyen de la parole. Quant à la comparaison entre les « animaux liminaires » et les « immigrés » ayant le statut de « résidents » dans les sociétés démocratiques contemporaines, elle est non seulement problématique, mais aussi choquante. Enfin, la notion de « souveraineté », appliquée aux espèces sauvages vivant sur un territoire donné, semble purement métaphorique mais elle ne saurait avoir aucune effectivité en droit international, dès lors que les animaux n'ont ni la capacité d'exiger la *reconnaissance* de cette souveraineté par d'autres groupes sociaux (animaux ou humains) ni les moyens de la défendre face à une attaque extérieure (notamment de la part des humains).

D'autre part, un animal ne saurait déterminer par lui-même ses propres fins ni ses propres intérêts, en l'absence d'une aptitude à raisonner et à construire un discours, de sorte que l'analogie avec l'impératif kantien ne tient pas. Seul l'homme, en effet, est en mesure de déterminer ses propres fins et intérêts par ses propres moyens de raisonnement. À cet égard, il ne saurait être considéré comme « immoral » d'utiliser les animaux en tant que *simples moyens*, de les domestiquer et de les élever, même afin de produire de la viande de boucherie. Tout au plus le sentiment de compassion envers leur éventuelle souffrance d'êtres dotés de sensibilité doit-il nous conduire à les utiliser sans leur infliger de mauvais traitements, c'est-à-dire sans leur faire subir de souffrances non nécessaires. Nous en revenons ainsi à la doctrine du bien-être animal, aussi appelée « *welfarisme* », laquelle accompagne la pratique contemporaine de l'élevage dans les sociétés occidentales et témoigne du respect que nous devons, nous humains, à l'animal.

Le discours animaliste repose, en somme, sur « le postulat que la domestication est le crime originel de l'humanité vis-à-vis des animaux », comme l'écrit Jocelyne Porcher[1]. Or un tel postulat n'a absolument rien d'évident par lui-même, et l'on n'est donc nullement tenu de considérer comme valables tous les raisonnements qui en découlent. « J'ai le sentiment que ce postulat et les hypothèses qui s'ensuivent inévitablement, écrit encore la chercheuse et ancienne éleveuse, sont en grande partie le fait d'une ignorance, de la part de nombreux universitaires et intellectuels intervenant dans les débats sur l'élevage ou sur l'alimentation carnée, du réel des liens entre les humains et les animaux domestiques, notamment du réel des liens de travail[2]. » N'y aurait-il pas là, au fond, l'expression d'une forme de mépris social de la part de travailleurs intellectuels, habitués à manier des abstractions, à l'égard de l'élevage, en tant que travail manuel et matériel, au contact des corps organiques animaux ? Les animaux domestiques qui sont utilisés, soit pour les services qu'ils rendent, soit pour les produits qu'ils fournissent, ne sauraient être réduits, en effet, par la « magie » d'une pensée dialectique abstraite, au statut de pures « victimes » de la société des hommes. Car ils sont d'abord et avant tout des associés des humains, tel le « bœuf laboureur » si cher à Pythagore, et ils contribuent au fonctionnement de la société ainsi qu'à la

1. Jocelyne Porcher, « Éloge de la bergerie », in Olivier Néron de Surgy avec Jocelyne Porcher (dir.), *Encore carnivores demain ?*, Versailles, Éditions Quae, 2017, p. 180.

2. *Ibid.*

production de la richesse collective. De plus, en produisant des biens ou des services par leur travail, les bêtes nouent des relations avec les hommes qui entraînent toute une série de transformations physiques et psychiques, tant du côté humain que du côté de l'animal – au point que l'on a pu parler de « co-évolution » sur le long terme. Enfin, bien que cette relation soit asymétrique, en raison du fait que les animaux sont privés de certaines facultés comme le langage et le raisonnement notamment, elle n'exclut nullement un devoir de respect de l'homme envers l'animal, lequel se traduit par l'obligation de garantir son bien-être.

Au demeurant, il serait tout bonnement impensable d'envisager d'interdire à court ou même à moyen terme toute utilisation des animaux par les humains, sans porter atteinte à la fois aux intérêts des humains, mais aussi à ceux des animaux concernés par cette relation utilitaire. Comme le rappelle le docteur J.-M. Lecerf, « dans le monde, 1,3 milliard de personnes tirent leurs revenus de l'élevage et 2 milliards de personnes utilisent encore des animaux pour travailler la terre ou transporter des marchandises. Cette filière représente donc une source de richesse et une source d'emploi[1] ». En outre, l'alimentation basée sur les produits animaux, dont la viande mais aussi le lait, contribue à la sécurité alimentaire des populations humaines : « Les quantités de protéines produites par hectare, par pays, etc., ou consommées par habitant sont un des critères d'évaluation de la sécurité alimentaire mondiale. Reconnus pour leur richesse protéique, les produits animaux sont traditionnellement considérés comme un bon moyen de couvrir les besoins nutritionnels des populations[2]. »

1. J.-M. Lecerf, *La Viande…*, *op. cit.*, p. 92.

2. Bertrand Dumont, Catherine Donnars et Pierre Dupraz (coord.), *Impacts et services issus des élevages européens*, Versailles, Éditions Quae, 2019, p. 19.

Au-delà de la valeur strictement économique de l'élevage animal en vue de la production alimentaire, il faut mentionner encore la valeur patrimoniale et culturelle de cette production qui contribue à valoriser des territoires sur le plan symbolique. « L'élevage joue un rôle culturel et patrimonial important en Europe. [...] La richesse du patrimoine alimentaire lié aux produits animaux est une évidence en Europe. La France, l'Italie, les Pays-Bas et les Balkans sont connus pour leurs fromages. Les races à viande, comme la Charolaise ou la Hereford, ont une renommée internationale ainsi que les charcuteries et les techniques de viande séchée (porc, bœuf, chèvre, renne). Ces produits contribuent au rayonnement de la gastronomie européenne[1]. » Mais la remarque vaut aussi bien pour toutes les autres régions du monde, où les produits animaux font partie d'un patrimoine culturel ancien et reconnu.

Ajoutons encore que la production de lait et de produits laitiers tels que le fromage ne saurait être séparée de la production de viande, dans la mesure où ces deux productions alimentaires sont en réalité étroitement interdépendantes sur le plan économique. De fait, les « ovo-lacto-végétariens », c'est-à-dire le principal groupe des végétariens, ne pourraient plus consommer de produits laitiers si d'aventure on mettait fin à la production de viande. Ce point est établi par les spécialistes de l'industrie agro-alimentaire qui soulignent tous, à l'instar de Jocelyne Porcher, qu'« il n'y a pas d'œuf, de lait, de fromages sans production de viandes[2] » – et *vice versa*. Comme l'écrit le nutritionniste Ambroise Martin, au niveau macroéconomique et dans une société productiviste telle que la nôtre (en France), il apparaît que « la majorité de la viande consommée (plus de 70 %) est fournie par les vaches laitières, lorsque leur productivité devient physio-

1. *Ibid.*, p. 77.
2. J. Porcher, « Éloge de la bergerie », art. cit., p. 182.

logiquement avec l'âge nulle ou sans intérêt économique : la viande devient alors un "sous-produit du lait !" [...] Consommer du lait et des œufs comme seuls produits animaux n'est ainsi possible à un coût économiquement acceptable que si des omnivores assurent la viabilité économique de ces filières[1]. »

Le sociologue Jean-Pierre Poulain cite un autre exemple, celui de l'Inde, pour illustrer l'interdépendance économique entre la production de viande et la production laitière. Dans ce vaste pays où vit une importante population végétarienne qui apprécie les produits laitiers fournis par les vaches, les éleveurs hindouistes n'hésitent pas en effet à « valoriser économiquement le moment venu » leur cheptel, en le vendant à des musulmans, en sachant pertinemment qu'il entrera « dans le commerce de la viande[2] ». En somme, les véganes ont raison : le végétarisme repose sur une illusion, s'il consiste à croire qu'une consommation de produits animaux limitée aux œufs ainsi qu'au lait et aux produits laitiers préserverait les animaux de l'abattoir. Quant à moi, je considère qu'un monde dans lequel il n'existerait ni viandes, ni charcuteries, ni produits laitiers, tels que les fromages français et italiens en particulier, serait une erreur.

En définitive, nous pouvons dire que l'élevage animal repose sur une idéologie néolithique qui sous-tend des institutions morales, juridiques et politiques occidentales modernes, humanistes et libérales – la distinction homme-animal étant à l'origine de la notion de sujet, qui fonde elle-même celle du *citoyen*. Par ailleurs, l'élevage assure la prospérité du système social et économique, en contribuant notamment à la sécurité alimentaire des populations. Y renoncer serait donc périlleux pour l'équilibre aussi bien institutionnel qu'économique de nos sociétés.

1. Ambroise Martin, « L'homme et la viande, le point de vue d'un nutritionniste », in *L'Homme, le mangeur et l'animal, qui nourrit l'autre ?*, *op. cit.*, p. 266.

2. J.-P. Poulain, « Penser et manger la chair », in *ibid.*, p. 309.

3.

Agro-pastoralisme et écologie

Outre leurs avantages sociaux, économiques et politiques, la production et la consommation de viande, ainsi que des produits animaux tels que le lait et les produits laitiers en particulier offrent des avantages écologiques et climatiques certains. « L'élevage extensif des bovins et des ovins, écrit le docteur Lecerf, joue un rôle majeur dans l'aménagement du territoire, notamment pour le maintien du bocage, des haies et des prairies, ainsi que pour la conservation d'un écosystème riche en montagne. [...] L'élevage bovin et ovin valorise les surfaces non utilisables pour d'autres productions alimentaires. Il limite les incendies de forêt, sources d'émissions massives de gaz à effet de serre. Il contribue naturellement à la fertilisation des sols avec les déjections animales et le fumier. Le pâturage favorise les nappes phréatiques, la durabilité des sols, limite leur érosion et permet de réduire l'usage des pesticides[1]. »

En Europe, l'élevage extensif sur des pâtures, c'est-à-dire sur des prairies qui fournissent une alimentation en herbe aux ruminants tels que les bœufs, les moutons et les chèvres, permet ainsi

1. J.-M. Lecerf, *La Viande...*, *op. cit.*, p. 93.

de préserver l'environnement et les paysages, de maintenir la biodiversité ou encore de réduire les émissions de gaz à effet de serre. Protéger l'environnement : en se nourrissant d'herbe, en fertilisant les sols grâce aux déjections animales, en requérant l'entretien de haies et des paysages de prairie, l'élevage de ruminants est écologique. De plus, l'élevage contribue à l'entretien du *paysage*, donc à la qualité esthétique de l'environnement. Certes, cette préoccupation semble plus intéresser les citadins qui parcourent la campagne en touristes que les éleveurs et les agriculteurs eux-mêmes, qui considèrent plutôt la nature comme un lieu de production. Toutefois, les politiques publiques tendent à inciter les agriculteurs et les éleveurs à suivre des pratiques qui soient à la fois protectrices de l'environnement et favorables à une certaine esthétique paysagère, et les producteurs ruraux eux-mêmes ne s'y montrent pas insensibles. C'est le cas notamment du fameux « article 19 » du règlement 797 de la PAC (Politique agricole commune) de l'Union européenne : celui-ci traite en effet des aides nationales aux zones sensibles « ayant un intérêt reconnu du point de vue de l'écologie et du paysage[1] ».

Ces mesures agri-environnementales qui prennent une place grandissante au sein de la PAC tendent progressivement à devenir obligatoires et contraignantes pour les États membres de l'Union européenne. Parmi les mesures publiques qui illustrent la reconnaissance officielle de la qualité des paysages propres aux régions d'élevage, l'UNESCO a désigné les « Grands Causses » comme un « paysage culturel de l'agro-pastoralisme méditerranéen[2] » le 28 juin 2011. Ce classement consacre en effet la reconnaissance d'un territoire de 3 000 kilomètres carrés, couvrant les Causses et

1. Source : JOCE, règlement 797/85 (12/03/85) paru le 30/03/85. *Cf.* Pierre Alphandéry, « La politique agri-environnementale communautaire et son application en France », 1994, INRA-Sciences sociales, 2-3.

2. https://whc.unesco.org/fr/list/1153/

les Cévennes en région Occitanie et s'étendant sur quatre départements[1], qui a été façonné durant plus d'un millénaire par le pastoralisme, en particulier par les « drailles », les chemins de transhumance utilisés par les bergers et leurs troupeaux. Ensuite, l'élevage de ruminants sur des espaces de pâturages favorise aussi la « biodiversité prairiale », tant sur le plan « floristique que faunistique », en augmentant « l'hétérogénéité du couvert végétal » qui peut ainsi abriter toutes sortes d'animaux[2]. Enfin, les prairies sont de bons « puits de carbone », c'est-à-dire qu'elles contribuent à stocker le gaz carbonique (CO_2) et ainsi à compenser une partie, évaluée à 50 % environ, des émissions de gaz à effet de serre comme le méthane (CH_4), dues notamment aux éructations ou aux pets des bovins. Pour toutes ces raisons, il convient donc de soutenir l'extensification de l'élevage.

S'il est vrai en revanche que l'élevage dit « intensif », c'est-à-dire basé sur la forte concentration d'animaux d'une seule espèce dans une même exploitation, engendre davantage de pollutions du sol, de l'eau ou de l'air, il fait toutefois l'objet de mesures de contrôle et de suivi, en Europe, visant à réduire les nuisances pour l'environnement. En somme, il convient donc de soutenir les pratiques agro-pastorales extensives et écologiques, en nourrissant le bétail à l'herbe locale plutôt que par des importations de tourteaux de soja ou de maïs d'Amérique du Sud, mais rien n'indique qu'il faille renoncer en Europe à la production et à la consommation de viande pour protéger l'environnement.

De plus, dans une économie mondialisée, le raisonnement ne peut se limiter à l'échelle d'une région du monde. Ainsi, par exemple, en ce qui concerne la politique de lutte contre le réchauffement climatique, une réduction de la production de

---

1. Aveyron, Gard, Hérault et Lozère.

2. B. Dumont, P. Dupraz, C. Donnars (coord.), *Impacts et services issus des élevages européens*, *op. cit.*, p. 63.

viande sur le continent européen pourrait avoir des conséquences paradoxales et négatives. « Si la politique climatique conduisait à réduire la production intra-communautaire, les importations viendraient sans doute compenser cette baisse ; or la production animale européenne est relativement moins émettrice de GES par kilo produit que la production mondiale ; le bilan global serait donc défavorable[1]. »

De manière plus générale, il serait fort regrettable que, dans le contexte de la mondialisation économique de la production et des échanges, et donc de concurrence entre les industriels et entre les pays producteurs, la diminution de la production européenne de viande, qui est soumise à des normes strictes de respect de l'environnement et du bien-être animal, entraîne l'importation de produits carnés depuis des pays qui sont beaucoup moins regardants sur ces normes. S'il semble bien nécessaire de réduire la consommation de produits carnés dans les populations occidentales qui ont tendance à la surconsommation, rien n'indique qu'il faille renoncer complètement à produire et manger de la viande en Europe.

Il existe au contraire des scénarios qui évaluent dans quelles conditions il serait possible d'assurer à l'avenir la sécurité alimentaire de 9,7 milliards d'êtres humains en 2050, tout en continuant de consommer des produits animaux. Selon l'un de ceux-ci, il ressort que, « pour obtenir un régime alimentaire durable d'environ 21 grammes de protéines d'origine animale par personne et par jour (conformément aux recommandations nutritionnelles), il faut : réduire le gaspillage alimentaire du tiers actuel des aliments produits jusqu'à 10 % ; utiliser la superficie totale des prairies permanentes pour la production du lait et de viande de ruminants ; utiliser des coproduits et des déchets alimentaires pour nourrir

1. *Ibid.*, p. 69.

les porcs et la volaille[1] ». Enfin, ajoutons que l'analyse des coûts-bénéfices de l'élevage pour l'environnement demeure toujours critiquable et sujette à discussion, dans la mesure où elle suppose de hiérarchiser des indicateurs selon une échelle de valeurs qui relève, en dernier ressort, de choix variables et subjectifs.

Autrement dit, on ne peut vouloir imposer un changement de mode de vie et de régime alimentaire aux populations, sous prétexte de travaux de recherche « scientifiques », sans passer par un débat public et contradictoire qui prenne en considération toutes les données du problème et qui tienne compte du consentement des individus. Une fois de plus, l'humanisme carnivoriste consiste ici à rechercher un compromis ou un « juste milieu » entre, d'une part, les impératifs liés au respect de l'environnement et du bien-être animal et, d'autre part, les choix libres et les goûts éclairés des consommateurs.

---

1. *Ibid.*, p. 97.

4.

Pour un carnivorisme sain et savoureux

Si l'on en croit les nutritionnistes, une consommation de viande raisonnable entraîne beaucoup d'avantages pour la santé humaine. Tout d'abord, l'alimentation carnée assure un apport en protéines qui sont mieux équilibrées en acides aminés et plus facilement digestibles que les protéines végétales[1]. Ensuite, la consommation de viande assure un apport en fer héminique, lequel est mieux assimilé par l'organisme que le fer végétal. Ce point est tout à fait essentiel, dans la mesure où, comme le rappelle le nutritionniste A. Martin, « la déficience en fer est une des déficiences majeures au niveau mondial, reconnue comme telle par l'OMS[2] ». Manger de la chair animale permet aussi de bénéficier de l'apport de minéraux comme le zinc ou le sélénium, qui sont mieux assimilés dans un régime carné que dans un régime végétal. La viande procure également aux carnivores des

1. A. Martin note que « l'apport correct des 9 acides aminés indispensables » à l'organisme humain « nécessite une complémentation judicieuse des produits végétaux », consistant notamment à associer les céréales aux légumineuses, et que beaucoup de traditions culinaires « ont spontanément réalisé ce type judicieux d'association » (A. Martin, « L'homme et la viande », art. cit., p. 266).

2. *Ibid.*, p. 267.

acides gras polyinsaturés à longue chaîne (AGPI-LC) qui jouent un rôle essentiel dans le fonctionnement du système nerveux et de la rétine. Il existe encore, selon le nutritionniste, certains « microconstituants de notre alimentation [qui] sont plutôt spécifiques des produits animaux[1] », comme la taurine ou la créatine notamment. Enfin, en ce qui concerne la fameuse vitamine B12 qui est totalement absente des aliments végétaux, les végétaliens et véganes doivent impérativement se la procurer grâce à une « complémentation » sous forme de comprimés, tandis que les « ovo-lacto-végétariens » peuvent la trouver, en petites quantités, dans le lait ou les œufs. A. Martin indique que des « catastrophes de santé » sont bien documentées chez des enfants qui auraient été soumis à un régime strictement végétalien ou végane et qui auraient souffert de carence en vitamine B12. Or cette carence peut aussi affecter gravement la santé des adultes, en touchant notamment le système sanguin et le système nerveux[2].

En définitive, les recommandations des autorités de santé publique nationales et internationales, comme le PNNS (le Programme national nutrition santé, lancé en 2001 en France) et l'OMS, si elles incitent à une réduction de la consommation de viandes rouges et à une diversification de l'alimentation, en incluant plus de fruits et légumes notamment, autorisent toutefois l'alimentation carnée à base de porc, bœuf ou mouton dans la limite de 500 grammes par semaine, soit 70 grammes par jour, ce qui laisse de quoi se nourrir aux carnivores.

J.-M. Lecerf, quant à lui, souligne qu'aucun aliment ne saurait être considéré ni comme interdit ni comme obligatoire, dans la mesure où aucun n'est parfaitement bénéfique ni parfaitement nocif en lui-même : « Seuls les excès le sont[3] », écrit-il. En

1. *Ibid.*
2. *Ibid.*, p. 264-265.
3. J.-M. Lecerf, *La Viande…*, *op. cit.*, p. 52.

d'autres termes : « C'est la dose qui fait le poison », pour reprendre le fameux adage du médecin et alchimiste de la Renaissance Paracelse[1].

Comme nous l'avons dit en introduction, l'être humain étant un omnivore – ou un « homnivore », selon le néologisme proposé par le sociologue Claude Fischler[2] –, il peut et doit pouvoir *manger de toutes sortes d'aliments* pour préserver son équilibre alimentaire et donc sa santé. Quant aux végétaro-animalistes qui voudraient imposer à tout le monde une alimentation strictement végétale, au motif qu'elle serait plus « naturelle », ils expriment un fantasme de pureté ou de « santé parfaite[3] » qui est pour le moins suspect, voire inquiétant. Aymeric Caron affirme par exemple que « l'amour de la viande est culturel et pas naturel », en suggérant ainsi, de façon implicite, mais parfaitement transparente, que le régime végétarien serait « naturel[4] ». Et il va même jusqu'à contester la définition de l'être humain comme étant un omnivore[5] !

Il y a là bien entendu une interpolation et une confusion entre deux dimensions du discours : entre le discours descriptif et le discours prescriptif (ou normatif). L'adjectif « naturel » peut en effet renvoyer soit à la description scientifique du fonctionnement de notre organisme, soit à la prescription d'une norme morale correspondant à un certain choix de vie personnel. Ainsi va-t-il de soi que le *choix* de s'abstenir de consommer de la viande relève du registre éthique et normatif, c'est-à-dire d'une option personnelle et non d'une nécessité naturelle. Or A. Caron voudrait faire

1. Philippus Aureolus Theophrastus Bombast von Hohenheim, dit Paracelse (1493-1541), médecin, philosophe et alchimiste suisse de langue allemande. Cette citation est tirée du traité *Septem defensiones* (1538).

2. Cl. Fischler, *L'Homnivore*, *op. cit.*

3. *Cf.* Lucien Sfez, *La Santé parfaite, critique d'une nouvelle utopie*, Paris, Le Seuil, 1995.

4. A. Caron, *No steak*, *op. cit.*, p. 133 *sq.*

5. *Ibid.*, p. 141.

passer son choix, qui ne regarde et n'engage que lui et ceux qui partagent ses convictions, pour une nécessité biologique et un fait scientifique. Il en appelle même à l'autorité du biologiste Charles Darwin et de sa théorie de l'évolution (c'est un passage obligé chez les animalistes) pour prophétiser que l'omnivorisme ne serait pas un « comportement immuable[1] ». En somme, Aymeric Caron confond allègrement et sans ciller le processus darwinien de l'évolution, qui se produit « à l'aveugle », c'est-à-dire sans finalité préétablie, avec ses propres choix éthiques, lesquels renvoient à certaines fins qu'il estime désirables. En clair : il prend ses propres désirs pour des réalités – ou bien il voudrait nous faire prendre des vessies pour des lanternes.

Au chapitre gastronomique, celui du plaisir de manger, le livre d'Aymeric Caron, *No steak*, nous réserve également de bien belles surprises. On peut y lire en effet qu'il existe un restaurant thaïlandais de Montréal où l'auteur a ses habitudes, le *Chuchai*, et où sont servis des plats végétariens… qui *imitent* à la perfection le goût de certains plats à base de viande de bœuf, de poulet ou encore de poissons et de crevettes. « Les saveurs et les textures du bœuf, du poulet, du poisson ou des crevettes, peut-on lire, sont recréées à base de soja[2] » ! On n'en croit pas ses papilles ! Quel merveilleux hommage est rendu ici à la gastronomie carnivore ! Et comment pourrait-on mieux souligner le caractère indépassable et indispensable du goût de la viande pour les fins gourmets ? Comme nous l'avons vu précédemment, au sujet notamment des moines des abbayes médiévales[3], la recherche de substituts de viande ne fait bien souvent que traduire en réalité un puissant appétit de chair animale chez l'être humain, qui ne saurait trouver à se satisfaire pleinement dans la consommation de simulacres.

---

1. *Ibid.*, p. 143.
2. *Ibid.*, p. 217.
3. Voir *supra*, p. 146-147.

En réalité, l'invention incessante de nouveaux substituts ne fait que renforcer le désir du produit original ! De fait, la viande a toujours été très recherchée par les humains, mais aussi par beaucoup d'animaux omnivores tels que nos cousins les chimpanzés par exemple[1] (sans parler bien entendu des carnassiers), et ce notamment pour son goût ou sa saveur, ou pour ce que l'on appelle aujourd'hui sa « flaveur[2] », c'est-à-dire ses qualités qui stimulent aussi bien le sens gustatif que l'odorat. Ainsi, la viande plaît aux humains omnivores, d'abord à cause de ses substances aromatiques volatiles, et ensuite du fait des substances gustatives perçues par nos récepteurs du goût. Ces substances sont il est vrai peu perceptibles lorsque la viande est crue, en revanche c'est la cuisson, et notamment le mode de cuisson rôtie ou grillée, qui permet, plus encore que le bouilli ou mijoté, de libérer les arômes de la chair animale. On perçoit alors en effet une odeur et une saveur « de grillé », mêlant un parfum caramélisé à des odeurs de graisse. Les analyses chimiques de Louis Maillard[3] ont mis en évidence un processus de « glycation », appelé « réaction de Maillard », c'est-à-dire une réaction chimique se produisant lors de la cuisson et résultant de l'action des sucres sur les acides aminés qui composent les protéines, laquelle explique le brunissement de la viande et la libération d'arômes agréables pour l'être humain.

Au XIXe siècle, l'écrivain et gastronome français Jean Anthelme Brillat-Savarin croyait que le bon goût de la chair animale pro-

1. Le sociologue Claude Fischler cite ainsi la célèbre primatologue Jane Goodall (née en 1934) qui témoigne de ce goût très prononcé pour la viande chez nos plus proches cousins : « Presque toujours, les chimpanzés mangent leur viande lentement ; ils mastiquent en général des feuilles avec chaque bouchée comme s'ils cherchaient à la savourer le plus longtemps possible » (*L'Homnivore*, *op. cit.*, p. 120).

2. De l'anglais « *flavour* ».

3. Louis Camille Maillard (1878-1936), médecin et chimiste français.

venait d'une substance qu'il a nommée « osmazôme » et dont il pensait qu'elle pourrait être isolée par réduction du jus de viande. « L'osmazôme, écrivait-il, est cette partie éminemment sapide des viandes, qui est soluble à l'eau froide, et qui se distingue de la partie extractive en ce que cette dernière n'est soluble que dans l'eau bouillante. C'est l'osmazôme qui fait le mérite des bons potages ; c'est lui qui, en se caramélisant, forme le roux des viandes ; c'est par lui que se forme le rissolé des rôtis ; enfin, c'est de lui que sort le fumet de la venaison ou du gibier[1]. »

Nous savons aujourd'hui que cette substance n'existe pas et que cette théorie ne repose sur aucune base scientifique ; néanmoins l'invention de Brillat-Savarin montre bien que le goût de la chair a toujours été extrêmement apprécié et recherché par les gastronomes, de sorte qu'ils ont longtemps rêvé de pouvoir en extraire et isoler en quelque sorte la « quintessence ». Nous avons vu, dans la première partie de ce volume, que la gastronomie a gagné ses lettres de noblesse progressivement au cours de l'histoire et qu'elle ne s'est véritablement imposée, en tant que telle, qu'à partir du XIXe siècle, tout particulièrement dans notre pays qui est devenu une référence mondiale en la matière. Cette époque a consacré le triomphe de deux grands représentants de la gastronomie française que furent les écrivains A. B. L. Grimod de la Reynière et J. A. Brillat-Savarin.

À mi-chemin entre diététique et art culinaire, la gastronomie est un discours philosophico-littéraire (et parfois aussi poétique) sur les plaisirs de la table qui vise à en honorer et magnifier la grandeur, dans la mesure où ils permettent à l'être humain d'exercer cette faculté supérieure de jugement qu'on appelle le « goût » – en un double sens : le sens gustatif, d'abord, et le sens intellec-

1. Jean Anthelme Brillat-Savarin (1755-1826), avocat et magistrat, homme politique et gastronome français, *Physiologie du goût* (1825), Paris, Flammarion, « Champs », 2017, p. 74.

tuel et esthétique, ensuite. Or ce n'est certainement pas un hasard si cette gastronomie a célébré le goût de la viande avec cette théorie fantaisiste mais si révélatrice de l'« osmazôme ». S'il est vrai que la tradition gastronomique française « classique » peut se résumer à l'adage curnonskyen selon lequel « la cuisine c'est quand les choses ont le goût de ce qu'elles sont[1] », alors il apparaît que cette tradition culinaire a largement fait honneur au goût de la viande en la plaçant au centre du repas et en en faisant l'un des ingrédients indispensables du plaisir de manger.

Du XVIIe siècle au XXe siècle, de la table du Roi-Soleil à la « nouvelle cuisine » des années 1970-1980, la gastronomie française a été traversée par des courants novateurs qui ont souvent eu pour mot d'ordre le « retour au naturel ». Or il faut entendre par là la recherche d'une forme de simplicité du repas qui reflète avant tout la qualité des aliments originaux, donc qui ne « dénature » pas le goût par des préparations culinaires excessivement relevées ou assaisonnées. Autrement dit, un certain goût classique français tend à marier le plaisir de manger avec le souci de la modération, gage d'une bonne santé. Au pays d'Henri Gault et de Christian Millau, la gastronomie et la diététique ne sont pas des ennemies, mais elles peuvent se marier et rassembler les Français autour de la table. Comprenons ainsi que la nature ne doit pas être considérée comme l'antithèse de la culture, ni la santé comme l'ennemie du plaisir… ni encore moins les légumes comme des ennemis de la viande ! C'est bien dans cet esprit que le chef cuisinier français contemporain Guy Savoy[2] nous propose de revisiter la cui-

1. Maurice Edmond Sailland, *alias* Curnonsky (1872-1956), écrivain, gastronome et humoriste français, surnommé le « Prince des gastronomes », il fut cofondateur de l'Académie des gastronomes (fondée le 16 mars 1928).

2. Né à Nevers en 1953, Guy Savoy est l'un des grands chefs cuisiniers français contemporains, son restaurant (Guy Savoy), situé dans le VIe arrondissement de Paris, est double étoilé au Guide Michelin depuis 1986 (triple étoilé entre 2002 et 2022).

sine française du Grand Siècle, conformément à ce qu'écrivait alors Nicolas de Bonnefons : « Qu'un potage de santé soit un bon potage de bourgeois, bien nourri de bonnes viandes bien choisies, et réduit à peu de bouillon, sans hachis, champignons, épiceries, ni autres ingrédients, mais qu'il soit simple, puisqu'il porte le nom de santé[1]. »

Cette conception française de la « nature » qui s'exprime à travers la cuisine reflète ce que nous entendons quant à nous par humanisme carnivoriste. Elle n'implique en effet ni la nostalgie ou la rêverie du retour à un supposé « âge d'or » végétarien ni au contraire une gloutonnerie désordonnée de viande et de produits carnés. Entre ces deux extrêmes, dont témoigne, d'une part, l'actuelle offensive médiatique et politique du végétaro-animalisme et, d'autre part, entre autres exemples, la mode du « régime paléolithique », fortement protéiné, la tradition culinaire française propose un équilibre du repas. C'est ce qui a été consacré notamment par l'UNESCO en 2010 à travers la reconnaissance officielle du « repas gastronomique des Français », non seulement en tant que « patrimoine immatériel de l'humanité », mais aussi en tant que gage de santé et de plaisir pour tous.

---

1. Nicolas de Bonnefons, *Les Délices de la campagne* (1654) – cité dans Guy Savoy, *Guy Savoy cuisine les écrivains du XVIIe siècle*, Paris, Éditions Herscher, 2023, Exergue, p. 5.

Dessert et digestif : après la viande

Dans un article datant de 1996, publié au moment de la « crise de la vache folle », Claude Lévi-Strauss imaginait un monde futur sous des traits dystopiques. « Une population humaine en expansion, écrivait-il, aura vite besoin pour survivre de la production céréalière actuelle tout entière : rien ne restera pour le bétail et les animaux de basse-cour, de sorte que tous les humains devront calquer leur régime alimentaire sur celui des Indiens ou des Chinois où la chair animale couvre une très petite partie des besoins en protéines et en calories. [...] L'élevage, non rentable, ayant complètement disparu, cette viande achetée dans des magasins de grand luxe ne proviendra plus que de la chasse. Nos anciens troupeaux, livrés à eux-mêmes, seront un gibier comme un autre dans une campagne rendue à la sauvagerie[1]. »

Lévi-Strauss décrivait ainsi un monde où la consommation de viande aurait quasiment disparu, en étant devenue une pra-

1. Claude Lévi-Strauss, « La leçon de sagesse des vaches folles », 24 novembre 1996 (article publié en italien en octobre 1996 dans *La Repubblica* sous le titre : *« La mucca è pazza e un po' cannibale »*), in *Id.*, *Nous sommes tous des cannibales*, Paris, Le Seuil, 2013, p. 227-229.

tique exceptionnelle et réservée à des privilégiés, où l'élevage aurait cessé, car il serait devenu non rentable, et où enfin la nature serait retournée à l'état sauvage et livrée à la prédation, tant des animaux que des humains. Une telle vision de l'avenir semble assez inquiétante et peu désirable en réalité. À bien des égards, le monde du futur imaginé par l'anthropologue ressemble au monde tel qu'il risquerait en effet de devenir si l'on mettait en œuvre le programme des végétaro-animalistes. La réduction de la consommation de viande et la fin de l'élevage reconduiraient la nature à l'état sauvage : n'est-ce pas là le rêve de W. Kymlica et S. Donaldson dans leur livre programmatique *Zoopolis*[1] ?

Or cette vision futuriste n'est pas sans rappeler aussi, par certains traits, une situation que l'Europe a déjà connue dans le passé, notamment durant le Moyen Âge central, où la consommation de viande était rare et réservée à la caste privilégiée des seigneurs, qui s'étaient arrogé le droit exclusif de chasser dans les forêts, tandis que les paysans pauvres vivaient tant que bien que mal de l'agriculture en se nourrissant quasi exclusivement d'aliments végétaux. De plus, Lévi-Strauss précise que, loin de disparaître des pratiques alimentaires humaines, la consommation de viande, en devenant exceptionnelle dans l'avenir, acquerrait (ou retrouverait ?) le statut d'un aliment particulièrement recherché et délectable, car auréolé du charme de la rareté, donc de la cherté, et aussi du risque qu'il y aurait à se le procurer par la chasse ou la prédation. « Gageons, écrit-il, que l'appétit de viande ne disparaîtra pas pour autant. Sa satisfaction deviendra seulement une occasion rare, coûteuse et pleine de risque. Le Japon connaît quelque chose de semblable avec le *fugu*, poisson Tétrodon d'une saveur exquise, dit-on, mais qui, imparfaitement vidé, peut être un poison mortel. La viande figurera au menu dans des circonstances exceptionnelles. On la consommera avec le même mélange

1. Voir *supra*, p. 259, 299.

de révérence pieuse et d'anxiété qui, selon les anciens voyageurs, imprégnait les repas cannibales de certains peuples[1]. »

Comment, de nouveau, ne pas penser ici au Moyen Âge central européen, où l'obsession de l'ensemble de la société pour la consommation de viande était la rançon de sa rareté et de sa cherté, due à la fois à la domination sociale de la caste guerrière de la noblesse qui s'en réservait le privilège et à la guerre symbolique menée par l'Église contre cette pratique alimentaire[2] ? En tout état de cause, la société du futur décrite par l'anthropologue serait marquée, à n'en pas douter, par une terrible régression du bien-être alimentaire des populations. S'il n'est pas certain que cette société imaginée devienne un jour réalité, il me semble en revanche souhaitable d'agir aujourd'hui pour l'empêcher, notamment en sauvant l'élevage qui garantit à la fois une alimentation carnée de qualité accessible au plus grand nombre et l'entretien des pâturages, si utiles pour la préservation de la biodiversité, de la qualité environnementale et des paysages, ainsi que du climat.

Mais une autre perspective peut se dessiner, et elle a été entrevue également par Claude Lévi-Strauss : c'est celle de la création de *substituts* à la viande. Nous nous appuierons, pour l'illustrer, sur la citation d'une autre personnalité publique issue non du champ académique, mais du champ politique, Winston Churchill. « Nous échapperons, écrivait ce dernier, à l'absurdité de faire grandir un poulet entier pour en manger la poitrine ou l'aile, en cultivant ces parties séparément sous un milieu approprié. Les aliments synthétiques seront, bien sûr, également utilisés dans le futur. Il n'est pas nécessaire que les plaisirs de la table soient bannis [...]. Les nouveaux aliments seront dès le départ

1. Cl. Lévi-Strauss, « La leçon de sagesse des vaches folles », art. cit., p. 228-229.

2. Voir *supra*, p. 135 *sq*.

pratiquement indiscernables des produits naturels, et tout changement sera tellement graduel qu'il échappera à l'observation[1]. »

Cette autre perspective futuriste permet ainsi d'envisager la poursuite de la consommation de viande, mais *par d'autres moyens* en quelque sorte, avec notamment un impact réduit sur les animaux et sur l'environnement naturel. On pourrait y voir une poursuite du « processus sarcophagique » qui tend à effacer la présence et les traces de l'animal dans notre alimentation carnée. Or ce processus prend aujourd'hui une nouvelle tournure avec les possibilités offertes par les biotechnologies qui sont le moteur du développement de la *« food tech »*, la technologie de l'alimentation. Plus précisément, il devient possible désormais d'envisager une production industrielle de la viande dite « cellulaire » *(« cell meat »)*, aussi appelée « viande de culture » : c'est-à-dire une viande produite en laboratoire à partir de la culture de cellules souches prélevées sur les animaux.

Vu sous ce jour, le discours des animalistes apparaît au mieux comme une illusion, au pire comme une ruse. En effet, sous prétexte de dénoncer l'utilisation des animaux ou leur exploitation, en les réduisant au statut de victimes de l'exploitation capitaliste et industrielle, il s'agirait en fait d'accompagner une mutation historique du capitalisme : celle qui doit mener de l'ancienne industrie agro-alimentaire, basée sur l'élevage animal, vers une nouvelle agriculture dite « non conventionnelle », basée sur les biotechnologies. Il s'agit ni plus ni moins ici d'une évolution du système capitaliste, ou d'une révolution de ses moyens de production bien connue sous l'appellation forgée par l'économiste Joseph Schumpeter de « destruction créatrice[2] ».

---

1. Winston Churchill, « Fifty Years Hence », article publié dans *Strand Magazine*, en décembre 1931 – cité par Jocelyne Porcher, *Cause animale, cause du capital*, Bordeaux, Le bord de l'eau, 2019, p. 73.

2. Joseph Schumpeter, *Capitalisme, socialisme et démocratie* (1943), traduit par G. Fain, Paris, Payot-Rivages, 1951 ; rééd. 1969 (*cf.* le chapitre 7 : « Le pro-

La philosophe et militante animaliste et végane Florence Burgat consacre ainsi, par exemple, les dernières pages de conclusion de son gros livre dédié à « l'humanité carnivore » à l'examen des nouvelles possibilités offertes par la viande *« in vitro »* : elle semble alors y voir un espoir de mettre fin au « système sacrificiel » et d'inventer un nouveau monde plus vertueux. « On peut imaginer, écrit-elle, que la viande conservera la place qu'elle occupe ; et c'est peut-être ce qu'il faut viser si l'on prend au sérieux le goût de la viande, mais un goût intimement lié à la manducation de la chair animale. Cette viande cultivée devrait conserver ses références animales, lesquelles seraient alors mises en avant. Les représentations appropriées à l'appréciation de ce produit seraient façonnées par le marketing ; ce qui était mis à l'arrière-plan pourrait être mis au premier plan, certains traits pourraient continuer à être valorisés comme la qualité diététique, l'association du goût à une chair (rappelons-nous : "Du goût. Du bœuf"). La communication compense, rectifie, corrige les défauts de ce qu'elle a la charge de vendre[1]. »

Il est pour le moins curieux qu'une philosophe, qui a consacré tout son temps et toute son énergie à dénoncer l'exploitation ou l'asservissement des animaux par l'humanité, puisse se réjouir d'une évolution qui ne fera qu'accomplir un pas de plus dans l'appropriation scientifique, technique et économique du vivant par l'être humain. D'une part, réduire les animaux domestiques au statut de pures « victimes » des humains est une insulte à la fois envers ces bêtes qui ont contribué par leur force de travail à l'élaboration d'un monde humanisé et cultivé, et envers les paysans et les éleveurs qui ont su travailler en bonne intelligence avec elles. Mais, d'autre part, se réjouir de l'avènement d'une production de

---

cessus de destruction créatrice », p. 119 *sq.*). L'économiste soutient la thèse selon laquelle ce processus constituerait la donnée fondamentale du capitalisme.

1. Fl. Burgat, *L'Humanité carnivore*, *op. cit.*, p. 406.

viande de culture à partir de cellules animales, c'est célébrer à la fois l'effacement quasi total de l'animal hors du système de production et l'appropriation non moins totale du patrimoine génétique des bêtes ainsi réduites à une simple matière vivante dont l'homme entend disposer pour ses besoins.

Comme l'écrit Jocelyne Porcher : « Les innovations actuelles des start-up de l'alimentation 4.0 actualisent donc le processus d'appropriation capitaliste en permettant la production de matière animale *sans les animaux*. Le projet zootechnique a changé de niveau d'extraction, et les entreprises actuelles visent un marché planétaire. Mais l'idée que les animaux sont des ressources pour la production de matières animales est la même qu'au XIXe siècle[1]. » Ainsi, l'idéologie végétaro-animaliste, avec ses différentes branches que sont l'antispécisme, le véganisme ou encore l'abolitionnisme, ne serait rien d'autre qu'une courroie de transmission du nouveau système capitaliste et industriel de production alimentaire qui se prépare. De fait, de gros investissements ont été réalisés ces dernières années dans la technologie de la viande cellulaire.

Jocelyne Porcher a recensé les nombreuses entreprises (principalement américaines) qui sont désormais sur les rangs pour tirer profit de cette nouvelle industrie qui se met en place : The Better Meat, SuperMeat, Wildtype, New Age Meats, Mosa Meat, Mission Barns, Meatable, Memphis Meat, Just, Jet eat, Higher Steaks Impossible Food, Geltor, Future Meat Technologies, etc[2]. En résumé, derrière la compassion affichée pour les animaux se cachent de gros intérêts économiques et de gigantesques profits pour le futur. Bien plus, les entreprises de la *« food tech »* soutiennent *activement* l'idéologie et le discours animalistes dans un but qui n'est évidemment pas désintéressé, puisqu'il s'agit au fond

1. J. Porcher, *Cause animale*, *op. cit.*, p. 15.
2. *Ibid.*, p. 91-101.

d'une *stratégie marketing* visant à dégoûter les consommateurs de la « viande traditionnelle » afin de les inciter à se tourner vers de nouveaux produits supposés plus sains, plus propres et plus éthiques. Car la *« clean meat »*, comme elle s'appelle aussi (en suggérant curieusement que les animaux seraient sales ?), est *« cruelty-free »*. Jocelyne Porcher s'est ainsi attachée à montrer notamment les liens existant entre le monde économique de la *« food tech »* et une association bien connue désormais du grand public français comme L214, laquelle milite activement contre la maltraitance animale en diffusant des vidéos montrant les souffrances des animaux d'élevage ou de boucherie dans les exploitations agricoles ou les abattoirs[1]. « Actuellement, conclut J. Porcher, le véganisme est l'arbre qui cache la forêt des biotechnologies[2]. »

En définitive, ces différents projets prouvent une fois de plus et s'il en était encore besoin le caractère central de la viande dans nos modes d'alimentation. La recherche frénétique, dans les sociétés occidentales contemporaines, de produits de substitution ou d'ersatz de viande n'est pas sans rappeler les intenses efforts fournis par les moines des abbayes du Moyen Âge européen pour se procurer des « viandes de Carême ». L'invention de simulacres alimentaires toujours plus perfectionnés aura très certainement et paradoxalement pour effet de rendre à l'avenir la nourriture carnée toujours plus attirante, désirable et délectable dans sa version *originale*. Gageons, pour cette raison, que l'appétit pour la « vraie » viande ne disparaîtra pas de sitôt ! Cependant, la viande issue de la mise à mort de vrais animaux, en devenant plus rare,

---

1. *Cf. ibid.*, p. 24. Voir aussi *Ead., Pour l'amour des bêtes, op. cit.*, p. 103-108. L214 est une association française de défense des droits des animaux fondée en 2008 par Brigitte Gothière et Sébastien Arsac, deux militants antispécistes. Elle tire son nom de l'article L214-1 du Code rural et de la pêche, datant de 2000, dans lequel les animaux sont désignés pour la première fois comme des « êtres sensibles » dans le droit français.

2. J. Porcher, *Pour l'amour des bêtes, op. cit.*, p. 100.

deviendra certainement aussi plus chère à l'avenir, c'est pourquoi elle devrait être à nouveau très recherchée par les classes sociales supérieures qui semblent aujourd'hui la « bouder », probablement parce qu'elle demeure accessible à tous.

Pour ma part, je ne dis pas que je refuserais de goûter la « viande de culture » si l'occasion se présentait un jour, ne serait-ce que pour satisfaire ma curiosité ; en revanche, je refuse résolument pour l'heure d'adhérer à un discours qui relève d'un savant mélange entre l'idéologie et le marketing, et qui me promet un monde futur supposé parfait parce qu'il aurait fait *place nette* de l'animal et de l'animalité. Si je suis amateur de viandes, je me considère également comme un ami des bêtes dans la mesure où je refuse de me passer d'elles ou de croire que le monde pourrait être meilleur parce qu'elles auraient disparu de mon environnement – en étant devenues soit des créatures totalement *anthropomorphisées* et intégrées à la famille humaine, soit au contraire de la pure *matière vivante* dont on extrairait le capital génétique.

Il est évident à mes yeux que toutes les bêtes, y compris le bétail et les animaux de boucherie, doivent être traitées de façon bienveillante et dans le respect de leur bien-être, *autant qu'il est possible* en restant dans le cadre d'une production alimentaire qui n'exclut ni l'élevage, ni l'abattage, ni les activités cynégétiques. Tout au plus peut-on admettre qu'une certaine réduction de la quantité de viande consommée ou un certain « flexitarisme », particulièrement dans les sociétés occidentales industrialisées et urbanisées, peut améliorer la qualité de vie des animaux concernés par l'élevage et l'abattage, de même que la qualité gustative de leurs chairs. Aimer vraiment les bêtes, ce n'est pas se laisser séduire par une belle image idéalisée et stéréotypée, comme celle de chatons dans un panier, laquelle traduit en réalité une fétichisation de nos « compagnons à quatre pattes », mais accepter de prendre en compte l'existence réelle, donc matérielle et concrète des animaux en tant qu'êtres de chair et de sang, contraints eux aussi de s'alimenter et impliqués dans le cycle de la vie, qui inclut la reproduction, la naissance, la maladie et la mort. Il est donc nécessaire de prendre en considération notamment les animaux domestiques, qui partagent encore aujourd'hui la vie économique de millions d'humains à travers le monde et qui contribuent ainsi à la production de la richesse sociale par leur travail. Il n'est pas moins indispensable de considérer la vie des animaux sauvages qui peuvent être parfois chassés par l'homme, ou bien combattus par lui en tant qu'« espèces nuisibles ». Nos interactions avec les animaux ne sont pas toutes désintéressées, ni pacifiques, ni *purement* bienveillantes, dans la mesure où les animaux ne sont pas tous et toujours désintéressés, pacifiques ou bienveillants envers nous, mais elles n'en doivent pas moins être respectueuses dans la mesure de nos moyens et de nos possibilités en tant qu'humains.

En somme, on peut aimer les animaux tout en appréciant de pouvoir les manger, tout en éprouvant le désir d'incorporer leur chair à la nôtre par la manducation. Qu'y a-t-il de plus aimable, en effet, qu'un bon gigot d'agneau ? Il n'y a aucune « dissonance cognitive » entre l'amour des bêtes et la pratique alimentaire carnivore, mais au contraire une cohérence à la fois intellectuelle, morale et gastronomique entre les deux, qui s'inscrit dans ce que nous avons appelé le « carnivorisme humaniste ». Il faudrait, à l'inverse, s'interroger sur les motivations profondes du prétendu « animalisme » végétarien ou végane, lorsqu'il prétend que l'amour de l'animal impliquerait de s'en séparer ou de l'effacer. Le dégoût pour la viande ne témoigne-t-il pas en effet d'un certain dégoût pour l'animal, pour celui qui est hors de nous comme pour celui qui est en nous ?

Remerciements

Je dédie cet ouvrage à la mémoire de mes grands-parents maternels, Marcelle et Pierre, paysans de Bourgogne.

J'adresse mes plus vifs remerciements à Astrid, Hélène, Christiane, Iris, Léo, Sylvain et Hubert. Chacun d'eux a contribué, à sa façon, à la rédaction de ce livre.

Table

II.

Rate au court-bouillon : la crise contemporaine du carnivorisme

III.

Émincé de légumistes sautés au wok(e) : l'idéologie « végétaro-animaliste », ses contradictions, ses errances et ses outrances

IV.

Pièce du boucher : pour un carnivorisme humaniste, raisonné et tempérant

Retrouvez toute l'actualité des éditions Albin Michel sur notre site albin-michel.fr
et suivez-nous sur les réseaux sociaux !
Instagram : editionsalbinmichel
Facebook : Éditions Albin Michel
X: AlbinMichel
YouTube : Editions Albin Michel

Impression : Imprimerie Floch, mars 2024
Éditions Albin Michel
22, rue Huyghens, 75014 Paris
www.albin-michel.fr
ISBN : 978-2-226-4845-8
N° d'édition 25521/01 – N° d'impression : 104404
Dépôt légal : avril 2024
Imprimé en France